가천대 · 수원대 · 서경대 · 한국외 [종캠퍼스] · 한국기술교육대 · 한국공학대

약술형 수학 모의고사 한 권에 끝내기

적중률 높은 EBS 연계 문항

최신유형 완벽분석

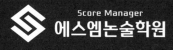

Score Manager
에스엠논술학원

약술형 수학 A to Z	+	상세한 문항 해설서로 완벽 이해	+	저자직강 약술형 수학반 개강
기초에서 심화까지 한권에 완성		부분점수 채점기준 수록		에스엠논술, 필로스논술학원

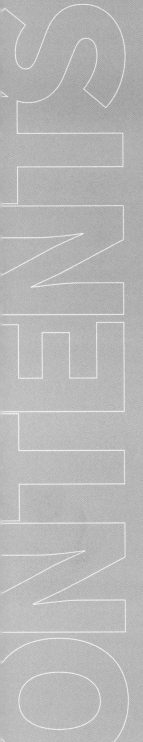

시작부터 합격까지, 에스엠논술

Possible

이 책의 특장점, 교재 활용 팁

PART 1(기초편)

PART 1(기초편) 문항정보 및 해설

PART 2(심화편)

PART 2(심화편) 문항정보 및 해설

이 책의 특장점, 교재 활용 팁

1 책 소개

약술형 논술은 가천대학교를 필두로 2022학년도를 시작으로 해서 올해(2024학년도) 3회를 맞이하는 논술고사입니다. 중위권 이하의 학생들(3등급~6등급)에게 어려울 수 있는 기존의 수리논술에서 탈피하여 교과공부와 직접적인 연계가 되며 난이도가 높지 않은 약술형 논술고사는 성공적인 도입으로 평을 받고 있으며 그 결과 2024학년도에는 기존의 약술형 논술고사를 시행하는 대학에 동덕여대, 삼육대, 한신대까지 포함되어 총 11개의 대학에서 시행하게 됩니다. 2023학년도에 약술형논술 선발인원이 2,569명에서 2024학년도에는 3,046명으로 큰 폭으로 증가했음을 알 수 있습니다. 위 대학들에서 출제하는 문제들은 개개별로 놓고 보면 쉽거나 보통 이하의 난이도입니다. 그러나 제한 시간 내에 올바른 수학적 표현과 기호를 이용해 논리적으로 답안을 작성해야하기 때문에 시험이 쉽다고는 보기 어렵습니다. 더군다나 기본적으로 경쟁률이 높으며 지원자들의 실력 차가 크지 않다면 문제의 난이도는 비슷하게 느껴질 것이기 때문에, 빠르고 정확하게 서술하는 능력을 얼마만큼 갖추었느냐에 따라 논술고사의 성적이 크게 달라질 수 있습니다.

해당 교재는 각종 교과서, 약술형 논술고사 기출문제, 고등학교 정기고사, EBS 수능특강, 수능완성 등을 참고하여 제작한 문제들로 구성되었으며 기존 약술형 논술고사의 난이도를 포함하는 문제들과 상위권 학과를 합격하기 위해서 준비해야할 다소 높은 난이도(수능특강LV3의 중하난이도)의 문제들까지 다루고 있습니다. 총 20회(8회: 기본난이도 12회: 심화난이도)의 모의고사를 통해 약술형 기초문항과 킬러문항까지 충분히 준비할 수 있도록 하였습니다.
또한 해설지에서는 각 문항별 '부분 점수표'를 제시하여 스스로 채점이 가능하도록 하였으며 문제마다 유의해야 할 점들을 코멘트하였습니다. 단순히 문제만 풀어내는 것이 아니라 문제를 풀고 이 과정을 직접 서술해보면서 채점기준표에 따라 채점을 해보는 것이 중요합니다.

이 책으로 꼼꼼하고 알차게 공부한 학생들이라면 약술형 논술고사 합격이라는 날개를 달아줄 것임을 확신합니다.

2 책의 주요 특징

- ▶ 올해 EBS 문제들을 분석, 반영한 최신 약술형 수학 문제집
- ▶ 각 모의고사는 단원별 구성이 아니라 실제 기출과 동일하게 구성
  (수학Ⅰ-4문제, 수학Ⅱ-5문제) 또는 (수학Ⅰ-5문제, 수학Ⅱ-4문제)
- ▶ 약술형 문제집 최초 문항별 '부분 배점표' 수록으로 스스로 채점 가능
- ▶ 약술형 논술고사 뿐만 아니라 수능 수학에서의 보통이하 난이도의 4점 문항까지
  준비할 수 있도록 구성(심화난이도편)
- ▶ 자기 주도 학습이 가능한 학생 중심의 해설
- ▶ 문제 풀이 및 답안 작성을 위한 팁 제공

약술형 수학 모의고사

기초편

한권에 끝내기

9문제	90점(각 10점)

문제 1

방정식 $\log x \times \log \dfrac{x}{3} = 4$의 두 근의 곱을 구하는 과정을 서술하시오.

문제 2

다음 그림과 같이 정삼각형 ABC에서 선분 BC를 $1 : 2$로 내분하는 점을 D, $\angle CAD = \theta$ 라고 하자. $\cos^2\theta$의 값을 구하는 과정을 서술하시오.

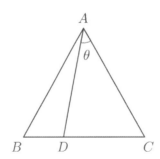

문제 3

등차수열 $\{a_n\}$에서 $a_1 + a_3 + \cdots + a_{2n-1} = 3n^2 - 2n$ (단, $n = 1, 2, 3, \cdots$)
일 때, $a_1 + a_2 + a_3 + \cdots + a_{101}$의 값을 구하는 과정을 서술하시오.

문제 4

자연수 n에 대하여 $2^n + 3^n$의 일의 자리의 수를 a_n이라고 할 때, $\displaystyle\sum_{k=1}^{n} a_k < 100$을 만족시키는
자연수 n의 최댓값을 구하는 과정을 서술하시오.

문제 5

양의 실수 전체의 집합에서 정의된 함수 $f(x)$가 부등식

$$\frac{3x+6}{2x^2+2} \le f(x) \le \frac{3x+6}{2x^2+1}$$

을 만족할 때, $\displaystyle\lim_{x \to INF} xf(2x)$의 값을 구하는 과정을 서술하시오.

문제 6

방정식 $2x^3 + x - 2 = 0$를 만족하는 실수 x가 열린구간 $\left(\dfrac{1}{2},\, 1\right)$에서만 오직 하나 존재함을 보이는 과정을 서술하시오.

문제 7

다항함수 $f(x)$가 $x = 2$에서 극값 5를 갖는다. $g(x) = x^3 f(x)$라고 할 때, $g'(2)$의 값을 구하는 과정을 서술하시오.

문제 8

함수 $f(x) = \dfrac{1}{3}x^3 - \dfrac{1}{2}x^2 + \dfrac{1}{3}x + \dfrac{1}{6}$ 의 역함수를 $g(x)$라고 할 때, $g'(-1)$의 값을 구하는 다음의 풀이 과정을 완성하시오.

$f(-1) = -1$이므로 $g(-1) = -1$이다. $y = g(x)$와 $y = f(x)$의 그래프는 $\boxed{①}$에 대해 대칭이고, $y = g(x)$의 $x = -1$에서의 접선과 $y = f(x)$의 $\boxed{②}$에서의 접선도 $\boxed{①}$에 대하여 대칭이다. 따라서

$$g'(-1) = \frac{1}{f'(\boxed{③})}$$

이므로

$$g'(-1) = \boxed{④}$$

이다.

문제 9

실수 전체에서 미분가능한 함수 $f(x)$가 임의의 x에 대해

$$xf(x) = 2x^3 - 2x^2 + \int_1^x f(t)\,dt$$

을 만족할 때, $f(3)$을 구하는 과정을 서술하시오.

문제 1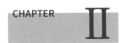

방정식 $4^{x^2} = \left(\dfrac{1}{2}\right)^{2x-6}$ 의 두 근을 α, β라고 할 때, $(\alpha-\beta)^2$의 값을 구하는 과정을 서술하시오.

문제 2

$\sin\theta - \cos\theta = \dfrac{1}{2}$ 일 때, 다음 식의 값을 구하는 과정을 서술하시오.

$$\frac{\cos(\pi+\theta)\cos\left(\dfrac{\pi}{2}-\theta\right)}{\sin(-\theta)\sin(\pi-\theta)} + \frac{\sin(\pi+\theta)\cos(\pi-\theta)}{\cos(-\theta)\sin\left(\dfrac{\pi}{2}-\theta\right)}$$

문제 3

수열 $\{a_n\}$의 첫째항과 둘째항이 $a_1=3$, $a_2=5$이고, 수열 $\{a_n\}$에 대해 $b_n=a_{n+1}-a_n$로 정의하자. 수열 $\{b_n\}$이 공차가 2인 등차수열일 때, a_{10}을 구하는 과정을 서술하시오.

문제 4

2 이상의 모든 자연수 n에 대하여 부등식

$$1+\frac{1}{2^2}+\frac{1}{3^2}+\cdots+\frac{1}{n^2}<2-\frac{1}{n}$$

이 성립함을 수학적 귀납법으로 보이는 다음 과정을 완성하시오.

(ⅰ) $n=2$일 때,

$$1+\frac{1}{2^2}=\frac{5}{4}=2-\frac{3}{4}< \boxed{\quad ① \quad}$$

이다. 따라서 $n=2$일 때 부등식이 성립한다.

(ⅱ) $n=k$일 때 부등식이 성립한다고 가정하면

$$1+\frac{1}{2^2}+\frac{1}{3^2}+\cdots+\frac{1}{k^2}<2-\frac{1}{k}$$

이므로

$$1+\frac{1}{2^2}+\frac{1}{3^2}+\cdots+\frac{1}{k^2}+\frac{1}{(k+1)^2}<2-\frac{1}{k}+\boxed{\quad ② \quad}$$

$$<2-\frac{k^2+k}{k(k+1)^2}$$

$$=\boxed{\quad ③ \quad}$$

이다. 따라서 $n=k+1$일 때도 부등식이 성립한다.

(ⅰ), (ⅱ)에 의해 2 이상의 모든 자연수 n에 대하여 부등식이 성립한다.

문제 5

실수 전체의 집합에서 연속인 함수 $f(x)$가

$$(x-1)f(x) = x^2 + ax + 2$$

를 만족할 때, $f(1)$의 값을 구하는 과정을 서술하시오. (단, a는 상수)

문제 6

함수 $f(x) = x^3 + 2kx^2 + 8x + 9$가 역함수를 갖도록 하는 자연수 k를 구하는 과정을 서술하시오.

문제 7

곡선 $y = x^3 + 6x^2 + 8x + 2$에 접하는 직선 중 기울기가 -4인 접선의 y절편을 구하는 과정을 서술하시오.

문제 8

다음 극한값을 구하는 과정을 서술하시오.

$$\lim_{x \to 1} \frac{1}{x^3 - 1} \int_1^x (t^3 + t^2 + 1)dt$$

문제 9

함수 $f(x) = x^3 + 2x$의 역함수를 $g(x)$라고 할 때, 정적분

$$\int_3^{12} g(x)dx$$

의 값을 구하는 과정을 서술하시오.

문제 1

부등식 $\log_2 4x \times \log_2 x^4 \leq 12$을 만족하는 정수 x를 구하는 과정을 서술하시오.

문제 2

$\dfrac{\pi}{4} \leq x \leq \dfrac{\pi}{2}$일 때, 함수 $f(x) = \sin^2 x + 5\cos^2 x$의 최댓값을 구하는 과정을 서술하시오.

문제 3

x에 대한 이차방정식

$$x^2 + 4x - n(n+2) = 0$$

의 두 근을 a_n, b_n이라고 하자. (여기서 n은 자연수이다.) 수열의 합

$$\sum_{n=1}^{20} \left(\frac{1}{a_n} + \frac{1}{b_n} \right)$$

의 값을 구하는 과정을 서술하시오.

문제 4

두 상수 a, b에 대하여

$$\lim_{x \to 1} \frac{x^2 - ax + 2}{x - 1} = b$$

일 때, a, b를 구하는 과정을 서술하시오.

문제 5

함수 $f(x) = x^3 - 3x^2 + 1 \ (-1 \le x \le 3)$에 대하여 함수 $y = (f \circ f)(x)$의 최댓값을 구하는 과정을 서술하시오.

문제 6

다항함수 $f(x)$가 닫힌구간 $[a, b]$에서 $f(x) > 0$이고 $f(a) < f(b)$일 때, 등식
$$f(c) = \sqrt{f(a)f(b)}$$
가 성립하는 상수 c가 열린구간 (a, b)에서 존재함을 보이는 과정을 서술하시오.

문제 7

수직선 위를 움직이는 두 점 P, Q의 시각 t에서 위치를 각각 $f(t)$, $g(t)$라고 할 때,
$$f(t) - g(t) = 2t^3 - 2at^2 + 3at - 6$$
이다. 두 시각 $t = 1$와 $t = k \ (k > 1)$에서 두 점 P, Q의 속도가 같을 때, 시각 $t = k$에서의 두 점 P, Q 사이의 거리를 구하는 과정을 서술하시오. (여기서 a와 k는 상수이다.)

문제 8

함수 $f(x)$가 등식 $f(x) = x^2 + 2x - \int_0^1 f(t)\,dt$를 만족할 때, $f(-1)$의 값을 구하는 과정을 서술하시오.

문제 9

미분가능한 함수 $f(x)$가 임의의 실수 x, y에 대하여 $f(x+y) = f(x) + f(y) - 2xy$를 만족할 때, $\int_{-2}^2 f(x)\,dx$의 값은?

문제 1

$f(x)$가 $\log x$의 정수부분을 나타낸다고 할 때,

$$f(1)+f(2)+f(3)+\cdots+f(2023)$$

의 값을 구하는 과정을 서술하시오.

문제 2

삼각형 ABC에서 $\overline{AB}=6$, $\overline{AC}=2\sqrt{7}$, $\angle ABC=60\degree$이다. 삼각형 ABC의 넓이를 모두 구하는 과정을 서술하시오.

문제 3

수열 $\{a_n\}$의 첫째항부터 제n항까지의 합을 S_n이라 할 때,

$$S_1 = 3, \ S_2 = 6, \ S_{n+2} = S_n + 2 \ (n = 1,\ 2,\ 3,\ \cdots)$$

이다. $\displaystyle\sum_{n=1}^{2023}|a_n|$의 값을 구하시오.

문제 4

두 다항함수 $f(x) = x^2 + 3x + 1$와 $g(x)$가 있다. 여기서 $g(x)$가 $g(1) = -1$, $g'(1) = 1$을 만족할 때, 극한 $\displaystyle\lim_{x \to 1}\dfrac{f(x)g(x) - f(1)g(1)}{x-1}$의 값을 구하는 다음의 풀이 과정을 완성하시오.

$h(x) = f(x)g(x)$라고 하면

$$\lim_{x \to 1}\frac{f(x)g(x) - f(1)g(1)}{x-1} = \lim_{x \to 1}\frac{h(x) - h(1)}{x-1} = \boxed{①}$$

이다. 여기서 곱의 미분법에 의해

$$h'(x) = (\boxed{②}\,)g(x) + (\boxed{③}\,)g'(x)$$

이므로

$$h'(1) = \boxed{④}$$

이다.

문제 5

실수 전체에서 연속인 함수 $f(x)$가

$$f(x) = \begin{cases} \dfrac{\sqrt{x+4}-\sqrt{a}}{x} & (x \neq 0) \\ b & (x = 0) \end{cases}$$

으로 정의될 때, 상수 a, b를 구하는 과정을 서술하시오.

문제 6

다항함수 $y = f(x)$의 그래프 위의 점 $(1, -1)$에서의 접선의 방정식이 $y = 2x - 3$일 때, 곡선 $y = \{f(x) - x\}^2$ 위의 x좌표가 1인 점에서의 접선의 방정식을 구하는 과정을 서술하시오.

문제 7

지면에 막대가 세워져 있다. 시각 t에서 이 막대의 그림자의 길이가 $\ell(t) = \dfrac{1}{3}t^3 - \dfrac{1}{2}t^2 + 2t + \dfrac{1}{6}$로 주어진다. 그림자의 길이가 k가 되는 시각을 $g(k)$라고 할 때, $g'(2)$의 값을 구하는 과정을 서술하시오.

문제 8

연속함수 $f(x)$가 서로 다른 두 실수 a, b에 대하여 다음 조건을 만족실킬 때, $\int_0^b f(x)dx$ 를 구하는 과정을 서술하시오.

> (가) 함수 $y = f(x)$의 그래프는 원점에 대하여 대칭이다.
>
> (나) 0과 $-a$ 사이에서 $f(x) \leq 0$이다.
>
> (다) $\int_{-a}^{a} |f(x)|dx = 6$이고 $\int_{-a}^{b} f(x)dx = 2$

문제 9

곡선 $y = x^2 + 3$에 접하고 원점을 지나는 두 접선과 곡선으로 둘러싸인 도형의 넓이를 구하는 과정을 서술하시오.

문제 1

함수 $f(x) = \begin{cases} 1-x & (x < 1) \\ -\log x & (x \geq 1) \end{cases}$의 역함수를 $g(x)$라고 할 때, 방정식 $(g \circ g)(x) = 1$의 해를 구하는 과정을 서술하시오.

문제 2

$0 \leq x < 2\pi$일 때, 부등식 $\cos^2 x - \sin^2 x - 2\sqrt{2}\cos x + 2 \leq 0$의 해를 구하는 과정을 서술하시오.

문제 3

$\displaystyle\sum_{k=0}^{n-1}\left(k^2+1\right)-\sum_{k=1}^{n}\left(k^2-1\right)=-120$를 만족하는 자연수 n의 값을 구하는 과정을 서술하시오.

문제 4

실수 전체에서 연속인 함수 $f(x)$가

$$f(x)=\begin{cases}\dfrac{x^3+a}{\sqrt{x+3}-2} & (x\neq 1)\\ b & (x=1)\end{cases}$$

으로 정의될 때, 상수 a, b를 구하는 과정을 서술하시오.

문제 5

함수 $f(x) = ax^2 - x$의 최솟값을 $g(a)$라고 하자. $g(2) \times g(3)$을 구하는 과정을 서술하시오.

문제 6

방정식 $x^3 + 3x^2 - 9x + k = 0$가 서로 다른 두 개의 양의 실근과 한 개의 음의 실근을 갖도록 하는 실수 k의 범위를 구하는 과정을 서술하시오.

문제 7

함수 $f(x) = \begin{cases} x^3 + ax + 3 \ (x < 0) \\ x^2 - 3x + b \ (x \geq 0) \end{cases}$ 가 $x = 0$에서 미분가능할 때, a와 b의 값을 구하는 과정을 서술하시오. (단, a, b는 상수)

문제 8

다항함수 $f(x)$가 열린구간 $(0, 10)$에서 $f'(x) > 0$일 때, 열린구간 $(0, 10)$에서 임의의 두 실수 a, b가 $a < b$를 만족하면

$$f(a) < f(b)$$

가 성립함을 평균값 정리를 사용하여 보이는 과정을 서술하시오.

문제 9

원점을 출발하여 수직선 위를 움직이는 점 P가 속도 $v(t) = 5 - 10t$로 움직이고 있다. 시각 t에서 점 P의 위치 $x(t)$를 구하고, 출발 후 다시 원점에 올 때까지 점 P가 움직인 거리를 구하는 다음의 풀이 과정을 완성하시오.

> 시각 t에서의 점 P의 위치 $x(t)$는
>
> $$x(t) = \boxed{\quad ① \quad} + C \quad (\text{단, } C\text{는 적분상수})$$
>
> 이다. 여기서 $t = 0$일 때 P의 위치는 0이므로 $C = \boxed{\quad ② \quad}$ 이다.
>
> 한편, $t = \boxed{\quad ③ \quad}$ 에서 속도의 부호가 바뀐다. 따라서 출발 후 다시 원점에 올 때까지 점 P가 움직인 거리는
>
> $$\int_0^1 |v(t)| dt = \int_0^{\frac{1}{2}} (5 - 10t) dt + \int_{\frac{1}{2}}^1 (-5 + 10t) dt = \boxed{\quad ④ \quad}$$

문제 1

20의 모든 양의 약수들을 a_1, a_2, a_3, a_4, a_5, a_6라고 할 때,

$$\log a_1 + \log a_2 + \log a_3 + \log a_4 + \log a_5 + \log a_6$$

의 값을 구하는 과정을 서술하시오. (단, $\log 2 = 0.301$로 계산하시오.)

문제 2

$0 \le x \le \pi$일 때, 부등식 $2\sin^2 x + 3\cos x \le 3$의 해를 구하는 과정을 서술하시오.

문제 3

등차수열 $\{a_n\}$에 대하여 $3a_2 = a_5$와 $a_2 + a_4 = a_6 + 1$가 성립할 때, a_6을 구하는 과정을 서술하시오.

문제 4

임의의 자연수 n에 대하여 등식

$$1 + 3 + 5 + \cdots + (2n-1) = n^2$$

이 성립함을 수학적 귀납법으로 보이는 과정을 서술하시오.

문제 5

함수 $f(x) = \dfrac{[x] + b[-x]^2}{2[x] + a}$는 $x = 2$에서 연속이다. 상수 a의 값과 $\lim\limits_{x \to 2} f(x)$의 값을 구하는 과정을 서술하시오. (여기서 $[x]$는 x를 넘지 않는 최대의 정수이다.)

문제 6

다음 극한값을 구하는 과정을 서술하시오.

$$\lim_{x \to 1} \frac{1}{x^3 - 1} \int_1^x (3t^2 + 4t - 1)dt$$

문제 7

다항함수 $y = f(x)$의 그래프 위의 점 $(1, -1)$에서의 접선의 방정식이 $y = 2x - 3$일 때, 곡선 $y = \{f(x)\}^2$ 위의 x좌표가 1인 점에서의 접선의 방정식을 구하는 과정을 서술하시오.

문제 8

함수 $f(x) = 4 - x^2$라 하자. 실수 t $(t < 4)$에 대하여 두 함수 $y = f(x)$와 $y = t$의 그래프의 두 교점의 x좌표 중 양수인 것을 $g(t)$라고 하자. 다음 정적분의 값을 구하는 과정을 서술하시오.

$$\int_1^3 g(t)\,dt$$

문제 9

모든 실수 x에 대하여 함수 $f(x)$가

$$\int_0^x (x-t)f(t)\,dt = x^4 + x^2$$

을 만족시킬 때, $f(x)$의 최솟값을 구하여라.

문제 1

방정식 $\log 7x \times \log x = 5$의 두 근의 곱을 구하는 과정을 서술하시오.

문제 2

다음 그림과 같이 한 변의 길이가 4인 정사각형 $ABCD$가 있다. 변 BC의 중점을 M, $\angle AMC = \theta$라고 할 때, $\sin\theta$의 값을 구하는 과정을 서술하시오.

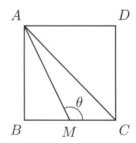

문제 3

두 숫자 0과 24 사이에 n개의 수를 넣어 만든 등차수열

$$0,\ a_1,\ a_2,\ a_3,\ \cdots,\ a_n,\ 24$$

의 합이 96일 때, n의 값을 구하는 과정을 서술하시오.

문제 4

극한 $\displaystyle\lim_{x \to 0} \dfrac{2x}{\sqrt{1+x}-\sqrt{a-x}}$ 가 0이 아닌 값으로 수렴할 때, a의 값과 극한값을 구하는 과정을 서술하시오.

문제 5

다항함수 $f(x)$가 $x=2$에서 극값 6을 갖는다. $g(x)=x^2 f(x)$라고 할 때, $g'(2)$의 값을 구하는 과정을 서술하시오.

문제 6

다항함수 $f(x)$가

$$\lim_{x \to 2} \frac{f(x)}{x^2 - x - 2} = 3, \quad \lim_{x \to 0+} \frac{x^3 f\left(\frac{1}{x}\right) - 1}{x^3 + x} = 2$$

을 만족시킬 때, $f(1)$의 값을 구하는 다음의 풀이 과정을 완성하시오.

$\lim\limits_{x \to 2} \dfrac{f(x)}{x^2 - x - 2} = 3$에서 $\lim\limits_{x \to 2}(x^2 - x - 2) = 0$이므로 $f(2) = 0$이다.

한편, $\lim\limits_{x \to +0} \dfrac{x^3 f\left(\frac{1}{x}\right) - 1}{x^3 + x} = 2$에서 $x = \boxed{\quad ① \quad}$라고 치환하면, $x \to 0+$일 때 $t \to \infty$이므로

$$\lim_{x \to +0} \frac{x^3 f\left(\frac{1}{x}\right) - 1}{x^3 + x} = \lim_{t \to \infty} \frac{f(t) - t^3}{t^2 + 1} = 2$$

이다. $f(t)$는 다항함수이므로 $f(t) = t^3 + 2t^2 + at + b$라 할 수 있다. ($a$, b는 상수)

$f(t) = t^3 + 2t^2 + at + b$과 $f(2) = 0$에서 $f(x) = (x - 2)(\boxed{\quad ② \quad} + c)$ (단, c는 상수)이므로

$$\lim_{x \to 2} \frac{f(x)}{x^2 - x - 2} = \boxed{\quad ③ \quad}$$

에서 $\boxed{\quad ③ \quad} = 3$에서 $c = -3$이다. 따라서 $f(x) = (x - 2)(x^2 + 4x - 3)$로서 $f(1) = \boxed{\quad ④ \quad}$이다.

문제 7

곡선 $y = x^2 + 1$에 접하고 원점을 지나는 두 접선과 곡선으로 둘러싸인 도형의 넓이를 구하는 과정을 서술하시오.

문제 8

실수 전체에서 미분가능한 함수 $f(x)$가 임의의 x에 대해

$$xf(x) = 2x^3 - 3x^2 - \int_x^2 f(t)dt$$

을 만족할 때, $f(1)$을 구하는 과정을 서술하시오.

문제 9

수직선 위를 움직이는 점 P가 있다. 점 P는 시각 t에서 속도가 $v(t) = 2t^3 + t - 2$로 주어진다. 점 P의 속도가 k가 되는 시각을 $g(k)$라고 할 때, 정적분

$$\int_1^{16} g(x)dx$$

의 값을 구하는 과정을 서술하시오.

문제 1

함수 $f(x) = \begin{cases} 2^x & (x \le 2) \\ 3x - 2 & (x > 2) \end{cases}$ 의 역함수를 $g(x)$라고 할 때, 방정식 $(g \circ g \circ g)(t) = 1$을 만족하는 실수 t의 값을 구하는 과정을 서술하시오.

문제 2

$0 \le x < 2\pi$일 때, 함수 $f(x) = k\cos^2 x - \sin^2 x$의 최댓값이 2일 때, 상수 k의 값을 구하는 과정을 서술하시오.

문제 3

삼각형 ABC에서 $\overline{AB} = \sqrt{3}$, $\overline{AC} = \sqrt{7}$, $\angle ABC = 30°$ 일 때, 삼각형 ABC의 넓이를 구하는 과정을 서술하시오.

문제 4

등비수열 $\{a_n\}$에 대하여 $4a_2 = a_4$와 $a_3 + a_5 = 60$가 성립할 때, a_6을 구하는 과정을 서술하시오.

문제 5

실수 전체의 집합에서 연속인 함수 $f(x)$가

$$(x-2)f(x) = x^2 - x - a$$

를 만족할 때, $f(2)$의 값을 구하는 과정을 서술하시오. (단, a는 상수)

문제 6

다음 두 조건을 만족시키는 다항함수 $f(x)$를 구하는 과정을 서술하시오.

> (가) $\lim\limits_{x \to INF} \dfrac{f(x) + x^3}{x^2 + 1} = 2$
>
> (나) $\lim\limits_{x \to 1} \dfrac{f(x)}{x - 1} = 5$

문제 7

방정식 $x^3 - 3x^2 + k = 0$가 한 개의 음의 실근만을 갖도록 하는 실수 k의 범위를 구하는 과정을 서술하시오.

문제 8

다항함수 $f(x) = x^2 + 3x + 2$, $g(x) = x^3 - 2x$에 대하여 극한

$$\lim_{x \to 1} \frac{f(x)g(x) - f(1)g(1)}{x - 1}$$

의 값을 구하는 과정을 서술하시오.

문제 9

실수 전체에서 미분가능한 함수 $f(x)$가 임의의 실수 x, y에 대하여

$$f(x + y) = f(x) + f(y) - 2xy - 1$$

을 만족한다. $f'(0) = 3$를 만족할 때, $\int_{-1}^{3} f(x)dx$를 구하는 과정을 서술하시오.

약술형
수학 기초편
모   의
고   사

약술형 수학 모의고사

모의고사

한권에
끝내기

기초편 해 설

문제 1 개념/공식

(1) 로그의 기본성질

$$\log xy = \log x + \log y \qquad \log \frac{x}{y} = \log x - \log y$$

(2) 근과 계수의 관계

이차방정식 $ax^2 + bx + c = 0$의 두 근이 α, β일 때, 다음이 성립한다.

$$\alpha + \beta = -\frac{b}{a} \qquad \alpha\beta = \frac{c}{a}$$

문제 1 풀이

$\log \dfrac{x}{3} = \log x - \log 3$이므로 주어진 방정식을 정리하면

$$(\log x)^2 - \log 3 \times \log x - 4 = 0$$

이다. 주어진 방정식의 두 근을 α, β라고 하면, $\log\alpha$, $\log\beta$는 t에 대한 방정식

$$t^2 - t\log 3 - 4 = 0$$

의 두 근이므로 근과 계수의 관계에 의해

$$\log(\alpha\beta) = \log\alpha + \log\beta = \log 3$$

이다. 따라서 방정식 $\log x \times \log \dfrac{x}{3} = 4$의 두 근의 곱은

$$\alpha\beta = 3$$

이다.

문제 1 채점 기준

답안 (예상 소요 시간 3분 / 전체 45분)	배점 (총 10점)
주어진 방정식의 변형 $(\log x)^2 - \log 3 \times \log x - 4 = 0$	3
근과 계수의 관계로서 $\log(\alpha\beta) = \log\alpha + \log\beta = \log 3$	4
$\alpha\beta = 3$	3

문제 1 주의사항

▷ 답만을 찾기 위한 방법은 피해야 한다. 예를 들어, x에 수치를 대입하여 직접 해를 찾는 방법으로는 점수을 얻을 수 없다.

▷ 주어진 방정식을 변형 후 굳이 t로 치환해 $t^2 - t\log 3 - 4 = 0$의 형태로 변형할 필요는 없지만 반드시 이차방정식의 형태인 $(\log x)^2 - \log 3 \times \log x - 4 = 0$로 변형 후 근과 계수의 관계를 사용해야 한다.

문제 2 개념/공식

(1) 삼각함수의 주요 등식

$$\sin^2\theta + \cos^2\theta = 1 \qquad 1 + \tan^2\theta = \frac{1}{\cos^2\theta}$$

(여기서 R은 삼각형 ABC의 외접원의 반지름이다.)

(2) 사인법칙

세 변의 길이가 a, b, c인 삼각형 ABC에 대해 다음 등식이 성립한다.

$$\frac{a}{\sin A} = \frac{b}{\sin B} = \frac{c}{\sin C} = 2R$$

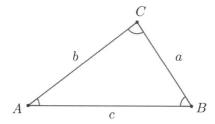

(3) 코사인법칙

세 변의 길이가 a, b, c인 삼각형 ABC에 대해 다음 등식이 성립한다.

$$a^2 = b^2 + c^2 - 2bc\cos A$$
$$b^2 = c^2 + a^2 - 2ca\cos B$$
$$c^2 = a^2 + b^2 - 2ab\cos C$$

문제 2 풀이

정삼각형 ABC의 한 변의 길이를 $3a$라고 하자. D는 선분 BC를 $1:2$로 내분하는 점이므로 $\overline{CD} = 2a$이다. 삼각형 ACD에서 코사인법칙을 이용하여 선분 AD의 길이를 구하면

$$\overline{AD}^2 = (2a)^2 + (3a)^2 - 2 \times 2a \times 3a \times \cos 60°$$
$$= 7a^2$$

삼각형 ACD에서 사인법칙에 의해

$$\frac{\overline{AD}}{\sin(\angle ACD)} = \frac{\overline{CD}}{\sin\theta}$$

이므로

$$\sin^2\theta = \left(\frac{\overline{CD}\sin(\angle ACD)}{\overline{AD}}\right)^2 = \frac{4a^2 \times \dfrac{3}{4}}{7a^2} = \frac{3}{7}$$

이다. 따라서

$$\cos^2\theta = 1 - \sin^2\theta = \frac{4}{7}$$

이다.

문제 2 채점 기준

답안 (예상 소요 시간 5분 / 전체 45분)	배점 (총 10점)
$\overline{DC} = 2a$	2
$\overline{AD}^2 = (2a)^2 + (3a)^2 - 2 \times 2a \times 3a \times \cos 60° = 7a^2$	3
$\sin^2 \theta = \left(\dfrac{\overline{CD} \sin(\angle ACD)}{\overline{AD}} \right)^2 = \dfrac{3}{7}$	3
$\cos^2 \theta = 1 - \sin^2 \theta = \dfrac{4}{7}$	2

문제 2 주의사항

▷ 문제에 주어진 조건(예를 들어 내분점 등)을 이용하여 얻은 결과들은 대부분 부분 점수(배점)가 주어지므로 반드시 언급하도록 한다.

▷ 사인법칙, 코사인법칙 등 정리나 공식에 이름이 붙은 경우는 평소 숙지해 뒀다가 문제 풀이에 필요한 경우 그 명칭을 사용해 답안을 작성하도록 하자.

문제 3 개념/공식

(1) 등차수열

연속하는 두 항의 차가 일정한 수열로 임의의 자연수 n에 대해 $a_{n+1} = a_n + d$가 성립한다. 이 때, d를 수열 $\{a_n\}$의 공차라고 한다.

(2) 등차수열의 합

(i) 첫째항, 끝항, 항의 개수를 알 때, $a_1 + a_2 + \cdots + a_n = \dfrac{n(a_1 + a_n)}{2}$

(ii) 첫째항 a_1와 공차 d, 항의 개수를 알 때, $a_1 + a_2 + \cdots + a_n = \dfrac{n(2a_1 + (n-1)d)}{2}$

문제 3 풀이

주어진 등식에서 $n = 1$ 일 때 $a_1 = 1$이고, $n = 2$ 일 때 $a_1 + a_3 = 8$이므로 $a_3 = 8 - 1 = 7$이다.

수열 $\{a_n\}$ 의 공차를 d 라고 하면 a_1와 a_3는 $2d$ 만큼 차이가 나므로 $a_3 - a_1 = 7 - 1 = 6$에서 $2d = 6$, $d = 3$이다. 따라서 $a_1 = 1$, $d = 3$이므로

$$a_1 + a_2 + \cdots + a_{101} = \frac{101 \times \{2 \times 1 + (101 - 1) \times 3\}}{2} = 15251$$

문제 **3** 채점 기준

답안 (예상 소요 시간 2분 / 전체 45분)	배점 (총 10점)
$a_1 = 1$	3
$d = 3$	3
$a_1 + a_2 + \cdots + a_{101} = \dfrac{101 \times \{2 \times 1 + (101-1) \times 3\}}{2} = 15251$	4

문제 **3** 주의사항

▷ a_1, a_2, a_3 등을 구하고 관찰에 의해 패턴을 찾아 일반항을 구하는 방법으로 풀어서는 안된다. 일반항 또는 수열의 합을
  구하기 위한 값을 찾기 위해서는 반드시 주어진 조건으로부터 논리적 과정에 의해 결과를 얻어낼 수 있어야 한다.
▷ 수열의 합을 구할 때는 교육과정에서 배운 공식 또는 방법만을 사용하도록 하자.

문제 **4** 개념/공식

(1) 모든 자연수의 거듭제곱 수의 일의 자리의 수는 순환한다.(반복된다.)

(2) 임의의 수열 $\{a_n\}$에 대해 다음이 성립한다.

$$\sum_{k=1}^{n} a_k = \sum_{k=0}^{n-1} a_{k+1} \qquad\qquad \sum_{k=1}^{n} a_k = \sum_{k=2}^{n+1} a_{k-1}$$

$$\sum_{k=1}^{n} a_k = \sum_{k=1}^{n-1} a_k + a_n \qquad\qquad \sum_{k=1}^{n} a_k = \sum_{k=1}^{n+1} a_k - a_{n+1}$$

(3) 모든 수열의 합은 부분 수열의 합으로 표현할 수 있다.

예를 들면, 임의의 자연수 n에 대하여 등식

$$\sum_{k=1}^{2n} a_k = \sum_{k=1}^{n} a_{2k-1} + \sum_{k=1}^{n} a_{2k} = \sum_{k=1}^{n} (a_{2k-1} + a_{2k})$$

이 성립한다.

문제 **4** 풀이

2^n의 일의 자리의 수는 2, 4, 8, 6이 반복되고, 3^n의 일의 자리의 수는 3, 9, 7, 1이 반복되므로 $2^n + 3^n$의 일의 자리의 수는
5, 3, 5, 7, $\cdots$이 반복된다.
따라서 임의의 자연수 k에 대하여

$$a_{4k-3} + a_{4k-2} + a_{4k-1} + a_{4k} = 5 + 3 + 5 + 7 = 20$$

이다. 따라서

$$\sum_{n=1}^{20} a_n = \sum_{k=1}^{5} (a_{4k-3} + a_{4k-2} + a_{4k-1} + a_{4k}) = 5 \times 20 = 100$$

이고

$$\sum_{n=1}^{19} a_n = \sum_{n=1}^{20} a_n - a_{20} = 100 - 7 = 93 < 100$$

이므로 $\sum_{k=1}^{n} a_k < 100$을 만족시키는 자연수 n의 최댓값은 $n = 19$이다.

4 채점 기준

답안 (예상 소요 시간 4분 / 전체 45분)	배점 (총 10점)
$2^n + 3^n$의 일의 자리의 수는 5, 3, 5, 7, $\cdots$이 반복	3
$a_{4k-3} + a_{4k-2} + a_{4k-1} + a_{4k} = 20$	2
$\sum_{n=1}^{20} a_n = \sum_{k=1}^{5} (a_{4k-3} + a_{4k-2} + a_{4k-1} + a_{4k}) = 100$	3
최댓값은 $n = 19$	2

4 주의사항

▷ 수열 $\{a_n\}$의 규칙성이 답안에서 빠지지 않도록 주의한다.

▷ 수열 $\{a_n\}$의 연속하는 항 4개의 합이 일정한 20이 됨을 설명할 때,

$$a_{4k-3} + a_{4k-2} + a_{4k-1} + a_{4k} = 20$$

으로 표현하는 것이 일반적이나 수학적 표현이 익숙하지 않을 때는 말로 풀어 설명해도 충분하다.

▷ 수열 또는 수열의 합의 최댓값 또는 최솟값을 구할 때, 최대 또는 최소가 되는 경계를 명확히 해야 한다. 예를 들어, 수열 $\{a_n\}$가 $n = M$에서 최댓값을 갖는다고 하면, a_M뿐만 아니라 a_{M-1}와 a_{M+1}도 살펴보도록 한다.

5 개념/공식

(1) 함수의 대소관계

모든 x에 대해 $f(x) \leq g(x)$이 성립하면, $x = h(t)$로 치환해도

$$f(h(t)) \leq g(h(t))$$

이 성립한다.

(2) 함수의 극한의 대소 관계

(샌드위치 정리 또는 조임 정리 등으로도 불린다.)

(i) $\lim\limits_{x \to a} f(x) = \lim\limits_{x \to a} g(x) = \alpha$ 이고 모든 x에 대해 $f(x) \leq h(x) \leq g(x)$ 이면,

$$\lim\limits_{x \to a} h(x) = \alpha$$

(ii) $\lim\limits_{x \to a} f(x) = \lim\limits_{x \to a} g(x) = \alpha$ 이고 모든 x에 대해 $f(x) < h(x) < g(x)$ 이면,

$$\lim\limits_{x \to a} h(x) = \alpha$$

문제 **5 풀이**

주어진 부등식의 각 변의 x에 $2x$를 대입하면

$$\frac{6x+6}{8x^2+2} \leq f(2x) \leq \frac{6x+6}{8x^2+1}$$

이고, 각 변에 x를 곱하면

$$\frac{6x^2+6x}{8x^2+2} \leq xf(2x) \leq \frac{6x^2+6x}{8x^2+1}$$

이다. 여기서

$$\lim_{x \to INF} \frac{6x^2+6x}{8x^2+2} = \frac{3}{4}, \quad \lim_{x \to INF} \frac{6x^2+6x}{8x^2+1} = \frac{3}{4}$$

이므로 극한의 대소 관계에 의해

$$\lim_{x \to INF} xf(2x) = \frac{3}{4}$$

이다.

문제 **5 채점 기준**

답안 (예상 소요 시간 3분 30초 / 전체 45분)	배점 (총 10점)
주어진 부등식으로부터 $\dfrac{6x^2+6x}{8x^2+2} \leq xf(2x) \leq \dfrac{6x^2+6x}{8x^2+1}$ 이 성립	4
$\lim\limits_{x \to INF} \dfrac{6x^2+6x}{8x^2+2} = \dfrac{3}{4}, \quad \lim\limits_{x \to INF} \dfrac{6x^2+6x}{8x^2+1} = \dfrac{3}{4}$	3
$\lim\limits_{x \to INF} xf(2x) = \dfrac{3}{4}$	3

문제 **5 주의사항**

▷ 풀이의 핵심은 극한의 대소 관계(샌드위치 정리)를 이용하는 것이다. 배점에 있어서 극한의 대소 관계를 사용하는 순간 뿐만 아니라 극한의 대소 관계를 사용하기 위해 조건을 갖추는 과정이 중요하므로 답안 작성에 있어서 이 부분을 소홀하게 넘겨서는 안된다.

문항정보 및 해설 1회

문제 6 개념/공식

(1) 사잇값 정리

닫힌구간 $[a, b]$에서 연속인 함수 $f(x)$가 $f(a) \neq f(b)$를 만족하면, $f(a)$와 $f(b)$ 사이의 임의의 k에 대하여

$$f(c) = k$$

인 상수 c가 열린구간 (a, b)에 존재한다.

(2) 일대일함수

$x_1 \neq x_2$인 모든 x_1, x_2에 대해 $f(x_1) \neq f(x_2)$일 때, 함수 $f(x)$를 일대일함수라고 한다.

(3) 함수의 증가와 감소

(i) 함수 $f(x)$가 어떤 구간에서 $x_1 < x_2$인 임의의 x_1, x_2에 대하여 $f(x_1) < f(x_2)$이면 함수 $f(x)$를 증가함수라고 한다.

(ii) 함수 $f(x)$가 어떤 구간에서 $x_1 < x_2$인 임의의 x_1, x_2에 대하여 $f(x_1) > f(x_2)$이면 함수 $f(x)$를 감소함수라고 한다.

(4) 도함수와 증가와 감소

함수 $f(x)$가 어떤 구간에서

(i) $f'(x) > 0$이면 $f(x)$는 증가함수이고,

(ii) $f'(x) < 0$이면 $f(x)$는 감소함수이다.

문제 6 풀이

$f(x) = 2x^3 + x - 2$라 하자.

$$f\left(\frac{1}{2}\right) = -\frac{5}{4} < 0, \quad f(1) = 1 > 0$$

이므로 사잇값 정리에 의해 $f(c) = 0$인 c가 열린구간 $\left(\frac{1}{2}, 1\right)$에 존재한다.

한편, $f'(x) = 6x^2 + 1 > 0$이므로 함수 $f(x)$는 증가함수로서 일대일함수이다. 따라서 $f(x) = 0$인 x는 오직 하나만 존재한다.

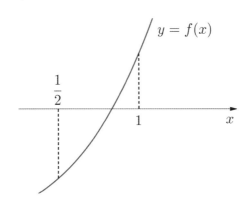

6 채점 기준

답안 (예상 소요 시간 4분 / 전체 45분)	배점 (총 10점)
$f(x) = 2x^3 + x - 2$일 때, $f\left(\dfrac{1}{2}\right) = -\dfrac{5}{4} < 0$, $f(1) = 1 > 0$	3
사잇값 정리에 의해 $f(c) = 0$인 c가 열린구간 $\left(\dfrac{1}{2}, 1\right)$에 존재	3
$f(x)$는 증가함수이므로 $f(x) = 0$인 x는 오직 하나 존재	4

 6 주의사항

▷ 사잇값 정리를 위한 전제조건은 "$f\left(\dfrac{1}{2}\right) = -\dfrac{5}{4} < 0$, $f(1) = 1 > 0$"로 나타낼 수도 있지만, "$f\left(\dfrac{1}{2}\right)f(1) = -\dfrac{5}{4} < 0$"으로 표현해도 좋다.

▷ 어떤 함수가 증가 또는 감소하면 일대일함수로서 각 함숫값에 대응하는 x가 단 하나뿐이므로 $f(x) = 0$의 해가 오직 하나이다. 이부분에서 핵심은 함수가 일대일함수 또는 일대일대응임을 밝히는 것이나 증가함수 또는 감수함수임을 보이는 것으로 그 근거는 충분하다. 또한 증가 또는 감수함수가 일대일함수임을 증명하는 과정은 불필요하다.

▷ 이러한 유형은 사잇값 정리를 이용하여 푸는 것이 정석이지만 그래프의 개형을 조사하여 명제가 성립함을 보이는 방법을 통해 부분 점수를 얻을 수도 있다.

 7 개념/공식

(1) 극값과 미분계수
　미분가능한 함수 $f(x)$가 $x = c$에서 극값을 가지면 $f'(c) = 0$이다.

(2) 곱의 미분법
$$(f(x)g(x))' = f'(x)g(x) + f(x)g'(x)$$

 7 풀이

함수 $f(x)$가 $x = 2$에서 극값 5를 갖으므로 $f(2) = 5$이고 $f'(2) = 0$이다. 한편, 곱의 미분법에 의해 $g'(x) = 3x^2 f(x) + x^3 f'(x)$이므로

$$g'(2) = 12f(2) + 8f'(2) = 60$$

이다.

7 채점 기준

답안 (예상 소요 시간 3분 / 전체 45분)	배점 (총 10점)
$f(2) = 5$, $f'(2) = 0$	4
곱의 미분법에 의해 $g'(x) = 3x^2 f(x) + x^3 f'(x)$	3
$g'(2) = 60$	3

7 주의사항

▷ 다항함수 $f(x)$를 정해서 푸는 방법은 논리적으로 틀린 방법이다. 예를 들어 $f(x) = (x-2)^2 + 5$라고 두고 풀면 문제에 주어진 조건을 만족할지라도 문제에서 제시된 일반성을 잃게 되므로 틀린 풀이가 된다.

▷ 곱의 미분법의 사용은 이 문제에서 중요한 과정 중 하나로서 답안 작성에 있어서 그 과정이 생략되지 않도록 주의하자.

8 개념/공식

(1) 역함수의 성질

(i) 함수 $f(x)$에 대해 $f(g(x)) = x$, $g(f(x)) = x$을 만족하는 함수 $g(x)$가 존재하면, $g(x)$를 $f(x)$의 역함수라고 한다. 기호로는 $g(x) = f^{-1}(x)$로 표시한다.

(ii) 함수 $f(x)$가 일대일대응일 때, 함수 $f(x)$의 역함수가 존재한다.

(iii) 두 함수 $f(x)$와 $g(x)$가 서로 역함수 관계이면, 두 함수 $y = f(x)$와 $y = g(x)$의 그래프는 $y = x$에 대하여 대칭이다. 다른 표현으로 $y = f(x)$이면 $x = g(y)$이다.

(2) 직선의 $y = x$에 대한 대칭

직선 $y = mx + n$ $(m \neq 0)$의 $y = x$에 대한 대칭인 직선의 방정식은 $x = my + n$, 다시 말해 $y = \dfrac{1}{m}(x-n) = \dfrac{1}{m}x - \dfrac{n}{m}$이므로 두 직선이 $y = x$에 대하여 대칭일 필요조건은 두 직선의 기울기의 곱이 1, 두 기울기가 역수 관계인 것이다.

8 풀이

$f(-1) = -1$이므로 $g(-1) = -1$이다. 함수 $g(x)$가 함수 $f(x)$의 역함수이므로 $y = g(x)$와 $y = f(x)$의 그래프는 $y = x$에 대해 대칭이고, $y = g(x)$의 $x = -1$에서의 접선과 $y = f(x)$의 $x = -1$에서의 접선도 $y = x$에 대하여 대칭이다.

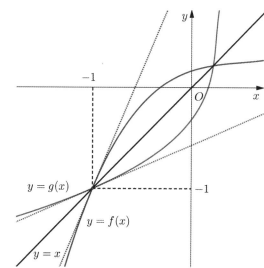

위 그림에서 실선은 함수의 그래프, 점선은 접선의 그래프를 나타낸 것이다.

따라서 두 접선의 기울기는 서로 역수 관계이므로

$$g'(-1) = \frac{1}{f'(-1)}$$

이다. 여기서 $f'(-1) = \frac{7}{3}$ 이므로

$$g'(-1) = \frac{3}{7}$$

이다.

 8 채점 기준

답안 (예상 소요 시간 3분 30초 / 전체 45분)	배점 (총 10점)
① $y = x$	3
② $x = -1$ 또는 점 $(-1, f(-1))$	2
③ -1	2
④ $\frac{3}{7}$	3

 8 주의사항

▷ 빈칸을 완성하는 유형의 경우 빈칸에 들어갈 수 있는 내용을 문맥의 흐름을 파악하고 정해야 한다. 빈칸에 들어갈 수 있
는 내용은 숫자, 식 또는 풀이 과정 모두 가능하다.

▷ 역함수의 미분 공식인 $(f^{-1}(x))' = \dfrac{1}{f'(f^{-1}(x))}$ 이 존재한다. 하지만 이 공식은 가천대 논술의 시험 범위를 벗어나므로

정상적인 풀이로 인정받지 못한다. 따라서 역함수의 미분 공식을 사용하지 않도록 주의한다.

문항정보 및 해설 1회

9 개념/공식

(1) 곱의 미분법

$$(f(x)g(x))' = f'(x)g(x) + f(x)g'(x)$$

(2) 정적분과 미분의 관계

함수 $f(x)$가 닫힌구간 $[a, b]$에서 연속이면 다음이 성립한다.

$$\frac{d}{dx}\int_a^x f(t)\,dt = f(x) \quad (\text{단, } a < x < b)$$

(3) 정적분이 포함된 방정식의 해법

(i) 방정식에 포함된 정적분의 적분 구간에 모두 상수인 경우, 정적분은 상수이므로 k로 치환하여 푼다.

즉, $\displaystyle\int_a^b f(x)dx$ 꼴이 포함된 경우 $\displaystyle\int_a^b f(x)dx = k$로 치환한다.

(ii) 방정식에 포함된 정적분의 적분 구간에 변수가 포함된 경우, 적분 구간에 포함된 변수로 미분하여 푼다.

즉, $\displaystyle\int_a^x f(t)\,dt$ 꼴이 포함된 경우 식 전체를 x에 관해 미분한다.

9 풀이

주어진 등식의 양변을 미분하면

$$f(x) + xf'(x) = 6x^2 - 4x + f(x)$$

$$xf'(x) = 6x^2 - 4x$$

즉, $f'(x) = 6x - 4$이므로 부정적분에 의해

$$f(x) = 3x^2 - 4x + C \ (\text{여기서 } C \text{는 적분상수})$$

이다. 한편, 주어진 등식에 $x = 1$을 대입하면 $f(1) = 0$이므로 $f(1) = 3 - 4 + C = 0$로서 $C = 1$이다. 따라서

$$f(x) = 3x^2 - 4x + 1$$

로서 $f(3) = 3 \times 3^2 - 4 \times 3 + 1 = 16$이다.

9 채점 기준

답안 (예상 소요 시간 5분 / 전체 45분)	배점 (총 10점)
양변을 미분하면 $f(x) + xf'(x) = 6x^2 - 4x + f(x)$, $f'(x) = 6x - 4$	4
$f(x) = 3x^2 - 4x + C$	2
$f(1) = 0$이므로 $C = 1$	2
$f(3) = 16$	2

9 주의사항

▷ 가장 중요한 과정은 등식의 양변을 미분하는 과정이다. 미분한 후 정리한 식을 쓰기 전에 반드시 미분한 직후의 결과인 $f(x) + xf'(x) = 6x^2 - 4x + f(x)$를 누락하지 않도록 주의하자.

▷ 시험에서 일부 상수나 계수를 구하지 못했다면 문제를 정확히 읽어 주어진 조건을 충분히 사용했는지 확인하자.

문제 1 ## 개념/공식

(1) 지수의 기본성질

$$a^x a^y = a^{x+y} \qquad\qquad a^x \div a^y = a^{x-y}$$

$$(a^x)^y = a^{xy} \qquad\qquad (ab)^x = a^x b^x$$

(2) 지수의 등식

$a^x = a^y \ (a \neq 0, \ a \neq 1)$이면, $x = y$이다.

(3) 근과 계수의 관계

이차방정식 $ax^2 + bx + c = 0$의 두 근이 $\alpha, \ \beta$일 때, 다음이 성립한다.

$$\alpha + \beta = -\frac{b}{a} \qquad\qquad \alpha\beta = \frac{c}{a}$$

문제 1 ## 풀이

지수의 성질을 이용하여 주어진 방정식을 정리하면

$$2^{2x^2} = 2^{-2x+6}$$

이다. 따라서 $2x^2 = -2x+6$으로서 $x^2 + x - 3 = 0$을 만족한다. 두 근을 α, β라고 하면 근과 계수의 관계에 의해

$$\alpha + \beta = -1, \quad \alpha\beta = -3$$

이므로

$$(\alpha - \beta)^2 = (\alpha + \beta)^2 - 4\alpha\beta = 13$$

이다.

문제 1 ## 채점 기준

답안 (예상 소요 시간 2분 30초 / 전체 45분)	배점 (총 10점)
$2^{2x^2} = 2^{-2x+6}$이므로 $2x^2 = -2x+6$	3
두 근을 α, β라고 하면 근과 계수의 관계에 의해 $\alpha + \beta = -1, \quad \alpha\beta = -3$	4
$(\alpha - \beta)^2 = (\alpha + \beta)^2 - 4\alpha\beta = 13$	3

문제 1 ## 주의사항

▷ 답만을 찾기 위한 방법은 피해야 한다. 예를 들어, x에 수치를 대입하여 직접 해를 찾는 방법으로는 점수을 얻을 수 없다.

▷ 근과 계수의 관계를 이용하기 전에 반드시 이차방정식의 형태로 표현해야 한다.

2 개념/공식

> **(1) 삼각함수의 주요 등식**
>
> $$\sin^2\theta + \cos^2\theta = 1 \qquad\qquad 1 + \tan^2\theta = \frac{1}{\cos^2\theta}$$
>
> **(2) 삼각함수의 대칭성과 주기성**
>
> $$\sin(-x) = -\sin x \qquad\qquad \cos(-x) = -\cos x$$
>
> $$\sin(\pi+x) = -\sin x \qquad\qquad \cos(\pi+x) = -\cos x$$

2 풀이

삼각함수의 각의 성질을 이용하면

$$\frac{\cos(\pi+\theta)\cos\left(\frac{\pi}{2}-\theta\right)}{\sin(-\theta)\sin(\pi-\theta)} + \frac{\sin(\pi+\theta)\cos(\pi-\theta)}{\cos(-\theta)\sin\left(\frac{\pi}{2}-\theta\right)} = \frac{-\cos\theta\sin\theta}{-\sin\theta\sin\theta} + \frac{\sin\theta\cos\theta}{\cos\theta\cos\theta}$$

$$= \frac{\cos\theta}{\sin\theta} + \frac{\sin\theta}{\cos\theta}$$

$$= \frac{\cos^2\theta + \sin^2\theta}{\sin\theta\cos\theta} = \frac{1}{\sin\theta\cos\theta}$$

이다. 여기서 $(\cos\theta - \sin\theta)^2 = \cos^2\theta - 2\sin\theta\cos\theta + \sin^2\theta = 1 - 2\sin\theta\cos\theta$

즉, $1 - 2\sin\theta\cos\theta = \frac{1}{4}$ 이므로 $\sin\theta\cos\theta = \frac{3}{8}$ 이다. 따라서 구하는 식의 값은 $\frac{8}{3}$ 이다.

2 채점 기준

답안 (예상 소요 시간 3분 / 전체 45분)	배점 (총 10점)
$\dfrac{\cos(\pi+\theta)\cos\left(\frac{\pi}{2}-\theta\right)}{\sin(-\theta)\sin(\pi-\theta)} + \dfrac{\sin(\pi+\theta)\cos(\pi-\theta)}{\cos(-\theta)\sin\left(\frac{\pi}{2}-\theta\right)} = \dfrac{1}{\sin\theta\cos\theta}$	4
$\sin\theta - \cos\theta = \dfrac{1}{2}$ 이므로 $\sin\theta\cos\theta = \dfrac{3}{8}$	3
답 $\dfrac{8}{3}$	3

2 주의사항

▷ 문제의 출제의도는 삼각함수의 기본 성질을 이용해 복잡한 식을 간단히 변형할 수 있는지를 묻는 것으로 풀이 과정에 식을 정리하는 과정과 그 결과가 정확해야 한다.

문제 **3** 개념/공식

> **(1) 등차수열**
>
> (i) 연속하는 두 항의 차가 일정한 수열로 임의의 자연수 n에 대해 $a_{n+1} = a_n + d$가 성립한다. 이 때, d를 수열 $\{a_n\}$의 공차라고 한다.
>
> (ii) 첫째항이 a이고 공차가 d인 등차수열 $\{a_n\}$의 일반항은 $a_n = a + (n-1)d$으로 주어진다.
>
> **(2) 수열의 합**
>
> $$\sum_{k=1}^{n} k = \frac{n(n+1)}{2}$$
>
> $$\sum_{k=1}^{n} k^2 = \frac{n(n+1)(2n+1)}{6}$$
>
> $$\sum_{k=1}^{n} r^{k-1} = \frac{1-r^n}{1-r} = \frac{r^n-1}{r-1}$$

문제 **3** 풀이

$b_n = b_1 + 2(n-1)$이고 $b_1 = a_2 - a_1 = 2$이므로 $a_{n+1} - a_n = (a_2 - a_1) + 2(n-1) = 2n$이다. $n=1$부터 $n=9$까지 각 변을 합하면

$$\sum_{n=1}^{9}(a_{n+1} - a_n) = \sum_{n=1}^{9} 2n$$
$$(a_{10} - a_9) + (a_9 - a_8) + \cdots + (a_2 - a_1) = 2 \times \frac{9 \times 10}{2}$$
$$a_{10} - a_1 = 90$$

이다. 따라서 $a_{10} = 90 + a_1 = 93$이다.

문제 **3** 채점 기준

답안 (예상 소요 시간 4분 / 전체 45분)	배점 (총 10점)
$b_n = b_1 + 2(n-1)$, $b_1 = a_2 - a_1 = 2$	3
$a_{n+1} - a_n = 2n$	2
$a_{10} - a_1 = 90$	3
$a_{10} = 93$	2

문제 **3** 주의사항

▷ a_3, a_4, $\cdots$, a_{10}순으로 직접 값을 구하는 방법은 지양해야 한다.

▷ 수열 $\{a_n\}$의 일반항을 구해서 문제를 해결해도 된다. 단, 일반항을 구하는 과정은 논리적 근거에 의해야 한다. 수열 $\{a_n\}$ 일반항은 $a_n = n^2 - n + 3$이다.

문제

4 개념/공식

(1) 수학적 귀납법

자연수 n에 대한 명제 $p(n)$이

(i) $n=1$일 때, 명제 $p(n)$이 성립

(ii) $n=k$일 때, 명제 $p(n)$이 성립한다고 가정하고

  $n=k+1$일 때, 명제 $p(n)$이 성립

  함을 보이면 모든 자연수 n에 대하여 명제 $p(n)$은 성립한다.

(2) 부등식의 성질

$A<B$이면, 모든 C에 대해 $A+C<B+C$이 성립한다.

문제

4 풀이

(i) $n=2$일 때, $\dfrac{1}{2}<\dfrac{3}{4}$이므로

$$1+\frac{1}{2^2}=\frac{5}{4}=2-\frac{3}{4}<2-\frac{1}{2}$$

이다. 따라서 $n=2$일 때 부등식이 성립한다.

(ii) $n=k$일 때 부등식이 성립한다고 가정하면

$$1+\frac{1}{2^2}+\frac{1}{3^2}+\cdots+\frac{1}{k^2}<2-\frac{1}{k}$$

이므로

$$\begin{aligned}1+\frac{1}{2^2}+\frac{1}{3^2}+\cdots+\frac{1}{k^2}+\frac{1}{(k+1)^2}&<2-\frac{1}{k}+\frac{1}{(k+1)^2}\\&=2-\frac{k^2+k+1}{k(k+1)^2}\\&<2-\frac{k^2+k}{k(k+1)^2}\\&=2-\frac{k(k+1)}{k(k+1)^2}\\&=2-\frac{1}{k+1}\end{aligned}$$

이다. 따라서 $n=k+1$일 때도 부등식이 성립한다.

(i), (ii)에 의해 2 이상의 모든 자연수 n에 대하여 부등식이 성립한다.

4 채점 기준

답안 (예상 소요 시간 3분 / 전체 45분)	배점 (총 10점)
① $2 - \dfrac{1}{2}$	3
② $\dfrac{1}{(k+1)^2}$	3
③ $2 - \dfrac{1}{k+1}$	4

4 주의사항

▷ 빈칸을 완성하는 유형의 경우 빈칸에 들어갈 수 있는 내용을 문맥의 흐름을 파악하고 정해야 한다. 빈칸에 들어갈 수 있는 내용은 숫자, 식 또는 풀이 과정 모두 가능하다.

▷ 수학적 귀납법에서 $n = k+1$일 때 성립함을 보이는 과정에서는 $n = k$일 때 성립함을 가정한 것을 이용하도록 하자.

▷ 수학적 귀납법의 첫 번째 단계는 $n = 1$일 때 명제가 성립함을 보이는 것이다. 그러나 여기서는 명제의 첫 번째가 $n = 1$이 아닌 $n = 2$임을 인지해야 한다.

5 개념/공식

(1) 연속함수

함수 $f(x)$가 다음 세 가지 조건을 만족하면 $f(x)$는 $x = a$에서 연속이라고 한다.

(ⅰ) $x = a$에서 함숫값이 존재

(ⅱ) $\lim\limits_{x \to a-} f(x) = \lim\limits_{x \to a+} f(x)$

(ⅲ) $\lim\limits_{x \to a} f(x) = f(a)$

5 풀이

$x \neq 1$이면, $f(x) = \dfrac{x^2 + ax + 2}{x - 1}$이고, 함수 $f(x)$는 연속이므로

$$\lim_{x \to 1} f(x) = \lim_{x \to 1} \frac{x^2 + ax + 2}{x - 1}$$

의 값이 존재해야 한다. 여기서 $\lim\limits_{x \to 1}(x - 1) = 0$이므로

$$\lim_{x \to 1}(x^2 + ax + 2) = a + 3 = 0$$

이어야 한다. 즉, $a = -3$이다. 따라서

$$
\begin{aligned}
f(1) &= \lim_{x \to 1} f(x) \\
&= \lim_{x \to 1} \frac{x^2 - 3x + 2}{x - 1} \\
&= \lim_{x \to 1} \frac{(x-1)(x-2)}{x-1} \\
&= \lim_{x \to 1} (x-2) \\
&= -1
\end{aligned}
$$

이다.

5 채점 기준

답안 (예상 소요 시간 2분 30초 / 전체 45분)	배점 (총 10점)
$\lim\limits_{x \to 1} f(x) = \lim\limits_{x \to 1} \dfrac{x^2 + ax + 2}{x - 1}$	3
$\lim\limits_{x \to 1}(x^2 + ax + 2) = a + 3 = 0$이므로 $a = -3$	4
$f(1) = -1$	3

5 주의사항

▷ 연속함수의 정의 또는 성질에 의해 문제를 해결해야 한다.

▷ $f(x) = \dfrac{x^2 + ax + 2}{x - 1}$ 꼴은 분모에 의해 $x = 1$에서 정의되지 않으므로 "$x = 1$를 대입한다"는 표현은 적절하지 않으므로 답안을 작성할 때 주의해야 한다.

6 개념/공식

(1) 역함수의 존재성

함수 $f(x)$가 일대일대응일 때, 함수 $f(x)$의 역함수가 존재한다. 예를 들어, 적당한 구간에서 정의된 함수 $f(x)$가 증가함수이면 $f(x)$는 일대일대응이므로 역함수가 존재한다.

(2) 이차함수의 판별식

이차함수 $f(x) = ax^2 + bx + c$에서 $D = b^2 - 4ac$가

(ⅰ) $D > 0$이면, 이차함수의 그래프는 x축과 서로 다른 두 점에서 만난다.

따라서 $f(x)$의 함숫값이 양수인 구간과 음수인 구간 모두 존재한다.

(ⅱ) $D = 0$이면, 이차함수의 그래프는 x축과 한 점에서 만난다.

따라서 $f(x) \geq 0$ 또는 $f(x) \leq 0$ 둘 중 하나의 경우이다.

(ⅲ) $D < 0$이면, 이차함수의 그래프는 x축과 만나지 않는다.

따라서 $f(x) > 0$ 또는 $f(x) < 0$ 둘 중 하나의 경우이다.

문제 6 풀이

$f(x)$가 역함수를 갖기 위해서는 모든 x에 대해 $f'(x) > 0$이어야 한다. $f'(x) = 3x^2 + 4kx + 8$이므로 판별식 D는

$$D/4 = 4k^2 - 24 < 0$$
$$(k + \sqrt{6})(k - \sqrt{6}) < 0$$

이다. 부등식을 만족하는 k는 $-\sqrt{6} < k < \sqrt{6}$이고, 여기서 $2 < \sqrt{6} < 3$이므로 구하는 자연수 k의 값은 1, 2이다.

문제 6 채점 기준

답안 (예상 소요 시간 3분 30초 / 전체 45분)	배점 (총 10점)
$f'(x) > 0$일 때 역함수를 가진다.	3
$f'(x) = 3x^2 + 4kx + 8$	2
$D < 0$이어야 하므로 $-\sqrt{6} < k < \sqrt{6}$	3
구하는 자연수 k의 값은 1, 2	2

문제 6 주의사항

▷ 역함수가 존재하는 조건은 일대일대응이고, 이러한 함수는 증가함수 또는 감소함수임을 상기시켜야 한다.

▷ 판별식으로부터 나온 부등식을 풀 때, 반드시 인수분해 또는 근의 공식을 이용해 k의 범위를 구해야 한다.

▷ 구하는 k는 자연수이므로 $-\sqrt{6} < k < \sqrt{6}$을 답으로 쓰지 않도록 주의해야 한다.

문제 7 개념/공식

(1) 접선의 방정식

함수 $y = f(x)$의 $x = a$에서의 접선은 점 $(a, f(a))$를 지나고 기울기가 $f'(a)$인 직선으로서
접선의 방정식은 $y - f(a) = f'(a)(x - a)$. 즉, $y = f'(a)x - af'(a) + f(a)$으로 주어진다.

문제 7 풀이

$f(x) = x^3 + 6x^2 + 8x + 2$로 놓으면

$$f'(x) = 3x^2 + 12x + 8$$

접선의 기울기가 -4인 접점의 x좌표를 a라고 하면

$$3a^2 + 12a + 8 = -4$$
$$3a^2 + 12a + 12 = 0$$
$$3(a + 2)^2 = 0$$

따라서 $a = -2$. 여기서 접점의 y좌표는

$$y = (-2)^3 + 6 \times (-2)^2 + 8 \times (-2) + 2 = 2$$

접점의 좌표는 $(-2, 2)$이므로 구하는 접선의 방정식은

$$y - 2 = -4(x + 2)$$

$$y = -4x - 6$$

따라서 접선의 y절편은 -6이다.

7 채점 기준

답안 (예상 소요 시간 3분 / 전체 45분)	배점 (총 10점)
$f'(x) = 3x^2 + 12x + 8$	2
접점의 좌표는 $(-2, 2)$	4
접선의 방정식은 $y = -4x - 6$	2
y절편은 -6	2

7 주의사항

▷ 주어진 함수를 $f(x)$로 두는 것으로서 답안을 보다 효과적으로 작성할 수 있다.

▷ 문제 해결 후 그 결과에 오류가 없는지 주어진 삼차함수와 접선의 방정식에 접점을 대입하는 것으로서 확인할 수 있다.

8 개념/공식

(1) 정적분과 부정적분의 관계

닫힌구간 $[a, b]$에서 연속인 함수 $f(x)$의 부정적분을 $F(x)$라고 하면 다음이 성립한다.

$$\int_a^b f(x)dx = F(b) - F(a)$$

(2) 미분계수

$f(x)$의 $x = a$에서의 미분계수는 다음과 같이 정의한다.

$$f'(a) = \lim_{x \to a} \frac{f(x) - f(a)}{x - a} \qquad \text{또는} \qquad f'(a) = \lim_{h \to 0} \frac{f(a+h) - f(a)}{h}$$

8 풀이

$F(x) = \displaystyle\int_1^x (t^3 + t^2 + 1)dt$라고 하면, $F(1) = 0$이므로

$$\lim_{x \to 1}\frac{1}{x^3-1}\int_1^x (t^3+t^2+1)dt = \lim_{x \to 1}\frac{F(x)-F(1)}{(x-1)(x^2+x+1)}$$
$$= \lim_{x \to 1}\frac{1}{x^2+x+1}\times\frac{F(x)-F(1)}{x-1}$$

이다. 여기서

$$\lim_{x \to 1}\frac{1}{x^2+x+1}=\frac{1}{3}, \quad \lim_{x \to 1}\frac{F(x)-F(1)}{x-1}=F'(1)$$

이다. $F'(x)=x^3+x^2+1$로서 구하는 극한 값은

$$\frac{1}{3}F'(1)=1$$

이다.

8 채점 기준

답안 (예상 소요 시간 2분 / 전체 45분)	배점 (총 10점)
$F(x)=\int_1^x (t^3+t^2+1)dt$라고 하자.	2
$\lim_{x \to 1}\frac{1}{x^3-1}\int_1^x (t^3+t^2+1)dt = \lim_{x \to 1}\frac{F(x)-F(1)}{(x-1)(x^2+x+1)}$	3
$\lim_{x \to 1}\frac{F(x)-F(1)}{x-1}=F'(1)$	3
답은 1이다.	2

8 주의사항

▷ $F(x)=\int_1^x (t^3+t^2+1)dt$ 대신 $F(x)$를 x^3+x^2+1으로 정의하는 것만으로도 충분하다. 이 때, $F(1)=0$일 필요는 없다.

9 개념/공식

(1) 정적분과 넓이

닫힌구간 $[a, b]$에서 연속인 함수 $f(x)$에 대해 곡선 $y=f(x)$와 x축 및 두 직선 $x=a$, $x=b$로 둘러싸인 도형의 넓이

는 $\int_a^b |f(x)|dx$이다.

(2) 역함수의 성질

(i) 함수 $f(x)$에 대해 $f(g(x))=x$, $g(f(x))=x$을 만족하는 함수 $g(x)$가 존재하면, $g(x)$를 $f(x)$의 역함수라고 한다. 기호로는 $g(x)=f^{-1}(x)$로 표시한다.

(ii) 함수 $f(x)$가 일대일대응일 때, 함수 $f(x)$의 역함수가 존재한다.

(iii) 두 함수 $f(x)$와 $g(x)$가 서로 역함수 관계이면, 두 함수 $y=f(x)$와 $y=g(x)$의 그래프는 $y=x$에 대하여 대칭이다. 다른 표현으로 $y=f(x)$이면 $x=g(y)$이다.

 9 풀이

$f(1)=3$이고 $f(2)=12$이므로 위 그림과 같이 $\int_1^2 f(x)dx$가 나타내는 도형의 넓이와 $\int_3^{12} g(x)dx$이 나타내는 도형의 넓이의 합은 네 직선 x축, y축, $x=2$, $y=12$로 둘러싸인 사각형의 넓이에서 네 직선 x축, y축, $x=1$, $y=3$로 둘러싸인 사각형의 넓이를 뺀 것과 같으므로

$$\int_3^{12} g(x)dx = 2 \times 12 - 1 \times 3 - \int_1^2 f(x)dx$$
$$= 21 - \left[\frac{1}{4}x^4 + x^2\right]_1^2$$
$$= \frac{57}{4}$$

이다.

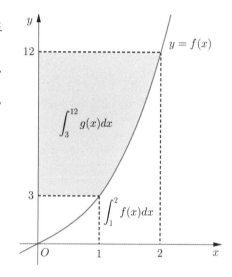

 9 채점 기준

답안 (예상 소요 시간 5분 / 전체 45분)	배점 (총 10점)
$f(1)=3$, $f(2)=12$	2
$\int_3^{12} g(x)dx = 2 \times 12 - 1 \times 3 - \int_1^2 f(x)dx$	5
$\int_3^{12} g(x)dx = \frac{57}{4}$	3

 9 주의사항

▷ 일반적인 논술시험에서 위와 같은 역함수의 적분은 그림을 그려 설명한다. 하지만 가천대 논술시험은 약술형으로서 그림을 그릴 필요 없이 상황에 대한 간단한 설명 후 바로 식을 세워 답안을 작성한다.

▷ 역함수의 적분 공식인 $\int_\alpha^\beta f^{-1}(x)dx = bf(b) - af(a) - \int_a^b f(x)dx$ (단, $\alpha=f(a)$, $\beta=f(b)$)이 존재한다. 하지만 이 공식은 가천대 논술의 시험 범위를 벗어나므로 정상적인 풀이로 인정받지 못한다. 따라서 역함수의 적분 공식을 사용하지 않고 문제를 해결하도록 하자.

문항정보 및 해설 3회

1 개념/공식

(1) 로그의 기본성질

$$\log ab = \log a + \log b \qquad \log \frac{a}{b} = \log a - \log b$$

$$\log a^k = k \log a \qquad \log_a b = \frac{\log_c b}{\log_c a}$$

(2) 로그의 부등식

（ⅰ） $a > 1$일 때, $0 < x < y$이면 $\log_a x < \log_a y$이다.

$\log_a x < k$이면 $x < a^k$이다.

（ⅱ） $0 < a < 1$일 때, $0 < x < y$이면 $\log_a x > \log_a y$이다.

$\log_a x < k$이면 $x > a^k$이다.

1 풀이

주어진 부등식의 좌변을 정리하면

$$\log_2 4x \times \log_2 x^4 = (\log_2 2^2 + \log_2 x) \times 4\log_2 x = 8\log_2 x + 4(\log_2 x)^2$$

이다. 여기서 $\log_2 x = t$라고 하면 주어진 부등식은

$$8t + 4t^2 \leq 12$$
$$t^2 + 2t - 3 \leq 0$$
$$(t-1)(t+3) \leq 0$$

이므로

$$-3 \leq t \leq 1$$
$$-3 \leq \log_2 x \leq 1$$
$$\frac{1}{2^3} \leq x \leq 2$$

이다. 따라서 부등식을 만족하는 정수 x는 1, 2이다.

1 채점 기준

답안 (예상 소요 시간 3분 30초 / 전체 45분)	배점 (총 10점)
주어진 부등식을 정리하면 $\log_2 4x \times \log_2 x^4 = 8\log_2 x + 4(\log_2 x)^2$	3
부등식을 풀면 $-3 \leq \log_2 x \leq 1$	4
정수 x는 1, 2	3

1 주의사항

▷ 주어진 방정식을 변형 후 군이 t로 치환하여 풀 때, $-3 \leq t \leq 1$을 만족하는 t를 정수로 구하지 않도록 주의한다.

2 개념/공식

(1) 삼각함수의 주요 등식

$$\sin^2\theta + \cos^2\theta = 1 \qquad\qquad 1 + \tan^2\theta = \frac{1}{\cos^2\theta}$$

(2) 삼각함수의 최댓값과 최솟값

(i) $\sin\theta$는 $\theta = 2n\pi + \frac{\pi}{2}$ (n은 정수)에서 최댓값 1을 가지고, $\theta = 2n\pi - \frac{\pi}{2}$ (n은 정수)에서 최솟값 -1을 가진다. θ의 구간이 주어진 경우는 $\sin\theta$의 그래프를 고려하여 최댓값과 최솟값을 구한다.

(ii) $\cos\theta$는 $\theta = 2n\pi$ (n은 정수)에서 최댓값 1을 가지고, $\theta = (2n-1)\pi$ (n은 정수)에서 최솟값 -1을 가진다. θ의 구간이 주어진 경우는 $\cos\theta$의 그래프를 고려하여 최댓값과 최솟값을 구한다.

(iii) $\tan\theta$는 $n\pi - \frac{\pi}{2} < \theta < n\pi + \frac{\pi}{2}$ (n은 정수)에서 증가하는 함수로서 일반적으로는 최댓값과 최솟값이 존재하지 않으며, 주어지는 구간이 있다면 구간의 양 끝값에서 최댓값 또는 최솟값을 가질 수 있다.

 2 풀이

$\sin^2x + 5\cos^2x = (\sin^2x + \cos^2x) + 4\cos^2x = 1 + 4\cos^2x$이다.

$\frac{\pi}{4} \le x \le \frac{\pi}{2}$이면 $0 \le \cos^2x \le \frac{1}{2}$이므로 $f(x)$는 $\cos^2x = \frac{1}{2}$일 때 최댓값을 가진다. 따라서 $f(x)$의 최댓값은 $1 + 4 \times \frac{1}{2} = 3$이다.

 2 채점 기준

답안 (예상 소요 시간 2분 / 전체 45분)	배점 (총 10점)
$\sin^2x + 5\cos^2x = 1 + 4\cos^2$	4
$\frac{\pi}{4} \le x \le \frac{\pi}{2}$에서 $f(x)$는 $\cos^2x = \frac{1}{2}$일 때 최댓값을 가진다.	4
$f(x)$의 최댓값은 3	2

 2 주의사항

▷ 삼각함수의 미분은 가천대 논술시험 범위를 벗어나므로 미분을 이용한 풀이(극값조사)로 문제를 풀어서는 안 된다.
▷ $f(x)$의 변형은 $\sin^2x + 5\cos^2x = 1 + 4\cos^2$이 아닌 $\sin^2x + 5\cos^2x = 5 - 4\sin^2x$으로 변형시켜 풀어도 상관없다.

문항정보 및 해설 3회

3 개념/공식

(1) 근과 계수의 관계

이차방정식 $ax^2+bx+c=0$의 두 근이 α, β일 때, 다음이 성립한다.

$$\alpha+\beta=-\frac{b}{a} \qquad\qquad \alpha\beta=\frac{c}{a}$$

(2) 부분분수

$$\frac{1}{AB}=\frac{1}{B-A}\left(\frac{1}{A}-\frac{1}{B}\right) \qquad\qquad \frac{1}{ABC}=\frac{1}{C-A}\left(\frac{1}{AB}-\frac{1}{BC}\right)$$

3 풀이

근과 계수의 관계에 의해 $a_n+b_n=-4$, $a_nb_n=-n(n+2)$이므로

$$\begin{aligned}
\sum_{n=1}^{20}\left(\frac{1}{a_n}+\frac{1}{b_n}\right) &= \sum_{n=1}^{20}\frac{a_n+b_n}{a_nb_n} \\
&= \sum_{n=1}^{20}\frac{4}{n(n+2)} \\
&= \sum_{n=1}^{20}\left(\frac{2}{n}-\frac{2}{n+2}\right)
\end{aligned}$$

$$\begin{aligned}
&= \left(\frac{2}{1}-\frac{2}{3}\right)+\left(\frac{2}{2}-\frac{2}{4}\right)+\left(\frac{2}{3}-\frac{2}{5}\right)+\cdots+\left(\frac{2}{20}-\frac{2}{22}\right) \\
&= \frac{2}{1}+\frac{2}{2}-\frac{2}{21}-\frac{2}{22}=\frac{650}{231}
\end{aligned}$$

이다.

3 채점 기준

답안 (예상 소요 시간 3분 / 전체 45분)	배점 (총 10점)
근과 계수의 관계에 의해 $a_n+b_n=-4$, $a_nb_n=-n(n+2)$	3
$\displaystyle\sum_{n=1}^{20}\left(\frac{1}{a_n}+\frac{1}{b_n}\right)=\sum_{n=1}^{20}\frac{4}{n(n+2)}=\sum_{n=1}^{20}\left(\frac{2}{n}-\frac{2}{n+2}\right)$	3
$\displaystyle\sum_{n=1}^{20}\left(\frac{2}{n}-\frac{2}{n+2}\right)=\left(\frac{2}{1}-\frac{2}{3}\right)+\left(\frac{2}{2}-\frac{2}{4}\right)+\cdots+\left(\frac{2}{20}-\frac{2}{22}\right)$	2
답 $\dfrac{650}{231}$	2

3 주의사항

▷ 주어진 식에 직접 $n=1, 2, 3, \cdots$를 대입하여 두 근을 구해내지 않도록 한다.

▷ 답안 작성에서 부분분수를 이용한 합은 중요한 과정으로 생략되지 않도록 주의해야 한다.

▷ 답은 기약분수로 표현하도록 하자.

4 개념/공식

(1) 몫의 극한과 수렴

$\lim\limits_{x \to a} f(x) = \alpha$, $\lim\limits_{x \to a} g(x) = \beta$ (α, β는 실수)에 대해

(i) $\beta \neq 0$이면 $\lim\limits_{x \to a} \dfrac{f(x)}{g(x)} = \dfrac{\lim\limits_{x \to a} f(x)}{\lim\limits_{x \to a} g(x)} = \dfrac{\alpha}{\beta}$ 이다.

(ii) $\beta = 0$이면 $\lim\limits_{x \to a} \dfrac{f(x)}{g(x)}$이 수렴하기 위한 필요조건은 $\alpha = 0$이다.

(iii) $\alpha \neq 0$, $\beta = 0$이면, $\lim\limits_{x \to a} \dfrac{f(x)}{g(x)}$는 발산한다.

 4 풀이

$\lim\limits_{x \to 1} (x-1) = 0$이므로

$$\lim_{x \to 1} (x^2 - ax + 2) = 3 - a = 0$$

이어야 한다. 따라서 $a = 3$이고

$$\begin{aligned}
\lim_{x \to 1} \frac{x^2 - ax + 2}{x - 1} &= \lim_{x \to 1} \frac{x^2 - 3x + 2}{x - 1} \\
&= \lim_{x \to 1} \frac{(x-1)(x-2)}{x-1} \\
&= \lim_{x \to 1} (x - 2) \\
&= -1
\end{aligned}$$

이다. 따라서 $a = 3$, $b = -1$이다.

4 채점 기준

답안 (예상 소요 시간 2분 30초 / 전체 45분)	배점 (총 10점)
$\lim\limits_{x \to 1} (x^2 - ax + 2) = 0$	3
$a = 3$	2
$\lim\limits_{x \to 1} \dfrac{x^2 - ax + 2}{x - 1} = \lim\limits_{x \to 1} \dfrac{x^2 - 3x + 2}{x - 1} = \lim\limits_{x \to 1} (x - 2)$	3
$b = -1$	2

4 주의사항

▷ a값을 구하기 위해서는 반드시 $\lim_{x \to 1}(x^2 - ax + 2) = 0$임을 설명해야 한다.

▷ 처음에는 분자와 분모의 수렴성이 보장되지 않기 때문에

$$\lim_{x \to 1}\frac{x^2 - ax + 2}{x - 1} = \frac{\lim_{x \to 1}(x^2 - ax + 2)}{\lim_{x \to 1}(x - 1)}$$

는 <u>틀린 표현</u>으로 이와 같이 쓰지 않도록 주의해야 한다.

5 개념/공식

(1) 합성함수

두 함수 $f : X \to Y$, $g : Y \to Z$가 있어서 X의 임의의 원소 x에 함숫값 $f(x)$를 대응시키고, Y의 원소인 $f(x)$에 $g(f(x))$를 대응시켜 얻는 새로운 함수를 f와 g의 합성함수 $g \circ f$라고 한다. 즉, $g \circ f : X \to Z$는 함숫값 $g(f(x))$로서 주어진다.

(2) 극값과 미분계수

미분가능한 함수 $f(x)$가 $x = c$에서 극값을 가지면 $f'(c) = 0$이다.

(3) 극대와 극소의 판정

미분가능한 함수 $f(x)$에 대하여 $f'(a) = 0$이고 $x = a$의 좌우에서

(i) $f'(x)$의 부호가 양에서 음으로 바뀌면 $f(x)$는 $x = a$에서 극대이다.

(ii) $f'(x)$의 부호가 음에서 양으로 바뀌면 $f(x)$는 $x = a$에서 극소이다.

(4) 미분가능한 함수의 최댓값과 최솟값

함수 $f(x)$가 닫힌구간 $[a, b]$에서 연속이면

(i) $f(x)$의 극댓값, $f(a)$, $f(b)$ 중 가장 큰 값이 최댓값이다.

(ii) $f(x)$의 극솟값, $f(a)$, $f(b)$ 중 가장 작은 값이 최솟값이다.

5 풀이

$f(x) = x^3 - 3x^2 + 1 \ (-1 \le x \le 3)$ 에서 $f'(x) = 3x^2 - 6x = 3x(x - 2)$

$f'(x) = 0$에서 $\qquad x = 0$ 또는 $x = 2$으로 증감을 조사하면 다음 표와 같다.

x	-1	$\cdots$	0	$\cdots$	2	$\cdots$	3
$f'(x)$	$+$	$+$	0	$-$	0	$+$	$+$
$f(x)$	-3	$\nearrow$	1	$\searrow$	-3	$\nearrow$	1

$f(x) = t$로 놓으면 $-3 \le t \le 1$이고

$$y = f(f(x)) = f(t) = t^3 - 3t^2 + 1$$

$y' = 3t^2 - 6t = 3t(t-2)$ 이므로 $y' = 0$인 t는 $t = 0$ 또는 $t = 2$으로 $-1 \leq t \leq 1$에서 증감을 조사하면 다음 표와 같다.

t	-1	$\cdots$	0	$\cdots$	1
y'	$+$	$+$	0	$-$	$-$
y	-3	$\nearrow$	1	$\searrow$	-1

따라서 $(f \circ f)(x) = f(t)$는 $t = 0$에서 최댓값 1을 가진다.

문제 5 채점 기준

답안 (예상 소요 시간 4분 / 전체 45분)	배점 (총 10점)
$f'(x) = 3x^2 - 6x = 3x(x-2)$	2
$f(x)$는 $x = 0$에서 극댓값 1, $x = 2$에서 극솟값 -3을 가진다.	4
$f(f(x)) = \{f(x)\}^3 - 3\{f(x)\}^2 + 1$	2
구하는 최댓값은 최댓값 1	2

문제 5 주의사항

▷ 합성함수를 구해서 문제를 해결해도 된다. 그러나 이러한 방법은 논술에서 일반적인 방법이 아니며 또한 합성함수를 x 에 관한 식으로 표현하면 6차함수가 되므로 풀기 쉽지 않다.

▷ 답안에서 함수의 증감조사/극값조사를 나타낼 때, 가천대 논술시험은 약술형으로서 표를 작성하는 것은 비효율적이다. (위 풀이에서는 독자들의 이해를 돕고자 증감표로 작성했을 뿐이다.) 따라서 시험 답안 작성에서 증감조사 및 극값조사 를 할 때, 표를 그리지 말고 극대와 극소를 가지는 변수의 값과 그 때의 극댓값과 극솟값 정도만 간단히 표시하도록 하 자.

▷ 주어진 함수의 구간 $-1 \leq x \leq 3$는 $f(x)$이 정의된 구간으로 $f(f(x)) = f(t)$를 생각할 때는 $f(x) = t$의 범위와 $f(x)$의 정의역의 범위 $-1 \leq x \leq 3$를 모두 고려해야 한다.

문제 6 개념/공식

(1) 사잇값 정리

닫힌구간 $[a, b]$에서 연속인 함수 $f(x)$가 $f(a) \neq f(b)$를 만족하면, $f(a)$와 $f(b)$ 사이의 임의의 k에 대하여

$$f(c) = k$$

인 c가 열린구간 (a, b)에 존재한다.

문제 6 풀이

$0 < f(a) < f(b)$이므로

$$f(a) = \sqrt{f(a)f(a)} < \sqrt{f(a)f(b)} < \sqrt{f(b)f(b)} = f(b)$$

CHAPTER

문항정보 및 해설 3회

여기서 $k = \sqrt{f(a)f(b)}$ 라고 하면 $f(a) < k < f(b)$이고 $f(x)$는 다항함수로서 연속함수이다. 따라서 사잇값 정리에 의해

$$f(c) = k = \sqrt{f(a)f(b)}$$

인 상수 c가 열린구간 (a, b)에서 존재한다.

6 채점 기준

답안 (예상 소요 시간 3분 / 전체 45분)	배점 (총 10점)
$f(x)$는 다항함수로서 연속함수	2
$f(a) < \sqrt{f(a)f(b)} < f(b)$	4
사잇값 정리에 의해 $f(c) = \sqrt{f(a)f(b)}$ 인 c가 열린구간 (a, b)에서 존재	4

6 주의사항

▷ 논술에서 사잇값 정리와 평균값 정리는 증명 문제로 종종 등장하므로 그 내용은 숙지하도록 하자.
▷ 이 문제와 같이 사잇값 정리를 이용하는 문제는 주어진 함수의 연속성, $f(a) \neq f(b)$와 그 사이에 존재하는 적절한 k값을 정하는 과정이 누락되지 않도록 주의해야 한다.
▷ 답안의 마지막은 문제에서 요구한 결론으로 끝나도록 작성하자.

7 개념/공식

(1) 속도와 가속도
수직선 위를 움직이는 점 P의 시각 t에서의 위치가 $x(t)$일 때,
(i) 점 P의 시각 t에서의 속도 $v(t)$는 $v(t) = x'(t)$이고, 속력은 $|v(t)|$이다.
(ii) 점 P의 시각 t에서의 가속도 $a(t)$는 $a(t) = v'(t)$이고, 가속력은 $|a(t)|$이다.

(2) 항등식과 도함수
미분가능한 두 함수 $f(x)$, $g(x)$에 대해
(i) $f(x) = g(x)$이면, $f'(x) = g'(x)$이다.
하지만 $f'(x) = g'(x)$라고 해서 $f(x) = g(x)$는 아니다.
(ii) $f'(x) \neq g'(x)$이면, $f(x) \neq g(x)$이다.
하지만 $f(x) \neq g(x)$라고 해서 $f'(x) \neq g'(x)$는 아니다.

7 풀이

$h(t) = f(t) - g(t)$라고 하자. $h'(t) = f'(t) - g'(t) = 6t^2 - 4at + 3a$이다. $t = 1$에서 두 점의 속도가 같으므로 $h'(1) = 6 - a = 0$, $a = 6$이다. 즉, $h'(t) = 6t^2 - 24t + 18 = 6(t-1)(t-3)$이다. $h'(k) = 0$이므로 $k = 3$이다. 여기서 $|h(t)|$는 시각 t에서의 두 점 P, Q 사이의 거리이므로 $t = k$에서의 두 점 사이의 거리는

$$|h(3)| = |2 \times 3^3 - 2 \times 6 \times 3^2 + 3 \times 6 \times 3 - 6| = |-6| = 6$$

이다.

7 채점 기준

답안 (예상 소요 시간 3분 / 전체 45분)	배점 (총 10점)
$f'(t) - g'(t) = 6t^2 - 4at + 3a$	2
$a = 6$	3
$k = 3$	3
두 점 사이의 거리는 6	2

 7 주의사항

▷ 주어진 $f(t) - g(t)$는 두 점 P, Q의 위치의 차임을 이해해야 한다.

▷ $f(t), g(t)$를 임의로 정하여 푸는 것은 틀린 풀이다. 예를 들어 $f(t) = 2t^3 + 3at$, $g(t) = 2at^2 + 6$로 두고 풀면 답은 구할 수 있지만 틀린 풀이가 된다.

 8 개념/공식

(1) 정적분이 포함된 방정식의 해법

（ⅰ）방정식에 포함된 정적분의 적분 구간에 모두 상수인 경우, 정적분은 상수이므로 k로 치환하여 푼다.

즉, $\int_a^b f(x)dx$ 꼴이 포함된 경우 $\int_a^b f(x)dx = k$로 치환한다.

（ⅱ）방정식에 포함된 정적분의 적분 구간에 변수가 포함된 경우, 적분 구간에 포함된 변수로 미분하여 푼다.

즉, $\int_a^x f(t)\,dt$ 꼴이 포함되는 경우 식 전체를 x에 관해 미분한다.

8 풀이

$\int_0^1 f(t)\,dt = k$ (k는 상수)로 놓으면

$$f(x) = x^2 + 2x - k$$

$\int_0^1 f(t)\,dt = k$에서 $\int_0^1 (t^2 + 2t - k)\,dt = k$이므로

$$\left[\frac{t^3}{3} + t^2 - kt\right]_0^1 = k$$

$$\frac{1}{3} + 1 - k = k$$

$$k = \frac{2}{3}$$

이므로 $f(x) = x^2 + 2x - \frac{2}{3}$이다. 따라서 $f(-1) = -\frac{5}{3}$

문제 8 채점 기준

답안 (예상 소요 시간 3분 / 전체 45분)	배점 (총 10점)
$\displaystyle\int_0^1 f(t)\,dt = k$ (k는 상수)로 놓으면 $f(x) = x^2 + 2x - k$	3
$\displaystyle\int_0^1 f(t)\,dt = k$ 에서 $k = \dfrac{2}{3}$	3
$f(x) = x^2 + 2x - \dfrac{2}{3}$	2
$f(-1) = -\dfrac{5}{3}$	2

문제 8 주의사항

▷ 주어진 등식의 양변을 미분하여 $f'(x)$를 구한 후 적분을 통해 문제를 해결할 수도 있으나 일반적인 방법은 아니다.

▷ $f(x) = ax^2 + bx + c$로 두고 계수비교법을 통해 문제를 해결할 수도 있으나 이 방법을 쓰기 위해서는 $f(x)$가 이차함수라는 근거가 필요하다.

문제 9 개념/공식

(1) 미분계수

$f(x)$의 $x = a$에서의 미분계수는 다음과 같이 정의한다.

$$f'(a) = \lim_{x \to a} \frac{f(x) - f(a)}{x - a} \qquad \text{또는} \qquad f'(a) = \lim_{h \to 0} \frac{f(a+h) - f(a)}{h}$$

(2) 미분가능과 도함수의 정의

함수 $f(x)$가 $x = a$에서의 미분계수가 존재하면, $f(x)$를 $x = a$에서 미분가능하다고 하고, 함수 $f(x)$가 정의역에 포함되는 모든 x에서 미분계수가 존재하면, 함수 $f(x)$를 미분가능한 함수라고 한다. 이 때, 함수 $f(x)$의 도함수를

$$f'(x) = \lim_{h \to 0} \frac{f(x+h) - f(x)}{h}$$

으로 정의한다.

(3) 함수의 대칭성과 정적분

(i) 함수 $y = f(x)$가 y축 대칭인 함수(우함수)일 때,

$$\int_{-a}^{a} f(x)dx = 2\int_0^a f(x)dx$$

(ii) 함수 $y = f(x)$가 원점 대칭인 함수(기함수)일 때,

$$\int_{-a}^{a} f(x)dx = 0$$

9 풀이

주어진 식에 y 대신에 h 를 대입하면

$f(x+h) = f(x) + f(h) - 2xh$ 이므로

$$f'(x) = \lim_{h \to 0} \frac{f(x+h) - f(x)}{h}$$

$$= \lim_{h \to 0} \frac{f(x) + f(h) - 2xh - f(x)}{h}$$

$$= \lim_{h \to 0} \frac{f(h) - 2xh}{h} = \lim_{h \to 0} \frac{f(h)}{h} - 2x$$

그런데 주어진 등식에 $x = y = 0$ 을 대입하면 $f(0) = f(0) + f(0)$ 이므로 $f(0) = 0$

$$f'(x) = \lim_{h \to 0} \frac{f(h) - f(0)}{h} - 2x = f'(0) - 2x$$

$$f(x) = \int f'(x)\, dx = \int (-2x + f'(0))\, dx = -x^2 + f'(0)x + C \quad (C는\ 적분상수)$$

$f(0) = 0$ 이므로 $C = 0$ 이다. 따라서 $f(x) = -x^2 + f'(0)x$ 이고, 여기서 x^2 은 y축 대칭, $f'(0)x$ 는 원점 대칭인 함수이므로

$$\int_{-2}^{2} f(x)\, dx = \int_{-2}^{2} (-x^2 + f'(0)x)\, dx = -2 \int_{0}^{2} x^2\, dx = -2 \left[\frac{1}{3}x^3 \right]_0^2 = -\frac{16}{3}$$

9 채점 기준

답안 (예상 소요 시간 4분 / 전체 45분)	배점 (총 10점)
$f'(x) = \lim_{h \to 0} \dfrac{f(x+h) - f(x)}{h} = \lim_{h \to 0} \dfrac{f(h)}{h} - 2x$	3
$f(x) = \int f'(x)\, dx = -x^2 + f'(0)x + C \quad (C는\ 적분상수)$	2
주어진 등식에 $x = y = 0$ 을 대입하면, $f(0) = 0$ 이므로 $C = 0$	2
$\int_{-2}^{2} f(x)\, dx = -\dfrac{16}{3}$	3

9 주의사항

▷ 도함수의 정의 $f'(x) = \lim_{h \to 0} \dfrac{f(x+h) - f(x)}{h}$ 는 명확히 표현해야 한다.

▷ 주어진 조건만으로는 $f'(0)$ 를 구할 수 없다. 만일, 임의로 $f'(0)$ 의 값을 정한다면 틀린 풀이가 된다.

▷ $f'(x)$ 를 구하지 않고, $f(x) = ax^2 + bx + c$ 라고 두고 조건에 맞춰 $f(x)$ 를 찾는 방법은 틀린 풀이다.

1 개념/공식

(1) 로그의 부등식

(ⅰ) $a > 1$일 때, $0 < x < y$이면 $\log_a x < \log_a y$이다.

$\log_a x < k$이면 $x < a^k$이다.

(ⅱ) $0 < a < 1$일 때, $0 < x < y$이면 $\log_a x > \log_a y$이다.

$\log_a x < k$이면 $x > a^k$이다.

(2) 로그의 정수부분과 소수부분

$\log_a x$이 주어질 때, $n \le \log_a x < n+1$을 만족하는 정수 n을 $\log_a x$의 정수부분, $\log_a x - n$의 값을 $\log_a x$의 소수부분이라고 한다.

(3) 로그의 정수부분과 소수부분의 표현

$\log_a x$의 정수부분이 n일 때,

(ⅰ) $n \le \log_a x < n+1$. 즉, $a^n \le x < a^{n+1}$이다.

(ⅱ) $\log_a x = n + k \ (0 \le k < 1)$로 표현된다.

1 풀이

$10^{n-1} \le x < 10^n$이면 $n-1 \le \log x < n$이므로

$$f(x) = \begin{cases} 0 \ (1 \le x < 10) \\ 1 \ (10 \le x < 10^2) \\ 2 \ (10^2 \le x < 10^3) \\ 3 \ (10^3 \le x < 10^4) \end{cases}$$

$f(1) + f(2) + f(3) + \cdots + f(2023) = 0 \times 9 + 1 \times 90 + 2 \times 900 + 3 \times (2023 - 999) = 4962$

1 채점 기준

답안 (예상 소요 시간 2분 30초 / 전체 45분)	배점 (총 10점)
$10^{n-1} \le x < 10^n$이면 $n-1 \le \log x < n$	3
$f(x) = \begin{cases} 0 \ (1 \le x < 10) \\ 1 \ (10 \le x < 10^2) \\ 2 \ (10^2 \le x < 10^3) \\ 3 \ (10^3 \le x < 10^4) \end{cases}$	4
$f(1) + f(2) + f(3) + \cdots + f(2023) = 4962$	3

1 주의사항

▷ 정확한 근거가 제시된 후 $f(x)$를 구하도록 한다.

▷ $\log 1, \log 2, \log 3, \cdots, \log 2023$의 각 정수부분을 직접 구하는 풀이는 올바른 풀이로 인정되지 않는다.

2 개념/공식

(1) 코사인법칙

세 변의 길이가 a, b, c인 삼각형 ABC에 대해 다음 등식이 성립한다.

$$a^2 = b^2 + c^2 - 2bc\cos A$$
$$b^2 = c^2 + a^2 - 2ca\cos B$$
$$c^2 = a^2 + b^2 - 2ab\cos C$$

(2) 삼각형의 넓이

삼각형의 두 변 a, b와 그 사잇각 θ가 주어질 때, 삼각형의 넓이는 다음과 같다.

$$\frac{1}{2}ab\sin\theta$$

 2 풀이

$x = \overline{BC}$라고 하면, 코사인법칙에 의해 $\quad (2\sqrt{7})^2 = 6^2 + x^2 - 12x\cos 60°$
$$28 = x^2 - 6x + 36$$
$$x^2 - 6x + 8 = 0$$
$$(x-2)(x-4) = 0$$

이므로 $\overline{BC} = x = 2$ 또는 $\overline{BC} = x = 4$이다. 따라서 삼각형 ABC의 넓이는

$$\frac{1}{2} \times 6 \times 2 \times \sin 60° = 3\sqrt{3}$$

와

$$\frac{1}{2} \times 6 \times 4 \times \sin 60° = 6\sqrt{3}$$

이다.

2 채점 기준

답안 (예상 소요 시간 2분 30초 / 전체 45분)	배점 (총 10점)
코사인법칙에 의해 $(2\sqrt{7})^2 = 6^2 + x^2 - 12x\cos 60°$ $(x = \overline{BC})$	3
$\overline{BC} = 2$ 또는 $\overline{BC} = 4$	3
$\frac{1}{2} \times 6 \times 2 \times \sin 60° = 3\sqrt{3}$	2
$\frac{1}{2} \times 6 \times 4 \times \sin 60° = 6\sqrt{3}$	2

2 주의사항

▷ 사인법칙이나 코사인법칙을 사용하는 문제에서 답안을 작성하는 경우 '사인법칙' 또는 '코사인법칙'을 언급하자.

▷ 선분 $\overline{BC}$의 값이 하나가 아님을 주의하자.

▷ 삼각형의 넓이를 구할 때는 결과만 쓰지 않고, 어떤 방법에의해 넓이를 구했는지 보이도록 $\frac{1}{2} \times 6 \times 2 \times \sin 60° = 3\sqrt{3}$
와 같이 표현하는 것이 바람직하다. 단, 동일한 방법이 반복될 때는 "위와 같은 방법으로"라고 쓰고 결과만 써도 좋다.

문항정보 및 해설 4회

문제 **3** 개념/공식

(1) 등차수열

(i) 연속하는 두 항의 차가 일정한 수열로 임의의 자연수 n에 대해 $a_{n+1} = a_n + d$ (또는 $a_{n+1} - a_n = d$)가 성립한다. 이 때, d를 수열 $\{a_n\}$의 공차라고 한다.

(ii) 첫째항이 a이고 공차가 d인 등차수열 $\{a_n\}$의 일반항은 $a_n = a + (n-1)d$으로 주어진다.

(2) 수열의 합과 일반항

수열 $\{a_n\}$의 첫째항부터 제n항까지의 합 $S_n = a_1 + a_2 + \cdots + a_n$에 대해

$$S_1 = a_1, \qquad a_n = S_n - S_{n-1} \quad (n \geq 2)$$

문제 **3** 풀이

수열 $\{S_{2n-1}\}$은 첫째항이 3이고 공차가 2인 등차수열, 수열 $\{S_{2n}\}$은 첫째항이 6이고 공차가 2인 등차수열이다. 따라서 $S_{2n-1} = 2n+1$, $S_{2n} = 2n+4$이다. 따라서 모든 자연수 n에 대해

$$a_{2n} = S_{2n} - S_{2n-1} = (2n+4) - (2n+1) = 3$$

이고

$$a_{2n+1} = S_{2n+1} - S_{2n} = 2n+3 - (2n+4) = -1$$

이다. 따라서

$$\sum_{n=1}^{2023} |a_n| = |a_1| + |a_2| + |a_3| + \cdots + |a_{2023}|$$
$$= 3 + 3 + |-1| + 3 + |-1| + \cdots + 3 + |-1|$$
$$= 4047$$

문제 **3** 채점 기준

답안 (예상 소요 시간 3분 30초 / 전체 45분)	배점 (총 10점)
$S_{2n-1} = 2n+1$, $S_{2n} = 2n+4$	3
$a_{2n} = S_{2n} - S_{2n-1} = (2n+4) - (2n+1) = 3$ $a_{2n+1} = S_{2n+1} - S_{2n} = 2n+3 - (2n+4) = -1$	4
$\sum_{n=1}^{2023} |a_n| = 4047$	3

문제 **3** 주의사항

▷ 수열 $\{S_n\}$와 수열 $\{a_n\}$는 홀수 번째 항과 짝수 번째 항이 달라짐에 주의해야 한다. 답안을 작성할 때는 '$2n$'인 경우와 '$2n+1$'인 경우로 표현해도 되고, 'n이 짝수일 때'와 'n이 홀수일 때'로 표현해도 좋다.

문제 **4** 개념/공식

(1) 미분계수

$f(x)$의 $x=a$에서의 미분계수는 다음과 같이 정의한다.

$$f'(a) = \lim_{x \to a} \frac{f(x) - f(a)}{x - a} \qquad \text{또는} \qquad f'(a) = \lim_{h \to 0} \frac{f(a+h) - f(a)}{h}$$

(2) 곱의 미분법

$$(f(x)g(x))' = f'(x)g(x) + f(x)g'(x)$$

문제 **4** 풀이

$h(x) = f(x)g(x)$라고 하면

$$\lim_{x \to 1} \frac{f(x)g(x) - f(1)g(1)}{x - 1} = \lim_{x \to 1} \frac{h(x) - h(1)}{x - 1} = h'(1)$$

이다. 여기서 곱의 미분법에 의해

$$h'(x) = f'(x)g(x) + f(x)g'(x) = (2x+3)g(x) + (x^2 + 3x + 1)g'(x)$$

이므로

$$h'(1) = 5g(1) + 5g'(1) = -5 + 5 = 0$$

이다.

문제 **4** 채점 기준

답안 (예상 소요 시간 2분 30초 / 전체 45분)	배점 (총 10점)
① $h'(1)$	3
② $2x + 3$	2
③ $x^2 + 3x + 1$	2
④ 0	3

문제 **4** 주의사항

▷ 빈칸을 완성하는 유형의 경우 빈칸에 들어갈 수 있는 내용을 문맥의 흐름을 파악하고 정해야 한다. 빈칸에 들어갈 수 있는 내용은 숫자, 식 또는 풀이 과정 모두 가능하다.

▷ ②, ③이 포함된 식의 좌변에 $h'(x)$로서 x에 관한 식으로 표현된 만큼 우변에서 ②, ③을 구할 때는 $x=1$일때의 값인 $5, 5$를 쓰는 것은 틀린 답이 된다.

문항정보 및 해설 4회

문제 **5** 개념/공식

(1) 연속함수

함수 $f(x)$가 다음 세 가지 조건을 만족하면 $f(x)$는 $x = a$에서 연속이라고 한다.

(i) $x = a$에서 함숫값이 존재

(ii) $\lim\limits_{x \to a-} f(x) = \lim\limits_{x \to a+} f(x)$

(iii) $\lim\limits_{x \to a} f(x) = f(a)$

(2) 몫의 극한과 수렴

$\lim\limits_{x \to a} f(x) = \alpha$, $\lim\limits_{x \to a} g(x) = \beta$ $(\alpha, \beta$는 실수)에 대해

(i) $\beta \neq 0$이면 $\lim\limits_{x \to a} \dfrac{f(x)}{g(x)} = \dfrac{\lim\limits_{x \to a} f(x)}{\lim\limits_{x \to a} g(x)} = \dfrac{\alpha}{\beta}$이다.

(ii) $\beta = 0$이면 $\lim\limits_{x \to a} \dfrac{f(x)}{g(x)}$이 수렴하기 위한 필요조건은 $\alpha = 0$이다.

(iii) $\alpha \neq 0$, $\beta = 0$이면, $\lim\limits_{x \to a} \dfrac{f(x)}{g(x)}$는 발산한다.

(3) 분수의 유리화

곱셈공식 $(a+b)(a-b) = a^2 - b^2$을 이용하면 다음이 성립한다.

(i) $\dfrac{1}{\sqrt{m} - \sqrt{n}} = \dfrac{\sqrt{m} + \sqrt{n}}{(\sqrt{m} - \sqrt{n})(\sqrt{m} + \sqrt{n})} = \dfrac{\sqrt{m} + \sqrt{n}}{m - n}$

(ii) $\sqrt{m} - \sqrt{n} = \dfrac{(\sqrt{m} - \sqrt{n})(\sqrt{m} + \sqrt{n})}{\sqrt{m} + \sqrt{n}} = \dfrac{m - n}{\sqrt{m} + \sqrt{n}}$

문제 **5** 풀이

함수 $f(x)$가 $x = 0$에서 연속이므로 $\lim\limits_{x \to 0} f(x)$이 존재해야한다. 여기서 $\lim\limits_{x \to 0} x = 0$이므로 $\lim\limits_{x \to 0} (\sqrt{x+4} - \sqrt{a}) = 2 - \sqrt{a} = 0$이다. 즉, $\sqrt{a} = 2$, $a = 4$이다. 따라서

$$
\begin{aligned}
\lim_{x \to 0} f(x) &= \lim_{x \to 0} \frac{\sqrt{x+4} - 2}{x} \\
&= \lim_{x \to 0} \frac{(\sqrt{x+4} - 2)(\sqrt{x+4} + 2)}{x(\sqrt{x+4} + 2)} \\
&= \lim_{x \to 0} \frac{1}{\sqrt{x+4} + 2} \\
&= \frac{1}{4}
\end{aligned}
$$

으로 $a = 4$, $b = \dfrac{1}{4}$이다.

5 채점 기준

답안 (예상 소요 시간 3분 / 전체 45분)	배점 (총 10점)
$\lim_{x \to 0}(\sqrt{x+4} - \sqrt{a}) = 2 - \sqrt{a} = 0$에서 $a = 4$	3
$\lim_{x \to 0} f(x) = \lim_{x \to 0} \dfrac{\sqrt{x+4} - 2}{x} = \lim_{x \to 0} \dfrac{1}{\sqrt{x+4} + 2}$	4
$b = \dfrac{1}{4}$	3

5 주의사항

▷ 연속함수의 정의 또는 성질에 의해 문제를 해결해야 한다.

▷ $f(x) = \dfrac{\sqrt{x+4} - 2}{x}$ 꼴은 분모에 의해 $x = 0$에서 정의되지 않으므로 "$x = 0$를 대입한다"는 표현은 적절하지 않으므로 답안을 작성할 때 주의해야 한다.

▷ 수렴성이 보장되지 않은 상황에서 $\lim_{x \to 0} \dfrac{\sqrt{x+4} - 2}{x} = \dfrac{\lim_{x \to 0}(\sqrt{x+4} - 2)}{\lim_{x \to 0} x}$ 으로 쓰는 것은 틀린 표현이다.

6 개념/공식

(1) 접선의 방정식

함수 $y = f(x)$의 $x = a$에서의 접선은 점 $(a, f(a))$를 지나고 기울기가 $f'(a)$인 직선으로서 접선의 방정식은 $y - f(a) = f'(a)(x - a)$. 즉, $y = f'(a)x - af'(a) + f(a)$으로 주어진다.

(2) 곱의 미분법

$$(f(x)g(x))' = f'(x)g(x) + f(x)g'(x)$$

6 풀이

다항함수 $y = f(x)$의 그래프가 점 $(1, -1)$을 지나는 접선의 방정식의 기울기가 2이므로 $f(1) = -1$, $f'(1) = 2$이다. 한편, $g(x) = \{f(x) - x\}^2$라고 하면 곱의 미분법에 의해

$$g'(x) = \{f'(x) - 1\}\{f(x) - x\} + \{f(x) - x\}\{f'(x) - 1\} = 2\{f(x) - x\}\{f'(x) - 1\}$$

이다. 따라서

$$g(1) = \{f(1) - 1\}^2 = 4, \quad g'(1) = 2\{f(1) - 1\}\{f'(1) - 1\} = -4$$

이므로 구하는 접선의 방정식은

$$y-4=-4(x-1)$$
$$y=-4x+8$$

이다.

 ## 6 채점 기준

답안 (예상 소요 시간 2분 30초 / 전체 45분)	배점 (총 10점)
$f(1)=-1,\ f'(1)=2$	2
$g'(x)=2\{f(x)-x\}\{f'(x)-1\}$	3
$g(1)=\{f(1)-1\}^2=4,\ g'(1)=2\{f(1)-1\}\{f'(1)-1\}=-4$	2
접선의 방정식은 $y=-4x+8$	3

 ## 6 주의사항

▷ 도함수의 의미와 함수의 그래프의 관계를 이해하고 문제를 해결해야 한다.

▷ $y=\{f(x)-x\}^2$의 도함수는 곱의 미분법으로 구해야 한다. 가천대 논술시험 범위를 벗어나는 합성함수 미분법을 이용하는 것은 잘못된 풀이다.

▷ 마지막 답은 $y=ax+b$꼴로 표현하도록 하자.

 ## 7 개념/공식

(1) 역함수의 성질

(ⅰ) 함수 $f(x)$에 대해 $f(g(x))=x$, $g(f(x))=x$을 만족하는 함수 $g(x)$가 존재하면, $g(x)$를 $f(x)$의 역함수라고 한다. 기호로는 $g(x)=f^{-1}(x)$로 표시한다.

(ⅱ) 함수 $f(x)$가 일대일대응일 때, 함수 $f(x)$의 역함수가 존재한다.

(ⅲ) 두 함수 $f(x)$와 $g(x)$가 서로 역함수 관계이면, 두 함수 $y=f(x)$와 $y=g(x)$의 그래프는 $y=x$에 대하여 대칭이다. 다른 표현으로 $y=f(x)$이면 $x=g(y)$이다.

(2) 직선의 $y=x$에 대한 대칭

직선 $y=mx+n\ (m\neq 0)$의 $y=x$에 대한 대칭인 직선의 방정식은 $x=my+n$, 다시 말해 $y=\dfrac{1}{m}(x-n)=\dfrac{1}{m}x-\dfrac{n}{m}$이므로 두 직선이 $y=x$에 대하여 대칭일 필요조건은 두 직선의 기울기의 곱이 1, 두 기울기가 역수 관계인 것이다.

 ## 7 풀이

$\ell(g(k))=k$이므로 함수 $g(t)$는 $\ell(t)$의 역함수이다. 따라서 $\ell(1)=2$이므로 $g(2)=1$이다. 함수 $g(x)$가 함수 $\ell(x)$의 역함수이므로 $y=g(x)$와 $y=\ell(x)$의 그래프는 $y=x$에 대해 대칭이고, $y=g(x)$의 $x=2$에서의 접선과 $y=\ell(x)$의 $x=1$에서의 접선도 $y=x$에 대하여 대칭이다.

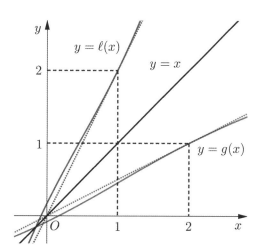

위 그림에서 실선은 함수의 그래프, 점선은 접선의 그래프를 나타낸 것이다

따라서 두 접선의 기울기는 서로 역수 관계이므로

$$g'(2) = \frac{1}{\ell'(1)}$$

이다. 여기서 $\ell'(1) = 2$이므로

$$g'(2) = \frac{1}{2}$$

이다.

문제 **7** 채점 기준

답안 (예상 소요 시간 5분 / 전체 45분)	배점 (총 10점)
$\ell(g(k)) = k$이므로 함수 $g(t)$는 $\ell(t)$의 역함수이다.	3
$\ell(1) = 2$이므로 $g(2) = 1$	2
$g'(2) = \dfrac{1}{\ell'(1)}$, $\ell'(1) = 2$	3
$g'(2) = \dfrac{1}{2}$	2

문제 **7** 주의사항

▷ $\ell(t)$와 $g(k)$가 서로 역함수 관계임을 이해하고 이 부분이 답안에 언급돼야 한다.

▷ 역함수의 미분 공식인 $(f^{-1}(x))' = \dfrac{1}{f'(f^{-1}(x))}$ 이 존재한다. 하지만 이 공식은 가천대 논술의 시험 범위를 벗어나므로

정상적인 풀이로 인정받지 못한다. 따라서 역함수의 미분 공식을 사용하지 않도록 주의한다.

8 개념/공식

(1) 정적분과 넓이

닫힌구간 $[a, b]$에서 연속인 함수 $f(x)$에 대해 곡선 $y = f(x)$와 x축 및 두 직선 $x = a$, $x = b$로 둘러싸인 도형의 넓이는 $\int_a^b |f(x)| dx$이다.

(2) 정적분의 성질 (구간의 변형)

$$\int_a^b f(x)dx = \int_a^c f(x)dx + \int_c^b f(x)dx \qquad \int_a^b f(x)dx = -\int_b^a f(x)dx$$

(3) 함수의 대칭성과 정적분

(i) 함수 $y = f(x)$가 y축 대칭인 함수(우함수)일 때,

$$\int_{-a}^a f(x)dx = 2\int_0^a f(x)dx$$

(ii) 함수 $y = f(x)$가 원점 대칭인 함수(기함수)일 때,

$$\int_{-a}^a f(x)dx = 0$$

8 풀이

$f(x)$는 원점에 대하여 대칭이고, $\int_{-a}^0 f(x)dx \leq 0$이므로 $\int_0^a f(x)dx \geq 0$이고

$$\int_{-a}^a |f(x)|dx = \int_0^a f(x)dx - \int_{-a}^0 f(x)dx = 2\int_0^a f(x)dx$$

이다. 즉, $\int_0^a f(x)dx = 3$이다. 또한 $\int_{-a}^a f(x)dx = 0$이므로

$$\int_{-a}^b f(x)dx = \int_{-a}^a f(x)dx + \int_a^b f(x)dx = \int_a^b f(x)dx$$

이다. 즉, $\int_a^b f(x)dx = 2$로서

$$\int_0^b f(x)dx = \int_0^a f(x)dx + \int_a^b f(x)dx = 3 + 2 = 5$$

이다.

8 채점 기준

답안 (예상 소요 시간 4분 / 전체 45분)	배점 (총 10점)
$\int_{-a}^a |f(x)|dx = 2\int_0^a f(x)dx$이므로 $\int_0^a f(x)dx = 3$	4
$\int_{-a}^b f(x)dx = \int_a^b f(x)dx$이므로 $\int_a^b f(x)dx = 2$	4
$\int_0^b f(x)dx = \int_0^a f(x)dx + \int_a^b f(x)dx = 5$	2

8 주의사항

▷ 정적분의 성질을 이용하여 문제를 해결하도록 하자.

▷ 조건을 만족하는 $f(x)$를 정해서 문제를 해결하는 것은 틀린 풀이다.

▷ 필요하다면 그림을 활용해 문제를 해결할 수도 있지만, 가천대 논술은 약술형으로서 그림을 이용한 풀이는 답안 작성에 어려움이 생길 수 있으므로 가능하면 그림없이 답안을 작성하도록 하자.

 9 개념/공식

(1) 접선의 방정식

함수 $y=f(x)$의 $x=a$에서의 접선은 점 $(a, f(a))$를 지나고 기울기가 $f'(a)$인 직선으로서 접선의 방정식은 $y-f(a)=f'(a)(x-a)$. 즉, $y=f'(a)x-af'(a)+f(a)$으로 주어진다.

(2) 두 곡선 사이의 넓이

ㅃ닫힌구간 $[a, b]$에서 연속인 두 함수 $f(x)$, $g(x)$에 대해 곡선 $y=f(x)$, $y=g(x)$와 $x=a$, $x=b$로 둘러싸인 도형의 넓이는 $\int_a^b |f(x)-g(x)|dx$이다.

9 풀이

접점을 (t, t^2+3)라고 하면, $y'=2x$이므로 접선의 기울기는 $2t$이다. 따라서 접선의 방정식은
$$y-(t^2+3)=2t(x-t)$$
이고, 접선이 원점을 지나므로 점 $(0, 0)$을 대입하면 $t^2=3$, $t=\pm\sqrt{3}$ 이다. 따라서 두 접선의 방정식은
$$y=2\sqrt{3}\,x, \quad y=-2\sqrt{3}\,x$$
이다. 두 접선과 곡선으로 둘러싸인 도형이 y축 대칭임을 이용하면 넓이는
$$2\int_0^{\sqrt{3}} \left\{(x^2+3)-2\sqrt{3}\,x\right\}dx = 2\left[\frac{1}{3}x^3-\sqrt{3}\,x^2+3x\right]_0^{\sqrt{3}} = 2\sqrt{3}$$

9 채점 기준

답안 (예상 소요 시간 3분 30초 / 전체 45분)	배점 (총 10점)
접점을 (t, t^2+3)일 때, 접선의 방정식은 $y-(t^2+3)=2t(x-t)$	3
접선의 방정식은 $y=2\sqrt{3}\,x$, $y=-2\sqrt{3}\,x$	3
넓이는 $2\int_0^{\sqrt{3}} \left\{(x^2+3)-2\sqrt{3}\,x\right\}dx = 2\sqrt{3}$	4

 9 주의사항

▷ 도함수를 이용하면 접선을 구할 수 있음을 이용하자.

▷ 상황을 그래프로 표현하면 y축에 대하여 대칭이므로 도형의 넓이를 구하기 위해 필요한 접선의 방정식은 두 개일 필요는 없다. 만일 접선의 방정식을 하나만 이용할 경우에는 반드시 그래프가 y축에 대하여 대칭이라는 이유가 들어가야 한다.

문항정보 및 해설 5회

문제 1 개념/공식

(1) 합성함수

두 함수 $f:X{\to}Y$, $g:Y{\to}Z$가 있어서 X의 임의의 원소 x에 함숫값 $f(x)$를 대응시키고, Y의 원소인 $f(x)$에 $g(f(x))$를 대응시켜 얻는 새로운 함수를 f와 g의 합성함수 $g \circ f$라고 한다. 즉, $g \circ f:X{\to}Z$는 함숫값 $g(f(x))$로서 주어진다.

(2) 역함수의 성질

(i) 함수 $f(x)$에 대해 $f(g(x))=x$, $g(f(x))=x$을 만족하는 함수 $g(x)$가 존재하면, $g(x)$를 $f(x)$의 역함수라고 한다. 기호로는 $g(x)=f^{-1}(x)$로 표시한다.

(ii) 함수 $f(x)$가 일대일대응일 때, 함수 $f(x)$의 역함수가 존재한다.

(iii) 두 함수 $f(x)$와 $g(x)$가 서로 역함수 관계이면, 두 함수 $y=f(x)$와 $y=g(x)$의 그래프는 $y=x$에 대하여 대칭이다. 다른 표현으로 $y=f(x)$이면 $x=g(y)$이다.

문제 1 풀이

$g(x)$는 $f(x)$의 역함수이므로 $f(g(x))=x$이 성립한다.

$$f(f(g \circ g))(x)=f(f(g(g(x))))=x$$

이므로 방정식 $(g \circ g)(x)=1$의 해는 $x=f(f(1))$이다. 따라서 함수 $f(x)$의 정의에 의해 방정식의 해는

$$f(f(1))=f(-\log 1)=f(0)=1-0=1$$

이다.

문제 1 채점 기준

답안 (예상 소요 시간 2분 30초 / 전체 45분)	배점 (총 10점)
$f(f(g \circ g))(x)=f(f(g(g(x))))=x$	3
$(g \circ g)(x)=1$의 해는 $x=f(f(1))$	3
$f(f(1))=f(-\log 1)=f(0)=1$	4

문제 1 주의사항

▷ 함수와 역함수의 관계를 이용하여 문제를 해결하자.

▷ $f(x)$의 역함수는 기호로 $f^{-1}(x)$으로 나타낼 수 있으므로 풀이 과정 중 $g(x)$ 대신 $f^{-1}(x)$를 사용해도 좋단. 단, 문제에서 물어본 것은 $(g \circ g)(x)=1$이므로 $g \circ g = f^{-1} \circ f^{-1}$임이 답안에 명시되는 것이 맞다.

2 개념/공식

(1) 삼각함수의 주요 등식

$$\sin^2\theta + \cos^2\theta = 1 \qquad\qquad 1 + \tan^2\theta = \frac{1}{\cos^2\theta}$$

(2) 삼각함수의 값

	0	$\dfrac{\pi}{6}$	$\dfrac{\pi}{4}$	$\dfrac{\pi}{3}$	$\dfrac{\pi}{2}$
sin	0	$\dfrac{1}{2}$	$\dfrac{\sqrt{2}}{2}$	$\dfrac{\sqrt{3}}{2}$	1
cos	1	$\dfrac{\sqrt{3}}{2}$	$\dfrac{\sqrt{2}}{2}$	$\dfrac{1}{2}$	0
tan	0	$\dfrac{1}{\sqrt{3}}$	1	$\sqrt{3}$	$-$

 ## 2 풀이

$$\begin{aligned}
\cos^2x - \sin^2x - 2\sqrt{2}\cos x + 2 &= \cos^2x - (1 - \cos^2x) - 2\sqrt{2}\cos x + 2 \\
&= 2\cos^2x - 2\sqrt{2}\cos x + 1 \\
&= 2\left(\cos x - \frac{\sqrt{2}}{2}\right)^2 \leq 0
\end{aligned}$$

이므로 $\cos x = \dfrac{\sqrt{2}}{2}$이다. 따라서 $0 \leq x < 2\pi$일 때, 부등식의 해는 $x = \dfrac{\pi}{4}$ 또는 $x = \dfrac{7\pi}{4}$이다.

 ## 2 채점 기준

답안 (예상 소요 시간 2분 / 전체 45분)	배점 (총 10점)
$\cos^2x - \sin^2x - 2\sqrt{2}\cos x + 2 = 2\left(\cos x - \dfrac{\sqrt{2}}{2}\right)^2$	4
$\cos x = \dfrac{\sqrt{2}}{2}$	2
$x = \dfrac{\pi}{4}$ 또는 $x = \dfrac{7\pi}{4}$	4

2 주의사항

▷ 주어진 식을 $\cos$만으로 표현하는 과정에서 $\cos x = t$로 치환하여 나타내는 것도 좋은 방법이다.

▷ 주어진 변수 x의 범위가 $0 \leq x < 2\pi$이므로 해가 유일하지 않고 범위 또는 여러 개일 수 있다.

3 개념/공식

(1) 임의의 수열 $\{a_n\}$에 대해 다음이 성립한다.

$$\sum_{k=1}^{n} a_k = \sum_{k=0}^{n-1} a_{k+1} \qquad\qquad \sum_{k=1}^{n} a_k = \sum_{k=2}^{n+1} a_{k-1}$$

$$\sum_{k=1}^{n} a_k = \sum_{k=1}^{n-1} a_k + a_n \qquad\qquad \sum_{k=1}^{n} a_k = \sum_{k=1}^{n+1} a_k - a_{n+1}$$

(2) 수열의 합

$$\sum_{k=1}^{n} c = cn \quad (c\text{는 상수}) \qquad \sum_{k=1}^{n} k = \frac{n(n+1)}{2} \qquad \sum_{k=1}^{n} k^2 = \frac{n(n+1)(2n+1)}{6}$$

 3 풀이

$\displaystyle\sum_{k=0}^{n-1}(k^2+1)=\sum_{k=1}^{n-1}(k^2+1)+1,\ \sum_{k=1}^{n}(k^2-1)=\sum_{k=1}^{n-1}(k^2-1)+n^2-1$이므로 주어진 등식은

$$\sum_{k=1}^{n-1}(k^2+1)+1-\sum_{k=1}^{n-1}(k^2-1)-(n^2-1) = -120$$

이다. 여기서

$$-n^2+2+\sum_{k=1}^{n-1}2 = -120$$
$$-n^2+2+2(n-1)= -120$$

이고, 식을 정리하여 인수분해하면

$$n^2-2n-120 = 0$$
$$(n+10)(n-12) = 0$$

으로서 등식을 만족하는 n은 -10 또는 12이다. n은 자연수이므로 $n=12$이다.

 3 채점 기준

답안 (예상 소요 시간 3분 / 전체 45분)	배점 (총 10점)
$\displaystyle\sum_{k=1}^{n-1}(k^2+1) - \sum_{k=1}^{n-1}(k^2-1)+1-(n^2-1) = -120$	4
$-n^2+2+2(n-1)= -120$	3
n은 -10 또는 12, n은 자연수이므로 $n=12$	3

문제 3 주의사항

▷ 수열의 합 $\sum$의 성질을 이용하는 문제이다.

▷ $\sum$의 변형 없이 공식 $\displaystyle\sum_{k=1}^{n}k^2 = \frac{n(n+1)(2n+1)}{6}$ 을 이용해 문제를 풀어도 된다.

▷ 처음 $\displaystyle\sum_{k=0}^{n-1}(k^2+1)$과 $\displaystyle\sum_{k=1}^{n}(k^2-1)$의 k의 범위를 동일하게 맞추는 과정 또는 방법은 다양한 방법이 존재하며 교육과정의 범위를 벗어나지 않는다면 어떤 방법으로도 변형 시킬 수 있다.

문제 4 개념/공식

(1) 연속함수

함수 $f(x)$가 다음 세 가지 조건을 만족하면 $f(x)$는 $x=a$에서 연속이라고 한다.

(i) $x=a$에서 함숫값이 존재

(ii) $\displaystyle\lim_{x\to a-}f(x) = \lim_{x\to a+}f(x)$

(iii) $\displaystyle\lim_{x\to a}f(x) = f(a)$

(2) 분수의 유리화

곱셈공식 $(a+b)(a-b) = a^2 - b^2$을 이용하면 다음이 성립한다.

(i) $\displaystyle\frac{1}{\sqrt{m}-\sqrt{n}} = \frac{\sqrt{m}+\sqrt{n}}{(\sqrt{m}-\sqrt{n})(\sqrt{m}+\sqrt{n})} = \frac{\sqrt{m}+\sqrt{n}}{m-n}$

(ii) $\displaystyle\sqrt{m}-\sqrt{n} = \frac{(\sqrt{m}-\sqrt{n})(\sqrt{m}+\sqrt{n})}{\sqrt{m}+\sqrt{n}} = \frac{m-n}{\sqrt{m}+\sqrt{n}}$

문제 4 풀이

함수 $f(x)$가 $x=1$에서 연속이므로 $\displaystyle\lim_{x\to 1}f(x)$이 존재해야한다.

여기서 $\displaystyle\lim_{x\to 1}(\sqrt{x+3}-2) = 2-2 = 0$이므로 $\displaystyle\lim_{x\to 1}(x^3+a) = 1+a = 0$이다. 즉, $a=-1$이다. 따라서

$$
\begin{aligned}
\lim_{x\to 1}f(x) &= \lim_{x\to 1}\frac{(x^3-1)}{\sqrt{x+3}-2} \\
&= \lim_{x\to 1}\frac{(x-1)(x^2+x+1)(\sqrt{x+3}+2)}{(\sqrt{x+3}-2)(\sqrt{x+3}+2)} \\
&= \lim_{x\to 1}(x^2+x+1)(\sqrt{x+3}+2) \\
&= 12
\end{aligned}
$$

으로 $a=-1$, $b=12$이다.

문항정보 및 해설 5회

 4 채점 기준

답안 (예상 소요 시간 3분 / 전체 45분)	배점 (총 10점)
$\lim\limits_{x \to 1}(x^3+a)=1+a=0$이므로 $a=-1$	3
$\dfrac{(x^3-1)}{\sqrt{x+3}-2}=\dfrac{(x-1)(x^2+x+1)(\sqrt{x+3}+2)}{(\sqrt{x+3}-2)(\sqrt{x+3}+2)}$	3
$\lim\limits_{x \to 1}f(x)=12$이므로 $b=12$	4

 4 주의사항

▷ 연속함수의 정의 또는 성질에 의해 문제를 해결해야 한다.

▷ $f(x)=\dfrac{x^3+a}{\sqrt{x+3}-2}$ 꼴은 분모에 의해 $x=1$에서 정의되지 않으므로 "$x=1$를 대입한다"는 표현은 적절하지 않으므로 답안을 작성할 때 주의해야 한다.

▷ 수렴성이 보장되지 않은 상황에서 $\lim\limits_{x \to 1}\dfrac{x^3+a}{\sqrt{x+3}-2}=\dfrac{\lim\limits_{x \to 1}(x^3+a)}{\lim\limits_{x \to 1}(\sqrt{x+3}-2)}$ 으로 쓰는 것은 틀린 표현이다.

 5 개념/공식

> **(1) 극값과 미분계수**
>
> 미분가능한 함수 $f(x)$가 $x=c$에서 극값을 가지면 $f'(c)=0$이다.
>
> **(2) 극대와 극소의 판정**
>
> 미분가능한 함수 $f(x)$에 대하여 $f'(a)=0$이고 $x=a$의 좌우에서
> (i) $f'(x)$의 부호가 양에서 음으로 바뀌면 $f(x)$는 $x=a$에서 극대이다.
> (ii) $f'(x)$의 부호가 음에서 양으로 바뀌면 $f(x)$는 $x=a$에서 극소이다.

 5 풀이

$f'(x)=2ax-1$이다. $a>0$일 때, $x<\dfrac{1}{2a}$에서 $f'(x)<0$으로서 $f(x)$는 감소하고 $x>\dfrac{1}{2a}$에서 $f'(x)>0$로서 $f(x)$는 증가한다. 따라서 $f(x)$는 $x=\dfrac{1}{2a}$일 때 최솟값은 $g(a)=f\left(\dfrac{1}{2a}\right)=-\dfrac{1}{4a}$이다. 따라서

$$g(2) \times g(3)=\frac{1}{8 \times 12}=\frac{1}{96}$$

※ $a=2$, $a=3$일 때의 상황만 필요하므로 $a \leq 0$인 경우에 대해 고려할 필요는 없다.

문제 5 채점 기준

답안 (예상 소요 시간 2분 / 전체 45분)	배점 (총 10점)
$f'(x) = 2ax - 1$	2
$f(x)$는 $x = \dfrac{1}{2a}$ 일 때 최소	3
$g(a) = f\left(\dfrac{1}{2a}\right) = -\dfrac{1}{4a}$	3
$g(2) \times g(3) = \dfrac{1}{8 \times 12} = \dfrac{1}{96}$	2

문제 5 주의사항

▷ 미지수가 포함된 함수의 최솟값을 구하는 문제이다. 최종적으로 필요한 경우는 $a = 2$, $a = 3$이므로 위 풀이와 같이 a가 아닌 $a = 2$ 또는 $a = 3$를 대입해 풀어도 상관없다.

▷ 답안에서 증감조사의 비중이 큰 만큼 답안에서 빠지지 않도록 하자. 가천대처럼 약술형 논술에서 증감을 조사할 때는 표를 그리는 것보다 간단히 증가와 감소 구간을 언급하고 극대 또는 극소를 판정하는 것이 효과적인 답안이 된다.

문제 6 개념/공식

(1) 극값과 미분계수

미분가능한 함수 $f(x)$가 $x = c$에서 극값을 가지면 $f'(c) = 0$이다.

(2) 극대와 극소의 판정

미분가능한 함수 $f(x)$에 대하여 $f'(a) = 0$이고 $x = a$의 좌우에서
(i) $f'(x)$의 부호가 양에서 음으로 바뀌면 $f(x)$는 $x = a$에서 극대이다.
(ii) $f'(x)$의 부호가 음에서 양으로 바뀌면 $f(x)$는 $x = a$에서 극소이다.

문제 6 풀이

$f(x) = x^3 + 3x^2 - 9x$라고 하면, 방정식 $x^3 + 3x^2 - 9x + k = 0$의 해는 두 함수 $y = f(x)$와 $y = -k$의 교점의 x좌표와 같다. 여기서 $f'(x) = 3x^2 + 6x - 9 = 3(x+3)(x-1)$이므로 증감을 조사하면 다음과 같다.

x	$\cdots$	-3	$\cdots$	1	$\cdots$
$f'(x)$	$+$	0	$-$	0	$+$
$f(x)$	$\nearrow$	27	$\searrow$	-5	$\nearrow$

$x=-3$에서 극댓값 $f(-3)=27$, $x=1$에서 극솟값 $f(1)=-5$를 갖는다.

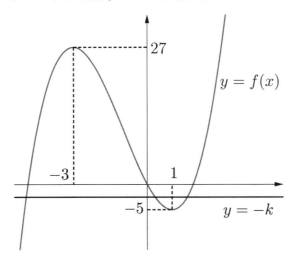

따라서 $-5<-k<27$일 때, 주어진 방정식은 세 실근을 가지고, 특히, $0<k<5$일 때, 주어진 방정식은 두 개의 양의 실근과 한 개의 음의 실근을 갖는다. 따라서 답은 $0<k<5$이다.

문제 6 채점 기준

답안 (예상 소요 시간 3분 30초 / 전체 45분)	배점 (총 10점)
$f'(x)=3x^2+6x-9=3(x+3)(x-1)$	2
$x=-3$에서 극댓값 $f(-3)=27$, $x=1$에서 극솟값 $f(1)=-5$	4
답 $0<k<5$	4

문제 6 주의사항

▷ 주어진 상황에 대한 그래프를 이해하는 문제이다. 그러나 답안 작성에서 그래프를 그릴 필요는 없다.

▷ 주어진 방정식의 좌변 또는 좌변의 일부를 함수를 정의할 때는

$$f(x)=x^3+3x^2-9x \text{ 또는 } f(x)=x^3+3x^2-9x+k$$

으로 하는 것이 좋다. 위에 제시된 풀이는 $f(x)=x^3+3x^2-9x$으로 정의한 경우이다.

▷ 가천대 약술형 논술시험에서 답안 작성은 증감을 조사할 때는 표를 그리는 것보다 간단히 증가와 감소 구간을 언급하고 극대 또는 극소를 판정하는 것이 효과적이다.

문제 **7** 개념/공식

(1) 연속함수

함수 $f(x)$가 다음 세 가지 조건을 만족하면 $f(x)$는 $x=a$에서 연속이라고 한다.

(i) $x=a$에서 함숫값이 존재

(ii) $\lim\limits_{x \to a-} f(x) = \lim\limits_{x \to a+} f(x)$

(iii) $\lim\limits_{x \to a} f(x) = f(a)$

(2) 미분가능한 함수

함수 $f(x)$가 $x=a$에서의 미분계수가 존재하면, $f(x)$를 $x=a$에서 미분가능하다고 한다. 즉,

$$\lim_{h \to 0-} \frac{f(a+h)-f(a)}{h} = \lim_{h \to 0+} \frac{f(a+h)-f(a)}{h}$$

이면 $f(x)$를 $x=a$에서 미분가능하다.

(3) 미분가능과 연속의 관계

(i) 미분가능한 함수는 연속이다.

(ii) 연속인 함수가 미분가능한 것은 아니다. 예를 들어, $y=|x|$는 연속이지만 미분불가능하다.

문제 **7** 풀이

함수 $g(x) = x^3 + ax + 3$, $h(x) = x^2 - 3x + b$라 하면 $g'(x) = 3x^2 + a$, $h'(x) = 2x - 3$

함수 $f(x)$가 $x=0$에서 미분가능하므로

$$g(0) = h(0), \ g'(0) = h'(0)$$

이다. 따라서 $b=3$, $a=-3$이다.

문제 **7** 채점 기준

답안 (예상 소요 시간 2분 30초 / 전체 45분)	배점 (총 10점)
$g(x) = x^3 + ax + 3$, $h(x) = x^2 - 3x + b$라 하면 $g(0) = h(0)$	3
$g'(0) = h'(0)$	3
$a=-3$, $b=3$	4

문제 **7** 주의사항

▷ $x \geq 0$일 때, $f(x)$에는 $x=0$을 대입하는 것이 가능하지만 $x<0$일 때는 구간에 0이 포함돼있지 않으므로 위 풀이처럼 $x<0$일 때의 $f(x)$를 $g(x) = x^3 + ax + 3$로서 정의하고 $x=0$을 대입하거나 또는 $\lim\limits_{x \to 0-} f(x) = \lim\limits_{x \to 0-} (x^3 + ax + 3)$으로 표현해야 한다.

문항정보 및 해설 5회

 8 개념/공식

(1) 평균값 정리

닫힌구간 $[a, b]$에서 연속이고 열린구간 (a, b)에서 미분가능한 함수 $f(x)$에 대해

$$f'(c) = \frac{f(b) - f(a)}{b - a}$$

인 c가 열린구간 (a, b)에 존재한다.

8 풀이

평균값 정리에 의해

$$f'(c) = \frac{f(b) - f(a)}{b - a}$$

인 c가 열린구간 (a, b)에 존재한다. 여기서 $b - a > 0$이고 $f'(c) > 0$이므로 $f(b) - f(a) = f'(c)(b - a) > 0$이다. 따라서 $f(a) < f(b)$이 성립한다.

8 채점 기준

답안 (예상 소요 시간 4분 / 전체 45분)	배점 (총 10점)
평균값 정리에 의해 $f'(c) = \dfrac{f(b) - f(a)}{b - a}$인 c가 존재	4
$b - a > 0$	2
$f'(c) > 0$	2
$f(a) < f(b)$	2

8 주의사항

▷ 논술에서 사잇값 정리와 평균값 정리는 증명 문제로 종종 등장하므로 그 내용은 숙지하도록 하자.
▷ 다항함수는 연속이고 미분가능하므로 $f(x)$가 평균값 정리의 전제 조건을 만족함을 이해하자.
▷ 답안의 마지막은 문제에서 요구한 결론으로 끝나도록 작성하자.

9 개념/공식

(1) 속도와 가속도

수2직선 위를 움직이는 점 P의 시각 t에서의 위치가 $x(t)$일 때,
(i) 점 P의 시각 t에서의 속도 $v(t)$는 $v(t) = x'(t)$이고, 속력은 $|v(t)|$이다.
(ii) 점 P의 시각 t에서의 가속도 $a(t)$는 $a(t) = v'(t)$이고, 가속력은 $|a(t)|$이다.

(2) 점의 위치와 이동거리

수직선 위를 움직이는 점 P의 시각 t에서의 속도 $v(t)$에 대해

(i) 시각 t_0에서의 위치 x_0가 주어지면, 시각 t에서의 점 P의 위치 $x(t)$는

$$x(t) = x_0 + \int_{t_0}^{t} v(s)ds$$

(ii) 시각 $t=a$에서 $t=b$까지 점 P의 위치 변화량은

$$x(b) - x(a) = \int_{a}^{b} v(t)dt$$

(iii) 시각 $t=a$에서 $t=b$까지 점 P의 이동한 거리는

$$\int_{a}^{b} |v(t)|dt$$

문제 9 풀이

시각 t에서의 점 P의 위치 $x(t)$는

$$x(t) = \int v(t)dt = 5t - 5t^2 + C$$

이다. (단, C는 적분상수) 여기서 $t=0$일 때 P의 위치는 0이므로 $C=0$이고 $x(t) = 5t - 5t^2 = 5t(1-t)$이다. 따라서 점 P는 $t=0$ 또는 $t=1$일 때 원점을 지난다. 또한 $v(t) = 5(1-2t)$이므로 $t=\dfrac{1}{2}$에서 속도의 부호가 바뀐다. 따라서 출발 후 다시 원점에 올 때까지 점 P가 움직인 거리는

$$\int_{0}^{1} |v(t)|dt = \int_{0}^{\frac{1}{2}} (5-10t)dt + \int_{\frac{1}{2}}^{1} (-5+10t)dt$$

$$= \left[5t - 5t^2\right]_{0}^{\frac{1}{2}} + \left[-5t + 5t^2\right]_{\frac{1}{2}}^{1}$$

$$= \frac{5}{2}$$

문제 9 채점 기준

답안 (예상 소요 시간 3분 30초 / 전체 45분)	배점 (총 10점)
① $5t - 5t^2$	3
② 0	2
③ $\dfrac{1}{2}$	2
④ $\dfrac{5}{2}$	3

문제 9 주의사항

▷ 속도와 위치가 서로 미분과 적분으로 구해질 수 있음을 이용하는 문제이다.

▷ 빈칸을 완성하는 유형의 경우 빈칸에 들어갈 수 있는 내용을 문맥의 흐름을 파악하고 정해야 한다. 빈칸에 들어갈 수 있는 내용은 숫자, 식 또는 풀이 과정 모두 가능하다.

CHAPTER VI

문항정보 및 해설 6회

 1 개념/공식

(1) 로그의 기본성질

$$\log ab = \log a + \log b \qquad\qquad \log\frac{a}{b} = \log a - \log b$$

$$\log a^k = k\log a \qquad\qquad \log_a b = \frac{\log_c b}{\log_c a}$$

 1 풀이

$20 = 2^2 \times 5$이므로 양의 약수는 $1, 2, 2^2, 5, 2\times5, 2^2\times5$이다. 로그의 성질에 의해

$$\log a_1 + \log a_2 + \log a_3 + \log a_4 + \log a_5 + \log a_6 = \log(a_1 a_2 a_3 a_4 a_5 a_6)$$

이고, 20의 모든 양의 약수의 곱은

$$1 \times 2 \times 2^2 \times 5 \times (2\times5) \times (2^2\times5) = 2^6 \times 5^3$$

이므로 로그의 성질에 의해

$$\log(2^6 \times 5^3) = 3(\log2 + \log10)$$

이다. 여기서 주어진 $\log2 = 0.301$과 $\log10 = 1$임을 이용하면 구하는 값은

$$\log a_1 + \log a_2 + \log a_3 + \log a_4 + \log a_5 + \log a_6 = 3\times(0.301+1) = 3.903$$

이다.

1 채점 기준

답안 (예상 소요 시간 2분 30초 / 전체 45분)	배점 (총 10점)
20의 모든 양의 약수는 $1, 2, 2^2, 5, 2\times5, 2^2\times5$	2
$\log a_1 + \log a_2 + \log a_3 + \log a_4 + \log a_5 + \log a_6 = \log(a_1 a_2 a_3 a_4 a_5 a_6)$	2
$\log(2^6 \times 5^3) = 3(\log2 + \log10)$	3
답 3.903	3

1 주의사항

▷ 로그의 성질과 상용로그에 관한 문제로서 주어진 로그를 합을 정리하는 과정은 위 풀이와 다르게 진행해도 좋다.

▷ 주어진 상용로그의 값 $\log2 = 0.301$는 근삿값으로서 구하려는 식이 복잡한 상황에서 대입하면 그 오차가 커져 출제자가 의도한 답과 달라질 수 있다. 따라서 가능한 식은 간단히 정리한 후 근삿값 $\log2 = 0.301$을 대입하도록 하자.

2 개념/공식

(1) 삼각함수의 주요 등식

$$\sin^2\theta + \cos^2\theta = 1 \qquad\qquad 1 + \tan^2\theta = \frac{1}{\cos^2\theta}$$

(2) 사인함수, 코사인함수의 성질

(i) 정의역은 실수 전체의 집합, 치역은 $\{y \mid -1 \le y \le 1\}$이다.

(ii) 함수 $y = \sin x$의 그래프는 원점에 대하여 대칭이고, 함수 $y = \cos x$의 그래프는 y축에 대하여 대칭이다.

(iii) 주기가 2π인 주기함수이다.

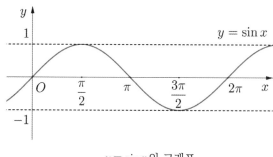
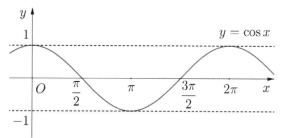

$y = \sin x$의 그래프 $y = \cos x$의 그래프

 2 풀이

$$\begin{aligned}2\sin^2 x + 3\cos x - 3 &= 2(1 - \cos^2 x) + 3\cos x - 3 \\ &= -2\cos^2 x + 3\cos x - 1 \\ &= -(\cos x - 1)(2\cos x - 1) \le 0\end{aligned}$$

이므로 $\cos x \ge 1$ 또는 $\cos x \le \dfrac{1}{2}$이다. 따라서 $0 \le x \le \pi$일 때, $\cos x \ge 1$ (즉, $\cos x = 1$)에서 $x = 0$, $\cos x \le \dfrac{1}{2}$에서

$\dfrac{\pi}{3} \le x \le \pi$이다. 따라서 해는 $x = 0$ 또는 $\dfrac{\pi}{3} \le x \le \pi$이다.

 2 채점 기준

답안 (예상 소요 시간 3분 / 전체 45분)	배점 (총 10점)
$2\sin^2 x + 3\cos x - 3 = -2\cos^2 x + 3\cos x - 1$	3
$\cos x \ge 1$ 또는 $\cos x \le \dfrac{1}{2}$	4
$x = 0$ 또는 $\dfrac{\pi}{3} \le x \le \pi$	4

2 주의사항

▷ 주어진 식을 $\cos$에 대한 식으로 변형 후 부등식을 풀도록 하자.

▷ 함수 $y = \cos x$의 그래프를 고려하여 문제를 푸는 것이 좋지만, 약술형 논술인 만큼 답안 작성에서 그래프를 그릴 필요는 없다.

▷ 답이 $x = 0$와 $\dfrac{\pi}{3} \le x \le \pi$으로 두 가지가 나와야 하며 범위 $0 \le x \le \pi$를 벗어나지 않도록 주의해야 한다.

 3 개념/공식

(1) 등차수열

(i) 연속하는 두 항의 차가 일정한 수열로 임의의 자연수 n에 대해 $a_{n+1} = a_n + d$ (또는 $a_{n+1} - a_n = d$)가 성립한다. 이 때, d를 수열 $\{a_n\}$의 공차라고 한다.

(ii) 첫째항이 a이고 공차가 d인 등차수열 $\{a_n\}$의 일반항은 $a_n = a + (n-1)d$으로 주어진다.

 3 풀이

공차를 d라고 하면 $3a_2 = a_5$에서 $3a_1 + 3d = a_1 + 4d$, 즉 $2a_1 = d$이다. $a_2 + a_4 = a_6 + 1$에서 $(a_1 + d) + (a_1 + 3d) = a_1 + 5d + 1$, 즉 $a_1 = d + 1$이다. 두 방정식 $2a_1 = d$와 $a_1 = d + 1$를 연립하면 $a_1 = -1$, $d = -2$이다. 따라서 $a_6 = a_1 + 5d = -1 - 10 = -11$이다.

 3 채점 기준

답안 (예상 소요 시간 2분 30초 / 전체 45분)	배점 (총 10점)
$2a_1 = d$	2
$a_1 = d + 1$	2
$a_1 = -1$, $d = -2$	3
$a_6 = a_1 + 5d = -11$	3

 3 주의사항

▷ 등차수열의 정의 또는 성질을 이용하여 문제를 해결하자. 주어진 조건으로 수열을 추정하는 방법은 올바른 풀이가 아니다.

4 개념/공식

(1) 수학적 귀납법

자연수 n에 대한 명제 $p(n)$이

(ⅰ) $n=1$일 때, 명제 $p(n)$이 성립

(ⅱ) $n=k$일 때, 명제 $p(n)$이 성립한다고 가정하고

$\qquad$ $n=k+1$일 때, 명제 $p(n)$이 성립

함을 보이면 모든 자연수 n에 대하여 명제 $p(n)$은 성립한다.

(2) 등식의 성질

$\quad$ $A=B$이면, 임의의 C에 대하여 $A+C=B+C$이다.

 4 풀이

(ⅰ) $n=1$일 때, 주어진 등식에서

$$(\text{좌변})=1, \ (\text{우변})=1^2=1$$

따라서 $n=1$일 때 등식이 성립한다.

(ⅱ) $n=k$일 때 등식이 성립한다고 가정하면

$$1+3+5+\cdots+(2k-1)=k^2$$

이므로

$$\begin{aligned}1+3+5+\cdots+(2k-1)+(2k+1)&=k^2+(2k+1)\\&=(k+1)^2\end{aligned}$$

이다. 따라서 $n=k+1$일 때도 등식이 성립한다.

(ⅰ), (ⅱ)에 의해 임의의 자연수 n에 대하여 등식이 성립한다.

 4 채점 기준

답안 (예상 소요 시간 3분 / 전체 45분)	배점 (총 10점)
$n=1$일 때 등식이 성립	3
$n=k$일 때 등식이 성립한다고 가정	2
$1+3+5+\cdots+(2k-1)+(2k+1)=(k+1)^2$	3
$n=k+1$일 때도 등식이 성립	2

4 주의사항

▷ 반드시 수학적 귀납법의 형식에 맞춰 답안을 작성하도록 하자.

▷ $n=1$일 때 성립함이 자명해 보여도 근거를 제시해야 한다.

▷ 수학적 귀납법에서 $n=k+1$일 때 성립함을 보이는 과정에서는 $n=k$일 때 성립함을 가정한 것을 이용하도록 하자.

5 개념/공식

(1) 연속함수

함수 $f(x)$가 다음 세 가지 조건을 만족하면 $f(x)$는 $x=a$에서 연속이라고 한다.

（ⅰ） $x=a$에서 함숫값이 존재

（ⅱ） $\lim\limits_{x\to a-} f(x) = \lim\limits_{x\to a+} f(x)$

（ⅲ） $\lim\limits_{x\to a} f(x) = f(a)$

(2) 좌극한과 우극한

（ⅰ） 함수 $f(x)$에서 x의 값이 a보다 작은 값을 가지면서 a에 한없이 가까워지면 $x=a$에서의 $f(x)$의 좌극한이라고 하고 기호로 $\lim\limits_{x\to a-} f(x)$로 나타낸다.

（ⅱ） 함수 $f(x)$에서 x의 값이 a보다 큰 값을 가지면서 a에 한없이 가까워지면 $x=a$에서의 $f(x)$의 우극한이라고 하고 기호로 $\lim\limits_{x\to a+} f(x)$로 나타낸다.

 5 풀이

$x=2$에서 함숫값은 $f(2) = \dfrac{2+4b}{4+a}$이고,

$\lim\limits_{x\to 2-}[-x] = \lim\limits_{x\to -2+}[x] = -2$이고 $\lim\limits_{x\to 2-}[x] = 1$이므로

$$\lim_{x\to 2-} f(x) = \lim_{x\to 2-} \frac{[x]+b[-x]^2}{2[x]+a} = \frac{1+4b}{2+a}$$

$\lim\limits_{x\to 2+}[-x] = \lim\limits_{x\to -2-}[x] = -3$이고 $\lim\limits_{x\to 2+}[x] = 2$이므로

$$\lim_{x\to 2+} f(x) = \lim_{x\to 2+} \frac{[x]+b[-x]^2}{2[x]+a} = \frac{2+9b}{4+a}$$

이다. 함수 $f(x)$가 연속함수이므로 $\lim\limits_{x\to 2-} f(x) = \lim\limits_{x\to 2+} f(x) = f(2)$이어야 한다.

따라서 연립방정식 $\dfrac{2+4b}{4+a} = \dfrac{1+4b}{2+a} = \dfrac{2+9b}{4+a}$을 풀면 $a=b=0$이다. 그리고 이 때, $\lim\limits_{x\to 2} f(x) = \dfrac{1}{2}$이다.

5 채점 기준

답안 (예상 소요 시간 4분 / 전체 45분)	배점 (총 10점)
$f(2) = \dfrac{2+4b}{4+a}$	2
$\lim\limits_{x\to 2-} f(x) = \lim\limits_{x\to 2-} \dfrac{[x]+b[-x]^2}{2[x]+a} = \dfrac{1+4b}{2+a}$	3
$\lim\limits_{x\to 2+} f(x) = \lim\limits_{x\to 2+} \dfrac{[x]+b[-x]^2}{2[x]+a} = \dfrac{2+9b}{4+a}$	3
$a=b=0$, $\lim\limits_{x\to 2} f(x) = \dfrac{1}{2}$	2

문제 5 주의사항

▷ 기호 $[x]$의 의미로부터 좌극한과 우극한을 구하는 문제다.

▷ 함수 $f(x)$가 연속이므로 $\lim\limits_{x \to 2-} f(x) = \lim\limits_{x \to 2+} f(x) = f(2)$을 만족해야 한다.

▷ $[-x]$의 경우 부호 '$-$' 때문에 좌극한과 우극한이 바뀌는 점을 주의해야 한다.

문제 6 개념/공식

(1) 미분계수

$f(x)$의 $x = a$에서의 미분계수는 다음과 같이 정의한다.

$$f'(a) = \lim_{x \to a} \frac{f(x) - f(a)}{x - a} \qquad \text{또는} \qquad f'(a) = \lim_{h \to 0} \frac{f(a+h) - f(a)}{h}$$

(2) 정적분과 부정적분의 관계

닫힌구간 $[a, b]$에서 연속인 함수 $f(x)$의 부정적분을 $F(x)$라고 하면 다음이 성립한다.

$$\int_a^b f(x)dx = F(b) - F(a)$$

문제 6 풀이

$F(x) = \displaystyle\int_1^x (3t^2 + 4t - 1)dt$라고 하면, $F(1) = 0$이므로

$$\lim_{x \to 1} \frac{1}{x^3 - 1} \int_1^x (3t^2 + 4t - 1)dt = \lim_{x \to 1} \frac{F(x) - F(1)}{(x-1)(x^2 + x + 1)}$$

으로 표현된다. 여기서 $\lim\limits_{x \to 1} \dfrac{F(x) - F(1)}{x - 1} = F'(1)$이고 $F'(x) = 3x^2 + 4x - 1$이므로

$$\begin{aligned}\lim_{x \to 1} \frac{1}{x^3 - 1} \int_1^x (3t^2 + 4t - 1)dt &= \lim_{x \to 1} \frac{1}{x^2 + x + 1} \lim_{x \to 1} \frac{F(x) - F(1)}{x - 1} \\ &= \frac{1}{3} F'(1) \\ &= 2\end{aligned}$$

이다.

문제 6 채점 기준

답안 (예상 소요 시간 2분 30초 / 전체 45분)	배점 (총 10점)
$F(x) = \displaystyle\int_1^x (3t^2 + 4t - 1)dt$ 이면, $F(1) = 0$, $F'(x) = 3x^2 + 4x - 1$	3
$\displaystyle\lim_{x \to 1} \frac{1}{x^3 - 1} \int_1^x (3t^2 + 4t - 1)dt = \lim_{x \to 1} \frac{1}{x^2 + x + 1} \lim_{x \to 1} \frac{F(x) - F(1)}{x - 1}$	3
$\displaystyle\lim_{x \to 1} \frac{F(x) - F(1)}{x - 1} = F'(1)$	2
답 2	2

문제 6 주의사항

▷ $F(x)$를 정의할 때, '$F(x) = \displaystyle\int_1^x (3t^2 + 4t - 1)dt$' 대신 '$3x^2 + 4x - 1$의 부정적분'으로 정의해 풀 수 있으며, 이때의 방법도 위 풀이와 거의 같다.

▷ 풀이 과정에서 미분계수의 정의를 사용하기 전에 $\dfrac{F(x) - F(1)}{x - 1}$ 꼴로 정리가 돼야 한다.

문제 7 개념/공식

(1) 접선의 방정식

　함수 $y = f(x)$의 $x = a$에서의 접선은 점 $(a, f(a))$를 지나고 기울기가 $f'(a)$인 직선으로서 접선의 방정식은 $y - f(a) = f'(a)(x - a)$. 즉, $y = f'(a)x - af'(a) + f(a)$으로 주어진다.

(2) 곱의 미분법

$$(f(x)g(x))' = f'(x)g(x) + f(x)g'(x)$$

문제 7 풀이

다항함수 $y = f(x)$의 그래프가 점 $(1, -1)$을 지나는 접선의 방정식의 기울기가 2이므로 $f(1) = -1$, $f'(1) = 2$이다. 한편, $g(x) = \{f(x)\}^2$라고 하면 곱의 미분법에 의해

$$g'(x) = f'(x)f(x) + f(x)f'(x) = 2f(x)f'(x)$$

이다. 따라서 $g(1) = \{f(1)\}^2 = 1$, $g'(1) = 2f(1)f'(1) = -4$이므로 구하는 접선의 방정식은

$$y - 1 = -4(x - 1)$$
$$y = -4x + 5$$

7 채점 기준

답안 (예상 소요 시간 3분 / 전체 45분)	배점 (총 10점)
$f(1)=-1$, $f'(1)=2$	2
$g(1)=\{f(1)\}^2=1$	2
$g'(1)=2f(1)f'(1)=-4$	3
$y=-4x+5$	3

7 주의사항

▷ 도함수의 의미와 함수의 그래프의 관계를 이해하고 문제를 해결해야 한다.

▷ $g'(x)=2f(x)f'(x)$임을 보일 때는 곱의 미분법을 이용해야 한다. 가천대 논술시험 범위를 벗어나는 합성함수 미분법을 이용하는 것은 잘못된 풀이다.

▷ 마지막 답은 $y=ax+b$꼴로 표현하도록 하자.

8 개념/공식

(1) 정적분과 넓이

닫힌구간 $[a, b]$에서 연속인 함수 $f(x)$에 대해 곡선 $y=f(x)$와 x축 및 두 직선 $x=a$, $x=b$로 둘러싸인 도형의 넓이는 $\displaystyle\int_a^b |f(x)|dx$이다.

(2) 역함수의 성질

(ⅰ) 함수 $f(x)$에 대해 $f(g(x))=x$, $g(f(x))=x$을 만족하는 함수 $g(x)$가 존재하면, $g(x)$를 $f(x)$의 역함수라고 한다. 기호로는 $g(x)=f^{-1}(x)$로 표시한다.

(ⅱ) 함수 $f(x)$가 일대일대응일 때, 함수 $f(x)$의 역함수가 존재한다.

(ⅲ) 두 함수 $f(x)$와 $g(x)$가 서로 역함수 관계이면, 두 함수 $y=f(x)$와 $y=g(x)$의 그래프는 $y=x$에 대하여 대칭이다. 다른 표현으로 $y=f(x)$이면 $x=g(y)$이다.

8 풀이

$y=f(x)$는 $x=g(t)$에서 함숫값 t를 가지므로 $f(g(t))=t$이다. 따라서 $g(t)$는 $f(x)$의 역함수이다.

방정식 $f(x)=4-x^2=1$과 $f(x)=4-x^2=3$을 풀면 각각의 양의 해는 $\sqrt{3}$, 1이므로 $g(1)=\sqrt{3}$, $g(3)=1$이다. 구하고자 하는 정적분의 값은 다음 그림에서 색칠된 영역의 넓이와 같다.

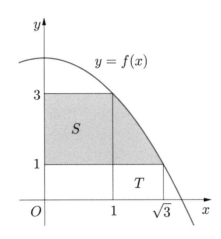

그림에서 직사각형 S, T의 넓이는

$$S = 1 \times (3 - 1) = 2$$
$$T = (\sqrt{3} - 1) \times 1 = \sqrt{3} - 1$$

이다. 따라서

$$\int_1^3 g(t)dt = \int_1^{\sqrt{3}} f(x)dx - T + S$$
$$= \left[4x - \frac{1}{3}x^3 \right]_1^{\sqrt{3}} - (\sqrt{3} - 1) + 2$$
$$= 2\sqrt{3} - \frac{2}{3}$$

문제 8 채점 기준

답안 (예상 소요 시간 4분 30초 / 전체 45분)	배점 (총 10점)
$g(t)$는 $f(x)$의 역함수이고 $g(1) = \sqrt{3}$, $g(3) = 1$	3
$\int_1^3 g(t)dt = \int_1^{\sqrt{3}} f(x)dx - (\sqrt{3} - 1) + 2$	5
$2\sqrt{3} - \dfrac{2}{3}$	2

문제 8 주의사항

▷ 일반적인 논술시험에서 위와 같은 역함수의 적분은 그림을 그려 설명한다. 하지만 가천대 논술시험은 약술형으로서 그림을 그릴 필요 없이 상황에 대한 간단한 설명 후 바로 식을 세워 답안을 작성한다.

▷ 역함수의 적분 공식인 $\int_\alpha^\beta f^{-1}(x)dx = bf(b) - af(a) - \int_a^b f(x)dx$ (단, $\alpha = f(a)$, $\beta = f(b)$)이 존재한다. 하지만 이 공식은 가천대 논술의 시험 범위를 벗어나므로 정상적인 풀이로 인정받지 못한다. 따라서 역함수의 적분 공식을 사용하지 않고 문제를 해결하도록 하자.

9 개념/공식

(1) 정적분과 미분의 관계

함수 $f(x)$가 닫힌구간 $[a, b]$에서 연속이면 다음이 성립한다.

$$\frac{d}{dx}\int_a^x f(t)\,dt = f(x) \quad (\text{단, } a < x < b)$$

(2) 정적분이 포함된 방정식의 해법

(ⅰ) 방정식에 포함된 정적분의 적분 구간에 모두 상수인 경우, 정적분 식은 상수이므로 k로 치환하여 푼다.

즉, $\int_a^b f(x)dx$ 꼴이 포함된 경우 $\int_a^b f(x)dx = k$로 치환한다.

(ⅱ) 방정식에 포함된 정적분의 적분 구간에 변수가 포함된 경우, 적분 구간에 포함된 변수로 미분하여 푼다.

즉, $\int_a^x f(t)\,dt$ 꼴이 포함된 경우 식 전체를 x에 관해 미분한다.

9 풀이

주어진 등식에서

$$x\int_0^x f(t)\,dt - \int_0^x tf(t)\,dt = x^4 + x^2$$

양변을 x에 대하여 미분하면

$$\int_0^x f(t)\,dt + xf(x) - xf(x) = 4x^3 + 2x$$

$$\int_0^x f(t)\,dt = 4x^3 + 2x$$

다시 양변을 x에 대하여 미분하면

$$f(x) = 12x^2 + 2$$

따라서 $f(x)$의 최솟값은 $x = 0$일 때 2이다.

9 채점 기준

답안 (예상 소요 시간 2분 30초 / 전체 45분)	배점 (총 10점)
$x\int_0^x f(t)\,dt - \int_0^x tf(t)\,dt = x^4 + x^2$	2
미분하면 $\int_0^x f(t)\,dt = 4x^3 + 2x$	2
$f(x) = 12x^2 + 2$	3
$f(x)$의 최솟값은 2	3

문제 9 주의사항

▷ 양변을 x에 관해 미분해야하므로 좌변의 피적분함수에 x가 포함되지 않도록 주의하자. 즉,

$$\int_0^x (x-t)f(t)\,dt = x\int_0^x f(t)\,dt - \int_0^x tf(t)\,dt$$

으로 변형 후 미분하도록 하자.

▷ 미분을 이용하지 않아도 이차함수의 최솟값을 구하는 방법은 알고 있으므로 $f(x)$의 최솟값을 구할 때는 미분을 이용해도 되고, 이차함수의 성질을 이용해 구해도 된다.

1 개념/공식

(1) 로그의 기본성질

$$\log ab = \log a + \log b \qquad\qquad \log\frac{a}{b} = \log a - \log b$$

$$\log a^k = k\log a \qquad\qquad \log_a b = \frac{\log_c b}{\log_c a}$$

(2) 근과 계수의 관계

이차방정식 $ax^2 + bx + c = 0$의 두 근이 α, β일 때, 다음이 성립한다.

$$\alpha + \beta = -\frac{b}{a} \qquad\qquad \alpha\beta = \frac{c}{a}$$

 1 풀이

$\log 7x = \log 7 + \log x$이므로 주어진 방정식을 정리하면

$$(\log x)^2 + \log 7 \times \log x - 5 = 0$$

이다. 주어진 방정식의 두 근을 α, β라고 하면, $\log\alpha, \log\beta$는 방정식 t에 대한 방정식

$$t^2 + t\log 7 - 5 = 0$$

의 두 근이다. 따라서 근과 계수의 관계에 의해

$$\log(\alpha\beta) = \log\alpha + \log\beta = -\log 7 = \log\frac{1}{7}$$

이다. 따라서 방정식 $\log x \times \log 7x = 5$의 두 근의 곱은

$$\alpha\beta = \frac{1}{7}$$

이다.

 1 채점 기준

답안 (예상 소요 시간 2분 30초 / 전체 45분)	배점 (총 10점)
$(\log x)^2 + \log 7 \times \log x - 5 = 0$	3
근과 계수의 관계에 의해 $\log(\alpha\beta) = \log\alpha + \log\beta = \log\frac{1}{7}$	4
$\alpha\beta = \frac{1}{7}$	3

문항정보 및 해설 7회

문제 1 주의사항

▷ 주어진 방정식의 식을 변형하는 방법은 다양하지만 구해야 하는 것은 두 근의 곱으로서 근과 계수의 관계를 사용할 수 있도록 이차식 형태로 변형하는 것이 바람직하다.

▷ 두 근을 미지수 α, β로 두는 것은 교과과정 형식에 맞춘 것으로 다른 문자로 대체하는 것은 혼란을 초래할 수 있으므로 지양해야 한다.

문제 2 개념/공식

(1) 삼각함수의 대칭성과 주기성

$$\sin(-x) = -\sin x \qquad \cos(-x) = -\cos x$$
$$\sin(\pi+x) = -\sin x \qquad \cos(\pi+x) = -\cos x$$
$$\sin\left(\frac{\pi}{2}+x\right) = \cos x \qquad \cos\left(\frac{\pi}{2}+x\right) = -\sin x$$

문제 2 풀이

$\overline{AB} = 4$이고 $\overline{BM} = 2$이므로 피타고라스의 정리에 의해

$$\overline{AM} = \sqrt{4^2+2^2} = 2\sqrt{5}$$

이다. 따라서

$$\sin\theta = \sin(\pi - \angle AMB) = \sin(\angle AMB) = \frac{\overline{AB}}{\overline{AM}} = \frac{4}{2\sqrt{5}} = \frac{2\sqrt{5}}{5}$$

이다.

문제 2 채점 기준

답안 (예상 소요 시간 2분 / 전체 45분)	배점 (총 10점)
$\overline{AM} = \sqrt{4^2+2^2} = 2\sqrt{5}$	3
$\sin\theta = \sin(\pi - \angle AMB) = \sin(\angle AMB)$	3
$\sin\theta = \frac{2\sqrt{5}}{5}$	4

문제 2 주의사항

▷ 이 문제는 다양한 방법으로 해결할 수 있다. 교과과정 범위 내에서 허용되는 풀이라면 다른 방법으로 문제를 해결해도 좋다.

▷ 이러한 문제의 경우, 약술형 논술에서 그림을 그려 답안을 작성하는 방법은 비효율적이다.

문제 3 개념/공식

(1) 등차수열

（ⅰ）연속하는 두 항의 차가 일정한 수열로 임의의 자연수 n에 대해 $a_{n+1} = a_n + d$ (또는 $a_{n+1} - a_n = d$)가 성립한다. 이 때, d를 수열 $\{a_n\}$의 공차라고 한다.

（ⅱ）첫째항이 a이고 공차가 d인 등차수열 $\{a_n\}$의 일반항은 $a_n = a + (n-1)d$으로 주어진다.

(2) 등차수열의 합

（ⅰ）첫째항, 끝항, 항의 개수를 알 때, $a_1 + a_2 + \cdots + a_n = \dfrac{n(a_1 + a_n)}{2}$

（ⅱ）첫째항 a_1와 공차 d, 항의 개수를 알 때, $a_1 + a_2 + \cdots + a_n = \dfrac{n(2a_1 + (n-1)d)}{2}$

문제 3 풀이

0부터 24까지 $n+2$개의 항이므로 공차를 d라고 하면, $24 = 0 + (n+1)d$, 즉 $(n+1)d = 24$이다. 한편,

$$0 + a_1 + a_2 + a_3 + \cdots + a_n + 24 = 96$$

이므로 $a_1 + a_2 + a_3 + \cdots + a_n = 72$이다. 따라서

$$a_1 + a_2 + a_3 \cdots + a_n = d + 2d + 3d + \cdots + nd$$
$$= \frac{n(n+1)d}{2} = 72$$

여기서 $(n+1)d = 24$을 대입하면

$$12n = 72$$

이므로 $n = 6$이다.

문제 3 채점 기준

답안 (예상 소요 시간 3분 / 전체 45분)	배점 (총 10점)
$(n+1)d = 24$	3
$a_1 + a_2 + a_3 \cdots + a_n = \dfrac{n(n+1)d}{2} = 72$	4
$n = 6$	3

문제 3 주의사항

▷ 등차수열의 성질과 일반항을 이용하여 푸는 문제이다.

▷ 문제에 주어지지 않은 미지수를 사용할 때는 그 미지수가 무엇을 의미하는지 언급해야한다. 예를 들어, "공차가 d"라는 설명 없이 미지수 d를 사용하는 것은 적절하지 않다.

▷ 수열 $a_1, a_2, a_3, \cdots, a_n$을 추정해 답을 구하는 방법은 틀린 풀이다.

4 개념/공식

(1) 몫의 극한과 수렴

$\lim\limits_{x \to a} f(x) = \alpha,\ \lim\limits_{x \to a} g(x) = \beta$ ($\alpha,\ \beta$는 실수)에 대해 다음이 성립한다.

(i) $\beta \neq 0$이면 $\lim\limits_{x \to a} \dfrac{f(x)}{g(x)} = \dfrac{\lim\limits_{x \to a} f(x)}{\lim\limits_{x \to a} g(x)} = \dfrac{\alpha}{\beta}$ 이다.

(ii) $\beta = 0$이면 $\lim\limits_{x \to a} \dfrac{f(x)}{g(x)}$ 이 수렴하기 위한 필요조건은 $\alpha = 0$이다.

(iii) $\alpha \neq 0,\ \beta = 0$이면, $\lim\limits_{x \to a} \dfrac{f(x)}{g(x)}$ 는 발산한다.

(2) 분수의 유리화

곱셈공식 $(a+b)(a-b) = a^2 - b^2$을 이용하면 다음이 성립한다.

(i) $\dfrac{1}{\sqrt{m} - \sqrt{n}} = \dfrac{\sqrt{m} + \sqrt{n}}{(\sqrt{m} - \sqrt{n})(\sqrt{m} + \sqrt{n})} = \dfrac{\sqrt{m} + \sqrt{n}}{m - n}$

(ii) $\sqrt{m} - \sqrt{n} = \dfrac{(\sqrt{m} - \sqrt{n})(\sqrt{m} + \sqrt{n})}{\sqrt{m} + \sqrt{n}} = \dfrac{m - n}{\sqrt{m} + \sqrt{n}}$

4 풀이

$\lim\limits_{x \to 0} 2x = 0$이므로 극한값이 0이 아닌 값으로 수렴하기 위해서는

$$\lim\limits_{x \to 0} (\sqrt{1+x} - \sqrt{a-x}) = 1 - \sqrt{a} = 0$$

을 만족해야 하므로 $a = 1$이다. 주어진 식의 분자와 분모에 $\sqrt{1+x} + \sqrt{1-x}$ 를 곱하면

$$
\begin{aligned}
\lim\limits_{x \to 0} \frac{2x}{\sqrt{1+x} - \sqrt{1-x}} &= \lim\limits_{x \to 0} \frac{2x(\sqrt{1+x} + \sqrt{1-x})}{\sqrt{1+x}^{\,2} - \sqrt{1-x}^{\,2}} \\
&= \lim\limits_{x \to 0} \frac{2x(\sqrt{1+x} + \sqrt{1-x})}{2x} \\
&= \lim\limits_{x \to 0} (\sqrt{1+x} + \sqrt{1-x}) \\
&= 2
\end{aligned}
$$

이다.

4 채점 기준

답안 (예상 소요 시간 3분 / 전체 45분)	배점 (총 10점)
$\lim\limits_{x \to 0}(\sqrt{1+x} - \sqrt{a-x}) = 1 - \sqrt{a} = 0$	3
$a = 1$	2
$\lim\limits_{x \to 0} \dfrac{2x}{\sqrt{1+x} - \sqrt{1-x}} = \lim\limits_{x \to 0} \dfrac{2x(\sqrt{1+x} + \sqrt{1-x})}{\sqrt{1+x}^{\,2} - \sqrt{1-x}^{\,2}} = \lim\limits_{x \to 0}(\sqrt{1+x} + \sqrt{1-x})$	3
극한값 2	2

4 주의사항

▷ 분수의 극한에서 분자와 분모의 관계를 이해하고 풀도록 하자.

▷ a의 값을 구할 때 근거가 빠지지 않도록 주의하자.

▷ 분모의 유리화는 이 문제의 핵심 중 하나로 답안에 그 계산과정이 누락되지 않도록 주의하자.

▷ 분모의 유리화를 먼저 진행한 후 a의 값을 구해도 상관은 없으나 이러한 순서는 a를 구할 때 설명하기 불편하다.

5 개념/공식

> **(1) 극값과 미분계수**
>
> 미분가능한 함수 $f(x)$가 $x=c$에서 극값을 가지면 $f'(c)=0$이다.
>
> **(2) 곱의 미분법**
>
> $$(f(x)g(x))' = f'(x)g(x) + f(x)g'(x)$$

5 풀이

함수 $f(x)$가 $x=2$에서 극값 6을 갖으므로 $f(2)=6$이고 $f'(2)=0$이다. 한편, 곱의 미분법에 의해

$$g'(x) = 2xf(x) + x^2 f'(x)$$

이므로

$$g'(2) = 4f(2) + 4f'(2) = 24$$

이다.

5 채점 기준

답안 (예상 소요 시간 2분 / 전체 45분)	배점 (총 10점)
$f(2)=6,\ f'(2)=0$	4
$g'(x) = 2xf(x) + x^2 f'(x)$	3
$g'(2) = 4f(2) + 4f'(2) = 24$	3

5 주의사항

▷ 극값의 의미와 성질을 이용하는 문제이다.

▷ 특수한 $f(x)$를 정하여 문제를 풀 경우, 예를 들어 $f(x)=(x-2)^2+6$등으로 두고 문제를 푸는 것은 답을 구할 수는 있지만 그 과정은 틀린 것으로서 제대로 점수를 받을 수 없다.

문제 **6** 개념/공식

(1) 몫의 극한과 수렴

$\lim\limits_{x \to a} f(x) = \alpha,\ \lim\limits_{x \to a} g(x) = \beta\ (\alpha, \beta$는 실수)에 대해

(i) $\beta \neq 0$이면 $\lim\limits_{x \to a} \dfrac{f(x)}{g(x)} = \dfrac{\lim\limits_{x \to a} f(x)}{\lim\limits_{x \to a} g(x)} = \dfrac{\alpha}{\beta}$이다.

(ii) $\beta = 0$이면 $\lim\limits_{x \to a} \dfrac{f(x)}{g(x)}$이 수렴하기 위한 필요조건은 $\alpha = 0$이다.

(iii) $\alpha \neq 0,\ \beta = 0$이면, $\lim\limits_{x \to a} \dfrac{f(x)}{g(x)}$는 발산한다.

문제 **6** 풀이

$\lim\limits_{x \to 2} \dfrac{f(x)}{x^2 - x - 2} = 3$에서 $\lim\limits_{x \to 2}(x^2 - x - 2) = 0$이므로 $f(2) = 0$이다.

한편, $\lim\limits_{x \to +0} \dfrac{x^3 f\left(\dfrac{1}{x}\right) - 1}{x^3 + x} = 2$에서 $\dfrac{1}{x} = t$라 하면 $x = \dfrac{1}{t}$이고, $x \to +0$일 때, $t \to \infty$이므로

$$\lim_{x \to +0} \frac{x^3 f\left(\dfrac{1}{x}\right) - 1}{x^3 + x} = \lim_{t \to \infty} \frac{\dfrac{1}{t^3} f(t) - 1}{\dfrac{1}{t^3} + \dfrac{1}{t}} = \lim_{t \to \infty} \frac{f(t) - t^3}{t^2 + 1} = 2$$

에서 $f(t)$는 다항함수이므로 $f(t) = t^3 + 2t^2 + at + b$라 할 수 있다. ($a, b$는 상수)

$f(t) = t^3 + 2t^2 + at + b$과 $f(2) = 0$에서

$f(x) = (x - 2)(x^2 + 4x + c)$ (단, c는 상수)라고 할 수 있으므로

$$\begin{aligned}
\lim_{x \to 2} \frac{f(x)}{x^2 - x - 2} &= \lim_{x \to 2} \frac{f(x)}{(x - 2)(x + 1)} \\
&= \lim_{x \to 2} \frac{(x - 2)(x^2 + 4x + c)}{(x - 2)(x + 1)} \\
&= \lim_{x \to 2} \frac{x^2 + 4x + c}{x + 1} \\
&= \frac{12 + c}{3}
\end{aligned}$$

에서 $\dfrac{12 + c}{3} = 3$에서 $c = -3$이다. 따라서 $f(x) = (x - 2)(x^2 + 4x - 3)$로서 $f(1) = -2$이다.

6 채점 기준

답안 (예상 소요 시간 4분 / 전체 45분)	배점 (총 10점)
① $\dfrac{1}{t}$	2
② x^2+4x	3
③ $\dfrac{12+c}{3}$	3
④ -2	2

 6 주의사항

▷ 빈칸을 완성하는 유형의 경우 빈칸에 들어갈 수 있는 내용을 문맥의 흐름을 파악하고 정해야 한다. 빈칸에 들어갈 수 있는 내용은 숫자, 식 또는 풀이 과정 모두 가능하다.

▷ 빈칸에 들어갈 내용이 그 빈칸 다음 과정에서 간접적으로 표현되는 경우도 있으므로 주의깊게 살펴보자.

▷ 만일 중간 과정을 풀지 못하거나 이해하지 못했어도 마지막 ④의 답을 찾기 위한 $f(x)$는 문제에 나와 있으므로 주어진 $f(x)$를 이용해 답을 구하도록 하자.

 7 개념/공식

(1) 접선의 방정식

함수 $y=f(x)$의 $x=a$에서의 접선은 점 $(a,f(a))$를 지나고 기울기가 $f'(a)$인 직선으로서 접선의 방정식은 $y-f(a)=f'(a)(x-a)$. 즉, $y=f'(a)x-af'(a)+f(a)$으로 주어진다.

(2) 두 곡선 사이의 넓이

닫힌구간 $[a,b]$에서 연속인 두 함수 $f(x)$, $g(x)$에 대해 곡선 $y=f(x)$, $y=g(x)$와 $x=a$, $x=b$로 둘러싸인 도형의 넓이는 $\displaystyle\int_a^b |f(x)-g(x)|dx$이다.

 7 풀이

접점을 (t,t^2+1)라고 하면, $y'=2x$이므로 접선의 기울기는 $2t$이다. 따라서 접선의 방정식은
$$y-(t^2+1)=2t(x-t)$$
이고, 접선이 원점을 지나므로 점 $(0,0)$을 대입하면 $t^2=1$, $t=\pm1$이다. 따라서 두 접선의 방정식은
$$y=2x,\ y=-2x$$

이다. 두 접선과 곡선으로 둘러싸인 도형이 y축 대칭임을 이용하면 넓이 S는

$$2\int_0^1 \{(x^2+1)-2x\}dx = 2\left[\frac{1}{3}x^3-x^2+x\right]_0^1$$
$$= \frac{2}{3}$$

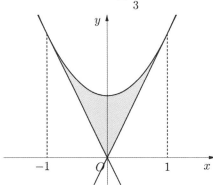

문제 7 채점 기준

답안 (예상 소요 시간 3분 / 전체 45분)	배점 (총 10점)
접점 (t, t^2+1)에서 접선의 방정식은 $y-(t^2+1)=2t(x-t)$	2
$t=-1, \ t=1$	2
두 접선의 방정식은 $y=2x, \ y=-2x$	3
$2\int_0^1 \{(x^2+1)-2x\}dx = 2\left[\frac{1}{3}x^3-x^2+kx\right]_0^1 = \frac{2}{3}$	3

문제 7 주의사항

▷ 미분을 이용한 접선의 방정식, 정적분을 이용한 도형의 넓이를 구하는 문제이다.

▷ 접선을 구할 때, 미분을 사용하지 않고 판별식을 이용해 구할 수도 된다. 즉, 접선의 방정식을 $y=ax$로 두고, $y=x^2+1$ 와 $y=ax$를 연립한 후 판별식 D가 $D=0$이 되는 a를 구할 수 있다.

▷ 답안에서 그래프를 그리지 않고 간단한 설명 후 과정을 진행하도록 하자.

문제 8 개념/공식

(1) 곱의 미분법

$$(f(x)g(x))' = f'(x)g(x)+f(x)g'(x)$$

(2) 정적분과 미분의 관계

함수 $f(x)$가 닫힌구간 $[a, b]$에서 연속이면 다음이 성립한다.

$$\frac{d}{dx}\int_a^x f(t)\,dt = f(x) \quad (단, \ a < x < b)$$

(3) 정적분이 포함된 방정식의 해법

(ⅰ) 방정식에 포함된 정적분의 적분 구간에 모두 상수인 경우, 정적분 식은 상수이므로 k로 치환하여 푼다.

즉, $\displaystyle\int_a^b f(x)dx$ 꼴이 포함된 경우 $\displaystyle\int_a^b f(x)dx = k$로 치환한다.

(ⅱ) 방정식에 포함된 정적분의 적분 구간에 변수가 포함된 경우, 적분 구간에 포함된 변수로 미분하여 푼다.

즉, $\displaystyle\int_a^x f(t)\,dt$ 꼴이 포함된 경우 식 전체를 x에 관해 미분한다.

문제 8 풀이

$$xf(x) = 2x^3 - 3x^2 - \int_x^2 f(t)dt = 2x^3 - 3x^2 + \int_2^x f(t)dt$$

이고, 이 등식의 양변을 미분하면

$$f(x) + xf'(x) = 6x^2 - 6x + f(x)$$

즉, $f'(x) = 6x - 6$이므로 부정적분에 의해

$$f(x) = 3x^2 - 6x + C \quad (\text{여기서 } C \text{는 적분상수})$$

이다. 한편, 주어진 등식에 $x = 2$를 대입하면 $2f(2) = 4$, $f(2) = 2$이므로

$$f(2) = 3 \times 2^2 - 6 \times 2 + C = C = 2$$

로서 $C = 2$이다. 따라서

$$f(x) = 3x^2 - 6x + 2$$

로서 $f(1) = 3 - 6 + 2 = -1$이다.

문제 8 채점 기준

안 (예상 소요 시간 3분 30초 / 전체 45분)	배점 (총 10점)
양변을 미분하면 $f(x) + xf'(x) = 6x^2 - 6x + f(x)$	3
$f'(x) = 6x - 6$이므로 $f(x) = 3x^2 - 6x + C$	2
$x = 2$를 대입하면 $f(2) = 2$이므로 $C = 2$	2
$f(x) = 3x^2 - 6x + 2$로서 $f(1) = -1$	3

문제 8 주의사항

▷ 미분과 적분의 관계를 이해하고 그 성질을 이용하는 문제다.

▷ 주어진 등식을 미분할 때 주의해야 한다. 좌변은 곱의 미분법을 적용해야 하고, 우변을 미분할 때는 정적분과 미분의 관계를 사용해야 하지만 우리가 교과에서 배운 $\dfrac{d}{dx}\displaystyle\int_a^x f(t)\,dt = f(x)$이 아닌 $\dfrac{d}{dx}\displaystyle\int_x^a f(t)\,dt = -f(x)$으로 계산해야 한다.

▷ 적분상수 C를 구할 때, 주어진 등식에 $x = 0$을 대입하여 $\displaystyle\int_0^2 f(x)dx = 0$임을 이용할 수도 있다.

문제 **9** 개념/공식

(1) 정적분과 넓이

닫힌구간 $[a, b]$에서 연속인 함수 $f(x)$에 대해 곡선 $y = f(x)$와 x축 및 두 직선 $x = a$, $x = b$로 둘러싸인 도형의 넓이는 $\displaystyle\int_a^b |f(x)|dx$이다.

(2) 역함수의 성질

(i) 함수 $f(x)$에 대해 $f(g(x)) = x$, $g(f(x)) = x$을 만족하는 함수 $g(x)$가 존재하면, $g(x)$를 $f(x)$의 역함수라고 한다. 기호로는 $g(x) = f^{-1}(x)$로 표시한다.

(ii) 함수 $f(x)$가 일대일대응일 때, 함수 $f(x)$의 역함수가 존재한다.

(iii) 두 함수 $f(x)$와 $g(x)$가 서로 역함수 관계이면, 두 함수 $y = f(x)$와 $y = g(x)$의 그래프는 $y = x$에 대하여 대칭이다. 다른 표현으로 $y = f(x)$이면 $x = g(y)$이다.

문제 **9** 풀이

$v(g(k)) = k$이므로 함수 $g(t)$는 $v(t)$의 역함수이다.

$v(1) = 1$이고 $v(2) = 16$이므로 위 그림과 같이 $\displaystyle\int_1^2 v(x)dx$가 나타내는 도형의 넓이와 $\displaystyle\int_1^{16} g(x)dx$이 나타내는 도형의 넓이의 합은 네 직선 x축, y축, $x = 2$, $y = 16$로 둘러싸인 사각형의 넓이에서 네 직선 x축, y축, $x = 1$, $y = 1$로 둘러싸인 사각형의 넓이를 뺀 것과 같으므로

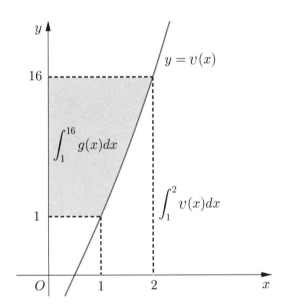

$$\int_1^{16} g(x)dx = 2 \times 16 - 1 \times 1 - \int_1^2 v(x)dx$$
$$= 31 - \left[\frac{1}{2}x^4 + \frac{1}{2}x^2 - 2x \right]_1^2$$
$$= 24$$

9 채점 기준

답안 (예상 소요 시간 5분 / 전체 45분)	배점 (총 10점)
$g(t)$는 $v(t)$의 역함수이다.	2
$v(1) = 1$, $v(2) = 16$	2
$\displaystyle\int_1^{16} g(x)dx = 2 \times 16 - 1 \times 1 - \int_1^2 v(x)dx$	3
$\displaystyle\int_1^{16} g(x)dx = 24$	3

9 주의사항

▷ 일반적인 논술시험에서 위와 같은 역함수의 적분은 그림을 그려 설명한다. 하지만 가천대 논술시험은 약술형으로서 그림을 그릴 필요 없이 상황에 대한 간단한 설명 후 바로 식을 세워 답안을 작성한다.

▷ 역함수의 적분 공식인 $\displaystyle\int_\alpha^\beta f^{-1}(x)dx = bf(b) - af(a) - \int_a^b f(x)dx$ (단, $\alpha = f(a)$, $\beta = f(b)$)이 존재한다. 하지만 이 공식은 가천대 논술의 시험 범위를 벗어나므로 정상적인 풀이로 인정받지 못한다. 따라서 역함수의 적분 공식을 사용하지 않고 문제를 해결하도록 하자.

문항정보 및 해설 8회

문제 1 개념/공식

(1) 합성함수

두 함수 $f:X{\rightarrow}Y$, $g:Y{\rightarrow}Z$가 있어서 X의 임의의 원소 x에 함숫값 $f(x)$를 대응시키고, Y의 원소인 $f(x)$에 $g(f(x))$를 대응시켜 얻는 새로운 함수를 f와 g의 합성함수 $g \circ f$라고 한다. 즉, $g \circ f:X{\rightarrow}Z$는 함숫값 $g(f(x))$로서 주어진다.

(2) 역함수의 성질

(ⅰ) 함수 $f(x)$에 대해 $f(g(x))=x$, $g(f(x))=x$을 만족하는 함수 $g(x)$가 존재하면, $g(x)$를 $f(x)$의 역함수라고 한다. 기호로는 $g(x)=f^{-1}(x)$로 표시한다.

(ⅱ) 함수 $f(x)$가 일대일대응일 때, 함수 $f(x)$의 역함수가 존재한다.

(ⅲ) 두 함수 $f(x)$와 $g(x)$가 서로 역함수 관계이면, 두 함수 $y=f(x)$와 $y=g(x)$의 그래프는 $y=x$에 대하여 대칭이다. 다른 표현으로 $y=f(x)$이면 $x=g(y)$이다.

문제 1 풀이

$g(x)$는 $f(x)$의 역함수이므로 $f(g(x))=x$이 성립한다.

$$f(f(f(g \circ g \circ g)))(t) = f(f(f(g(g(g(t)))))) = t$$

이므로 $t=f(f(f(1)))$이다. 따라서 함수 $f(x)$의 정의에 의해

$$t=f(f(2))=f(2^2)=3 \times 2^2 -2 = 10$$

이다.

문제 1 채점 기준

답안 (예상 소요 시간 2분 30초 / 전체 45분)	배점 (총 10점)
$f(g(x))=x$	3
$t=f(f(f(1)))$	3
$t=f(f(2))=f(2^2)=3 \times 2^2 -2 = 10$	4

문제 1 주의사항

▷ 함수의 역함수의 정의와 성질을 이용하는 문제다.

▷ 결과 10을 추정한 후 $(g \circ g \circ g)(10)=1$임을 보이는 것은 옳지 않은 풀이 방법이다.

문제 2 개념/공식

(1) 삼각함수의 주요 등식

$$\sin^2\theta + \cos^2\theta = 1 \qquad\qquad 1 + \tan^2\theta = \frac{1}{\cos^2\theta}$$

(2) 삼각함수의 최댓값과 최솟값

(i) $\sin\theta$는 $\theta = 2n\pi + \frac{\pi}{2}$ (n은 정수)에서 최댓값 1을 가지고, $\theta = 2n\pi - \frac{\pi}{2}$ (n은 정수)에서 최솟값 -1을 가진다. θ 의 구간이 주어진 경우는 $\sin\theta$의 그래프를 고려하여 최댓값과 최솟값을 구한다.

(ii) $\cos\theta$는 $\theta = 2n\pi$ (n은 정수)에서 최댓값 1을 가지고, $\theta = (2n-1)\pi$ (n은 정수)에서 최솟값 -1을 가진다. θ의 구 간이 주어진 경우는 $\cos\theta$의 그래프를 고려하여 최댓값과 최솟값을 구한다.

(iii) $\tan\theta$는 $n\pi - \frac{\pi}{2} < \theta < n\pi + \frac{\pi}{2}$ (n은 정수)에서 증가하는 함수로서 일반적으로는 최댓값과 최솟값이 존재하지 않 으며, 주어지는 구간이 있다면 구간의 양 끝값에서 최댓값 또는 최솟값을 가질 수 있다.

문제 2 풀이

$$k\cos^2 x - \sin^2 x = k\cos^2 x - (1 - \cos^2 x) = (k+1)\cos^2 x - 1$$

이다. $0 \leq x < 2\pi$일 때, $0 \leq \cos^2 x \leq 1$이므로

(i) $k > -1$인 경우, $f(x)$의 최댓값은 $\cos^2 x = 1$일 때인 $(k+1) - 1 = k = 2$이다.

(ii) $k \leq -1$인 경우, $f(x)$의 최댓값은 $\cos^2 x = 0$일 때인 $(k+1) \times 0 - 1 = -1$으로 최댓값이 2가 아니다. 따라서 $k = 2$이다.

문제 2 채점 기준

답안 (예상 소요 시간 3분 / 전체 45분)	배점 (총 10점)
$k\cos^2 x - \sin^2 x = (k+1)\cos^2 x - 1$	2
$k > -1$인 경우, $f(x)$의 최댓값은 $k = 2$일 때인 2	3
$k \leq -1$인 경우, $f(x)$의 최댓값은 2가 아니다.	3
$k = 2$	2

문제 2 주의사항

▷ 최댓값을 구하기 위해서는 $f(x)$를 $\sin x$ 또는 $\cos x$로 통일해야 한다.

▷ 문제에서 k값에 대한 범위가 주어지지 않았으므로 풀는 과정에서 적절한 범위로서 '$k > -1$와 $k \leq -1$' 또는 '$k > -1$, $k = -1$, $k < -1$'으로 나눠 풀어야 한다.

▷ 삼각함수의 미분은 가천대 시험 범위를 벗어나므로 미분에 의한 풀이는 올바른 풀이가 아니다.

문항정보 및 해설 8회

문제 **3** 개념/공식

(1) 삼각형의 넓이

삼각형의 두 변 a, b와 그 사잇각 θ가 주어질 때, 삼각형의 넓이는 다음과 같다.

$$\frac{1}{2}ab\sin\theta$$

(2) 코사인법칙

세 변의 길이가 a, b, c인 삼각형 ABC에 대해 다음 등식이 성립한다.

$$a^2 = b^2 + c^2 - 2bc\cos A$$
$$b^2 = c^2 + a^2 - 2ca\cos B$$
$$c^2 = a^2 + b^2 - 2ab\cos C$$

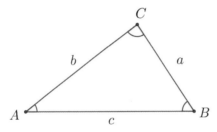

문제 **3** 풀이

$x = \overline{BC}$라고 하면, 코사인법칙에 의해

$$\sqrt{7}^2 = \sqrt{3}^2 + x^2 - 2\sqrt{3}\,x\cos30°$$
$$7 = x^2 - 3x + 3$$
$$x^2 - 3x - 4 = 0$$
$$(x-4)(x+1) = 0$$

이므로 $\overline{BC} = x = 4$이다. 따라서 삼각형 ABC의 넓이는

$$\frac{1}{2} \times \sqrt{3} \times 4 \times \sin30° = \sqrt{3}$$

이다.

문제 **3** 채점 기준

답안 (예상 소요 시간 3분 / 전체 45분)	배점 (총 10점)
코사인법칙에 의해 $\sqrt{7}^2 = \sqrt{3}^2 + \overline{BC}^2 - 2\sqrt{3} \times \overline{BC} \times \cos30°$	4
$\overline{BC} = 4$	3
삼각형 ABC의 넓이는 $\frac{1}{2} \times \sqrt{3} \times 4 \times \sin30° = \sqrt{3}$	3

문제 **3** 주의사항

▷ 삼각형의 넓이를 구하기 위해서는 삼각형의 세 변의 길이 중 모르는 하나를 구해야 한다.

▷ 코사인법칙으로 모르는 변의 길이를 구한 후 세 변의 길이를 이용해 넓이를 구하는 공식(헤론의 공식)을 이용하는 것은 옳지 않은 방법이다.

문제 **4** 개념/공식

(1) 등비수열

(i) 연속하는 두 항의 비가 일정한 수열로 임의의 자연수 n에 대해 $a_{n+1} = ra_n$이 성립한다. 이 때, r를 수열 $\{a_n\}$의 공비라고 한다.

(ii) 첫째항이 a이고 공비가 r인 등비수열 $\{a_n\}$의 일반항은 $a_n = ar^{n-1}$으로 주어진다.

문제 **4** 풀이

공비를 r라고 하면 $a_4 = r^2 a_2 = 4a_2$이므로 $r^2 = 4$, 즉 $r = 2$ 또는 $r = -2$이다. 한편, $a_3 + a_5 = a_1 r^2 + a_1 r^4 = 20a_1 = 60$이므로 $a_1 = 3$이다.

(i) $r = 2$이면, $a_6 = a_1 r^5 = 96$이고,

(ii) $r = -2$이면, $a_6 = a_1 r^5 = -96$이다.

따라서 a_6는 96 또는 -96이다.

문제 **4** 채점 기준

답안 (예상 소요 시간 2분 30초 / 전체 45분)	배점 (총 10점)
$a_4 = r^2 a_2 = 4a_2$이므로 $r = 2$ 또는 $r = -2$	3
$a_1 = 3$	3
$r = 2$이면, $a_6 = a_1 r^5 = 96$	2
$r = -2$이면, $a_6 = a_1 r^5 = -96$	2

문제 **4** 주의사항

▷ 등비수열의 성질을 이용해 주어진 조건에 맞는 등비수열을 구하는 문제다.

▷ 공비가 두 가지가 될 수 있음에 주의하자.

▷ 조건에 맞는 등비수열을 직관으로 찾는 방법은 틀린 풀이가 된다.

문항정보 및 해설 8회

문제 5 개념/공식

(1) 연속함수

함수 $f(x)$가 다음 세 가지 조건을 만족하면 $f(x)$는 $x = a$에서 연속이라고 한다.

(i) $x = a$에서 함숫값이 존재

(ii) $\lim\limits_{x \to a-} f(x) = \lim\limits_{x \to a+} f(x)$

(iii) $\lim\limits_{x \to a} f(x) = f(a)$

(2) 몫의 극한과 수렴

$\lim\limits_{x \to a} f(x) = \alpha$, $\lim\limits_{x \to a} g(x) = \beta$ (α, β는 실수)에 대해

(i) $\beta \neq 0$이면 $\lim\limits_{x \to a} \dfrac{f(x)}{g(x)} = \dfrac{\lim\limits_{x \to a} f(x)}{\lim\limits_{x \to a} g(x)} = \dfrac{\alpha}{\beta}$ 이다.

(ii) $\beta = 0$이면 $\lim\limits_{x \to a} \dfrac{f(x)}{g(x)}$ 이 수렴하기 위한 필요조건은 $\alpha = 0$이다.

(iii) $\alpha \neq 0$, $\beta = 0$이면, $\lim\limits_{x \to a} \dfrac{f(x)}{g(x)}$ 는 발산한다.

문제 5 풀이

$x \neq 2$이면, $f(x) = \dfrac{x^2 - x - a}{x - 2}$ 이고, 함수 $f(x)$는 연속이므로

$$\lim_{x \to 2} f(x) = \lim_{x \to 2} \frac{x^2 - x - a}{x - 2}$$

의 값이 존재해야 한다. 여기서 $\lim\limits_{x \to 2}(x - 2) = 0$이므로

$$\lim_{x \to 2}(x^2 - x - a) = 2 - a = 0$$

이어야 한다. 즉, $a = 2$이다. 따라서

$$
\begin{aligned}
f(2) &= \lim_{x \to 2} f(x) \\
&= \lim_{x \to 2} \frac{x^2 - x - 2}{x - 2} \\
&= \lim_{x \to 2} \frac{(x+1)(x-2)}{x - 2} \\
&= \lim_{x \to 2}(x + 1) \\
&= 3
\end{aligned}
$$

이다.

문제 5 채점 기준

답안 (예상 소요 시간 2분 / 전체 45분)	배점 (총 10점)
$\lim\limits_{x \to 2}(x^2 - x - a) = 2 - a = 0$에서 $a = 2$	3
$f(2) = \lim\limits_{x \to 2}f(x)$	3
$f(2) = 3$	4

문제 5 주의사항

▷ 주어진 등식에서 그대로 $x = 2$를 대입하여 $0 = 2 - a$로서 $a = 2$임을 보일 수 있다.

▷ 함수 $f(x)$에 대한 조건은 연속성과 주어진 등식뿐이므로 미분과 같은 방법으로 푸는 것은 틀린 풀이가 된다.

문제 6 개념/공식

(1) 연속함수

함수 $f(x)$가 다음 세 가지 조건을 만족하면 $f(x)$는 $x = a$에서 연속이라고 한다.

(i) $x = a$에서 함숫값이 존재

(ii) $\lim\limits_{x \to a-}f(x) = \lim\limits_{x \to a+}f(x)$

(iii) $\lim\limits_{x \to a}f(x) = f(a)$

(2) 몫의 극한과 수렴

$\lim\limits_{x \to a}f(x) = \alpha$, $\lim\limits_{x \to a}g(x) = \beta$ (α, β는 실수)에 대해

(i) $\beta \neq 0$이면 $\lim\limits_{x \to a}\dfrac{f(x)}{g(x)} = \dfrac{\lim\limits_{x \to a}f(x)}{\lim\limits_{x \to a}g(x)} = \dfrac{\alpha}{\beta}$이다.

(ii) $\beta = 0$이면 $\lim\limits_{x \to a}\dfrac{f(x)}{g(x)}$이 수렴하기 위한 필요조건은 $\alpha = 0$이다.

(iii) $\alpha \neq 0$, $\beta = 0$이면, $\lim\limits_{x \to a}\dfrac{f(x)}{g(x)}$는 발산한다.

문제 6 풀이

조건 (가)으로부터 $f(x)+x^3$는 최고차항의 계수가 $2x^2$이므로

$$f(x)+x^3=2x^2+ax+b$$

라고 할 수 있다. (여기서 a, b는 상수이다.) 즉, $f(x)=-x^3+2x^2+ax+b$이다.

조건 (나)에서 $\lim\limits_{x\to1}(x-1)=0$이므로 $\lim\limits_{x\to1}f(x)=1+a+b=0$이다. 조건 (나)에 $b=-a-1$을 대입하면

$$\begin{aligned}\lim_{x\to1}\frac{f(x)}{x-1}&=\lim_{x\to1}\frac{-x^3+2x^2+ax-a-1}{x-1}\\&=\lim_{x\to1}\frac{-(x-1)(x^2-x-1)+a(x-1)}{x-1}\\&=\lim_{x\to1}(-x^2+x+1+a)\\&=1+a=5\end{aligned}$$

이다. 따라서 $a=4$, $b=-a-1=-5$이므로

$$f(x)=-x^3+2x^2+4x-5$$

이다.

문제 6 채점 기준

답안 (예상 소요 시간 3분 30초 / 전체 45분)	배점 (총 10점)
$f(x)=-x^3+2x^2+ax+b$	2
$\lim\limits_{x\to1}f(x)=1+a+b=0$이므로 $b=-a-1$	2
$\lim\limits_{x\to1}\dfrac{f(x)}{x-1}=\lim\limits_{x\to1}(-x^2+x+1+a)=1+a=5$	3
$a=4$, $b=-5$이므로 $f(x)=-x^3+2x^2+4x-5$	3

문제 6 주의사항

▷ 유리식의 극한의 성질을 이용해 알려지지 않은 함수 $f(x)$를 찾는 문제다.

▷ 위 풀이 제시문 (가)를 먼저 이용했으나 제시문 (나)를 먼저 이용할 수도 있다. 이때는 인수정리를 이용해 $f(x)$를 표현하면 된다.

▷ 답안을 작성에서 제시문을 이용할 때는 (가) 또는 (나)의 사용을 언급하도록 하자.

문제 **7** 개념/공식

(1) 극값과 미분계수

미분가능한 함수 $f(x)$가 $x = c$에서 극값을 가지면 $f'(c) = 0$이다.

(2) 극대와 극소의 판정

미분가능한 함수 $f(x)$에 대하여 $f'(a) = 0$이고 $x = a$의 좌우에서

(i) $f'(x)$의 부호가 양에서 음으로 바뀌면 $f(x)$는 $x = a$에서 극대이다.

(ii) $f'(x)$의 부호가 음에서 양으로 바뀌면 $f(x)$는 $x = a$에서 극소이다.

문제 **7** 풀이

$f(x) = x^3 - 3x^2$라고 하면, 방정식 $x^3 - 3x^2 + k = 0$의 해는 두 함수 $y = f(x)$와 $y = -k$의 교점의 x좌표와 같다. 여기서 $f'(x) = 3x^2 - 6x = 3x(x-2)$이므로 증감은 다음과 같다.

x	$\cdots$	0	$\cdots$	2	$\cdots$
$f'(x)$	$+$	0	$-$	0	$+$
$f(x)$	$\nearrow$	0	$\searrow$	0	$\nearrow$

$x = 0$에서 극댓값 $f(0) = 0$, $x = 2$에서 극솟값 $f(2) = -4$를 갖는다. 따라서 $-k < -4$일 때, 주어진 방정식은 한 개의 음의 실근만을 가진다. 따라서 답은 $4 < k$이다.

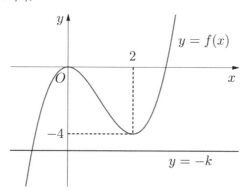

문제 **7** 채점 기준

답안 (예상 소요 시간 3분 30초 / 전체 45분)	배점 (총 10점)
$f(x) = x^3 - 3x^2$라고 하면, 방정식의 해는 $y = f(x)$와 $y = -k$의 교점의 x좌표	3
$f'(x) = 3x^2 - 6x$에서 극댓값 $f(0) = 0$, 극솟값 $f(2) = -4$	4
$4 < k$	3

문제 7 주의사항

▷ 주어진 방정식의 좌변 또는 좌변의 일부를 함수를 정의할 때는

$$f(x) = x^3 - 3x^2 \text{ 또는 } f(x) = x^3 - 3x^2 + k$$

으로 하는 것이 좋다. 위에 제시된 풀이는 $f(x) = x^3 + 3x^2 - 9x$으로 정의한 경우이다.

▷ 가천대처럼 약술형 논술시험에서 답안 작성은 증감을 조사할 때는 표를 그리는 것보다 간단히 증가와 감소 구간을 언급하고 극대 또는 극소를 판정하는 것이 효과적이다.

문제 8 개념/공식

(1) 미분가능과 도함수의 정의

함수 $f(x)$가 $x = a$에서의 미분계수가 존재하면, $f(x)$를 $x = a$에서 미분가능하다고 하고, 함수 $f(x)$가 정의역에 포함되는 모든 x에서 미분계수가 존재하면, 함수 $f(x)$를 미분가능한 함수라고 한다. 이 때, 함수 $f(x)$의 도함수를

$$f'(x) = \lim_{h \to 0} \frac{f(x+h) - f(x)}{h}$$

으로 정의한다.

(2) 곱의 미분법

$$(f(x)g(x))' = f'(x)g(x) + f(x)g'(x)$$

문제 8 풀이

$h(x) = f(x)g(x)$라고 하면

$$\lim_{x \to 1} \frac{f(x)g(x) - f(1)g(1)}{x - 1} = \lim_{x \to 1} \frac{h(x) - h(1)}{x - 1}$$

$$= h'(1)$$

이다. 여기서 곱의 미분법에 의해

$$h'(x) = f'(x)g(x) + f(x)g'(x) = (2x+3)(x^3-2x) + (x^2+3x+2)(3x^2-2)$$

이므로

$$h'(1) = 5 \times (-1) + 6 \times 1 = 1$$

이다.

문제 8 채점 기준

답안 (예상 소요 시간 3분 / 전체 45분)	배점 (총 10점)
$h(x)=f(x)g(x)$ 라고 하면 $\lim\limits_{x\to 1}\dfrac{f(x)g(x)-f(1)g(1)}{x-1}=h'(1)$	4
$h'(x)=(2x+3)(x^3-2x)+(x^2+3x+2)(3x^2-2)$	3
$h'(1)=5\times(-1)+6\times 1=1$	3

문제 8 주의사항

▷ 주어진 극한 식의 형태가 도함수의 정의와 같음을 이해해야 한다.

▷ 답안 작성에서 $h(x)=f(x)g(x)$ 으로 치환할 필요 없이 $f(x)g(x)$ 으로 써도 된다.

이 경우에는 $\lim\limits_{x\to 1}\dfrac{f(x)g(x)-f(1)g(1)}{x-1}$ 이 '$f(x)g(x)$ 에 $x=1$ 에서의 미분계수임'을 서술해야 한다. 기호로 쓰기 위해 '$(f(x)g(x))'|_{x=1}$' 으로 표현해서는 안 된다. (이 기호는 틀린 표현은 아니나 비교과 표현이다.)

문제 9 개념/공식

(1) 미분계수

$f(x)$ 의 $x=a$ 에서의 미분계수는 다음과 같이 정의한다.

$$f'(a)=\lim_{x\to a}\frac{f(x)-f(a)}{x-a} \quad \text{또는} \quad f'(a)=\lim_{h\to 0}\frac{f(a+h)-f(a)}{h}$$

(2) 미분가능한 함수

함수 $f(x)$ 가 $x=a$ 에서의 미분계수가 존재하면, $f(x)$ 를 $x=a$ 에서 미분가능하다고 한다. 즉,

$$\lim_{h\to 0-}\frac{f(a+h)-f(a)}{h}=\lim_{h\to 0+}\frac{f(a+h)-f(a)}{h}$$

이면 $f(x)$ 를 $x=a$ 에서 미분가능하다.

(3) 정적분과 부정적분의 관계

닫힌구간 $[a,b]$ 에서 연속인 함수 $f(x)$ 의 부정적분을 $F(x)$ 라고 하면 다음이 성립한다.

$$\int_a^b f(x)dx=F(b)-F(a)$$

문항정보 및 해설 8회

문제 9 풀이

주어진 등식에 $x = y = 0$을 대입하면

$$f(0) = f(0) + f(0) - 1$$

$$f(0) = 1$$

이다. 또한 주어진 등식에 $y = h$를 대입하면 $f(x+h) - f(x) = f(h) - 2xh - 1$이므로 도함수의 정의에 의해

$$\begin{aligned}
f'(x) &= \lim_{h \to 0} \frac{f(x+h) - f(x)}{h} \\
&= \lim_{h \to 0} \frac{f(h) - 2xh - 1}{h} \\
&= \lim_{h \to 0} \frac{f(h) - f(0)}{h} - 2x \\
&= f'(0) - 2x \\
&= 3 - 2x
\end{aligned}$$

이다. $f'(x)$를 부정적분하면 $f(x) = -x^2 + 3x + C$ (C는 상수)이다. $f(0) = 1$이므로 $C = 1$이므로

$$f(x) = -x^2 + 3x + 1$$

따라서

$$\int_{-1}^{3} f(x)dx = \int_{-1}^{3} (-x^2 + 3x + 1)dx = \left[-\frac{1}{3}x^3 + \frac{3}{2}x^2 + x \right]_{-1}^{3} = \frac{20}{3}$$

이다.

문제 9 채점 기준

답안 (예상 소요 시간 2분 30초 / 전체 45분)	배점 (총 10점)
$f'(x) = \lim\limits_{h \to 0} \dfrac{f(h) - 2xh - 1}{h} = \lim\limits_{h \to 0} \dfrac{f(h) - f(0)}{h} - 2x$	3
$f'(x) = f'(0) - 2x = 3 - 2x$	2
$f(0) = 1$이므로 $f(x) = -x^2 + 3x + 1$	2
$\displaystyle\int_{-1}^{3} f(x)dx = \left[-\frac{1}{3}x^3 + \frac{3}{2}x^2 + x \right]_{-1}^{3} = \frac{20}{3}$	3

문제 9 주의사항

▷ 도함수의 정의와 적분을 활용하여 문제를 해결한다.

▷ 답안 작성에서 도함수의 정의로 $f'(x)$를 구할 때, 주어진 등식을 어떻게 이용하는지 표현하도록 하자.

▷ $f'(x)$를 구한 후 정적분으로 $f(x)$를 구하고 싶다면 $f(x) = \displaystyle\int_{0}^{x} f'(t)dt + f(0)$임을 이용할 수 있다.

약술형
수학 심화편
모 의
고 사

약술형
수학
모의고사

한권에
끝내기

문제 1

두 함수 $y = 2^{1-x} + n$, $y = \left(\dfrac{1}{3}\right)^{x-2} - 1$의 그래프가 제1사분면에서 만나도록 하는 모든 정수 n의 개수를 구하는 과정을 서술하시오.

문제 2

함수의 극한값 $\displaystyle\lim_{x \to -\infty}\left(\sqrt{ax^2 + bx} + 2x\right) = -2$을 만족시키는 상수 a, b의 값의 합 $a+b$를 구하는 과정을 서술하시오.(단, $a > 0$)

문제 3

두 함수 $f(x)$, $g(x)$가

$$\lim_{x \to \infty} f(x) = \infty, \quad \lim_{x \to \infty} \left\{ f(x) - \frac{1}{2} g(x) \right\} = 2023$$

를 만족시킬 때, $\displaystyle\lim_{x \to \infty} \frac{8f(x) - g(x)}{f(x) + g(x)}$ 의 값을 구하는 과정을 서술하시오.

문제 4

$0 \leq \theta < 2\pi$일 때, x에 대한 이차방정식

$4x^2 + (4\sqrt{2}\sin\theta)x + \cos\theta + 1 = 0$이 실근을 갖도록 하는 모든 θ의 값의 범위는

$\alpha \leq \theta \leq \beta$이다. $\dfrac{\beta}{\alpha}$의 값을 구하는 과정을 서술하시오.

9문제 | 90점(각 10점)

문제 5

원점을 출발하여 수직선 위를 움직이는 점 P의 시각 t에서의 속도가 $at - t^2$이다. $t = 5$에서 점 P의 위치가 원점에서 양의 방향으로 가장 멀리 떨어졌을 때, $t = 0$에서 $t = 6$까지 점 P가 움직인 거리를 구하는 과정을 서술하시오.(단, $a > 0$)

문제 6

공차가 0이 아닌 등차수열 $\{a_n\}$에 대하여 $|a_7 - 3| = |a_8 - 3|$ 일 때, $\displaystyle\sum_{n=1}^{14} a_n$의 값을 구하는 과정을 서술하시오.

문제 7

$a_n = n\cos\dfrac{n}{2}\pi\,(n \geq 1)$ 일 때, $\displaystyle\sum_{n=1}^{2023} a_n$의 값을 구하는 과정을 서술하시오.

문제 8

함수 $f(x) = x^2 + 1 (x \geq 0)$ 의 역함수를 $g(x)$라고 할 때, $y = f(x), y = g(x)$의 그래프와 두 직선 $y = -x + 1, y = -x + 7$ 로 둘러싸인 영역을 좌표평면 위에 나타내고 넓이를 구하는 과정을 서술하시오.

문제 9

다음을 만족시키는 100보다 작은 자연수 n의 개수를 구하는 과정을 서술하시오.
(단, $[x]$는 x보다 크지 않은 최대의 정수이다.)

(가) $[\log 3n] = [\log n] + 1$
(나) $\log n - [\log n] < \log 5$

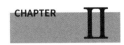

문제 1

두 실수 a, b에 대하여 $2023^{2a+b} = \dfrac{1}{8}$, $2023^{a+b} = \dfrac{1}{2}$일 때, $2^{-\frac{a+4b}{ab}}$ 의 값을 구하는 과정을 서술하시오.

문제 2

함수 $f(x) = x^3 + 2x$ 의 역함수를 $g(x)$라고 할 때, $\displaystyle\int_3^{12} g(x)dx$의 값을 구하는 과정을 서술하시오.

문제 3

다항함수 $f(x)$ 에 대하여 다음 조건이 성립한다. $f(6)$의 값을 구하는 과정을 서술하시오.

(가) $\lim\limits_{x \to \infty} \dfrac{f(f(x))}{x^4} = 8$

(나) 함수 $\dfrac{1}{f(x)}$ 는 $x = 2$ 에서만 불연속이다.

문제 4

원 $x^2 + y^2 = 25$과 함수 $y = \log_a(x+6)\,(a>1)$의 그래프가 만나는 두 점을 각각 A, B라 하자. $\angle \text{AOB} = \theta\,(0 < \theta < \pi)$라 하면, $\tan\theta = -\dfrac{4}{3}$ 을 만족한다. a^6의 값을 구하는 과정을 서술하시오.

문제 5

최고차항의 계수가 1인 삼차함수 $f(x)$가 다음 두 조건을 모두 만족시킬 때, $\int_{2}^{3} f(x)dx$의 값을 구하는 과정을 서술하시오.

$$f(2) = 0, \ f'(2) = 0 \ \text{이다}$$

문제 6

함수 $f(x) = -x^3 + 2kx^2 - kx$에 대하여 곡선 $y = f(x)$ 위의 점 $(t, f(t))$에서의 접선의 y절편을 $g(t)$라고 하자. 함수 $g(t)$가 열린구간 $(0, 4)$에서 감소할 때, 실수 k의 최솟값을 구하는 과정을 서술하시오.

문제 7

$a > 1$이고 $a^{\frac{1}{2}} + a^{-\frac{1}{2}} = \sqrt{10}$ 일 때, $\dfrac{a^2 + a^{-2}}{a^2 - a^{-2}}$의 값을 구하는 과정을 서술하시오.

문제 8

다항함수 $f(x)$는 모든 실수 x, y에 대하여 $f(x-y)=f(x)-f(y)-3xy(x-y)+2$를 만족시킨다. $\displaystyle\lim_{x\to 1}\frac{f(x)-f'(x)}{x^2-1}=2$일 때, $f(6)$의 값을 구하는 과정을 서술하시오.

문제 9

등차수열 $\{a_n\}$이 다음 조건을 만족한다.

> (가) $\displaystyle\sum_{k=1}^{n}|a_k|=\sum_{k=1}^{n}a_k$ 를 만족하는 자연수 n의 최댓값은 $n=7$이다.
>
> (나) $\displaystyle\sum_{k=1}^{8}|a_k|=4+\sum_{k=1}^{8}a_k$

이 때, $\displaystyle\sum_{n=1}^{12}a_n$ 의 최솟값을 구하는 과정을 서술하시오.

문제 1

세 양수 a, b, c가 다음 조건을 만족시킬 때, $\dfrac{ab}{c}$의 값을 구하는 과정을 서술하시오.

> (가) $\log_2 a + \log_2 b + \log_2 c = 93$
>
> (나) $a^5 = b^3 = c^2$

문제 2

$\displaystyle\sum_{m=1}^{n}\left(\sum_{k=1}^{m} k\right) = 35$일 때, 자연수 n의 값을 구하는 과정을 서술하시오.

문제 3

함수 $f(x) = x^3 - 6x^2 + ax + b$ 의 기울기가 2인 접선은 1개만 있다. 그 접선을 $g(x)$라 할 때, $f(6) - g(6)$의 값을 구하는 과정을 서술하시오.

문제 4

방정식 $\cos^2 x + 2\sin x = k$를 만족시키는 모든 x의 값의 합이 3π가 되도록 하는 정수 k의 개수를 구하는 과정을 서술하시오.(단, $0 \le x < 2\pi$)

문제 5

연속함수 $f(x)$는 모든 실수 x에 대해 $\{f(x)\}^2 = x^2$ 이며 다음 조건을 만족한다.

이때, $\int_{-1}^{1} (x+1)f(x)dx$ 의 값을 구하는 과정을 서술하시오.

모든 실수 x에 대하여 $f(x) \geq 0$

문제 6

방정식 $x^3 + 6x^2 + 9x + 2 = a$이 서로 다른 세 개의 음의 실근을 갖도록 하는 모든 정수 a 의 개수를 구하는 과정을 서술하시오.

문제 7

함수 $f(t) = \displaystyle\int_0^2 |x - 4t|\, dx$ 라고 하자. 함수 $f(t)$는 $t = a$에서 최솟값 b를 갖는다. 이때 $a + b$의 값을 구하는 과정을 서술하시오.

문제 8

$\log_6 12 \times \log_6 3 = a$ 일 때, $\left(\log_6 12\right)^4 - \left(\log_6 3\right)^4 = m(2 - a)\sqrt{1 - na}$ 을 만족시키는 두 자연수 m과 n의 값을 구하는 과정을 서술하시오.

문제 9

첫째항이 675인 수열 $\{a_n\}$은 다음을 만족한다.

$$a_{n+1} = \begin{cases} a_n + (-1)^n \cdot 3 & (n\text{이 } 3\text{의 배수가 아닌 경우}) \\ a_n + 2 & (n\text{이 } 3\text{의 배수인 경우}) \end{cases}$$

a_{2023}의 값을 구하는 과정을 서술하시오.

문제 1

집합 $A = \{0, 1, 2, ,3, 4, 5, 6, 7, 8, 9, 10, 11\}$, $B = \left\{ \left(\frac{1}{2} \right)^{a+1} \times \left(\frac{1}{\sqrt{2}} \right)^{-a} \middle| a \in A \right\}$라 하자. 집합 B의 모든 원소의 곱을 구하는 과정을 서술하시오.

문제 2

등차수열 $\{a_n\}$과 등비수열 $\{b_n\}$은 다음 조건을 만족한다. $\dfrac{b_{12}}{a_{12}}$의 값을 구하는 과정을 서술하시오.

(가) $a_1 = b_1$, $a_2 = b_2$, $a_4 = b_4$

(나) 등비수열 $\{b_n\}$의 공비는 1이 아니다.

문제 3

다음 조건을 만족하는 최고 차항의 계수가 1인 다항함수 $f(x)$에 대하여 $f(5)$의 값을 구하는 과정을 서술하시오.

(가) $\lim\limits_{x\to\infty}\dfrac{f(x)}{x^3}=0$

(나) $\lim\limits_{x\to 1}\dfrac{f(x)}{x-1}=2$

문제 4

수직선 위를 움직이는 점 P의 시각 $t(t \geq 0)$에서의 위치 x가 $x=t^3-6t^2+9t+2023$이다. 점 P가 출발한 후 운동방향을 바꾼 순간의 시각을 각각 t_1, $t_2\,(t_1 < t_2)$라고 할 때, 시각 t_1에서 시각 t_2까지 점 P가 움직인 거리를 구하는 과정을 서술하시오.

문제 5

모든 실수 x에 대하여 부등식 $x^2-4x\cos\theta-12\sin\theta+4a \geq 0$이 항상 성립하도록 하는 실수 a의 최솟값을 구하는 과정을 서술하시오.

CHAPTER IV

수학 4회

문제 6

다항함수 $f(x)$가 다음 조건을 만족시킬 때, $f(5)$의 값을 구하시오.

(가) $\lim_{x \to 0+} \dfrac{x^3 f\left(\dfrac{1}{x}\right) - 1}{2x^2 + x} = 6$

(나) 함수 $\dfrac{x}{f(x)}$ 는 $x = 0$에서 불연속이다.

문제 7

등차수열 $\{a_n\}$은 다음 조건을 만족한다.

(가) $a_2 + a_3 + a_4 + a_5 + a_6 = 25$

(나) $a_3 + a_5 + a_7 + a_9 + a_{11} = 40$

이때, $\displaystyle\sum_{n=1}^{20} a_n$의 값을 구하는 과정을 서술하시오.

문제 8

최고차항의 계수가 1인 이차함수 $f(x)$가 다음 조건을 만족시킬 때, $f(3)$의 값을 구하는 과정을 서술하시오.

(가) $\displaystyle\int_0^{2023} f(x)dx = \int_2^{2023} f(x)dx$

(나) 함수 $\displaystyle\int_0^x f(t)dt$는 $x=2$ 에서 극값을 갖는다.

문제 9

두 집합

$$A = \left\{ x \mid 2^{2x+1} - 65 \times 2^x + 32 > 0 \right\}, \; B = \left\{ x \mid \log_3 |x+5| < n \right\}$$

에 대하여 $A \cap B$에 속하는 정수 x의 개수를 $f(n)$이라 하자. $\displaystyle\sum_{n=1}^{5} f(n)$의 값을 구하는 과정을 서술하시오.

CHAPTER V

수학 5회

문제 1

자연수 n에 대하여 집합 $A = \{1, 2, \cdots, n\}$ 일 때, 집합 $B = \left\{\log_3\left(1 + \dfrac{1}{a}\right) \middle| a \in A\right\}$ 의 모든 원소의 합이 5일 때, 자연수 n의 값을 구하는 과정을 서술하시오.

문제 2

두 함수 $f(x) = x^2 - 4$, $g(x) = x^3 - 3x^2 - 9x + 1$ 에 대하여 함수 $(g \circ f)(x)\,(-1 \le x \le 3)$ 의 최댓값을 M 최솟값을 m이라 하자. M − m의 값을 구하는 과정을 서술하시오.

문제 3

두 함수 $f(x)$, $g(x)$가 다음 조건을 만족시킬 때, $\lim\limits_{x \to 0} \dfrac{2f(x)g(x)-6x}{g(x)+3x}$ 의 값을 구하는 과정을 서술하시오. (단, $g(0) \neq 0$, $g(x)-2x \neq 0$)

(가) $f(x) = \dfrac{g(x)+2x}{g(x)-2x}$

(나) $\lim\limits_{x \to 0} f(x) = 5$

문제 4

$\lim\limits_{x \to 1} \dfrac{1}{x^3-1} \displaystyle\int_1^x (2t^{2023} + 2022t - 2021)\,dt$ 의 값을 구하는 과정을 서술하시오.

문제 5

x에 대한 이차방정식 $6x^2 - 2x + a = 0$의 두 근이 $\sin\theta$, $\cos\theta$일 때, 상수 a와 $\dfrac{1}{\tan\theta} - \tan\theta$ 의 값을 구하는 과정을 서술하시오. (단, $\dfrac{\pi}{2} < \theta < \pi$)

문제 6

모든 항이 양의 실수인 등비수열 $\{a_n\}$의 첫째항부터 제n항까지의 합을 S_n이라 하자. $S_3 = 13a_3$일 때, $\displaystyle\sum_{n=1}^{6} \dfrac{S_n}{a_n}$의 값을 구하는 과정을 서술하시오.

문제 7

다음 조건을 만족하는 두 양수 x, y에 대하여 $|x-y|$의 값을 구하는 과정을 서술하시오.

(가) $\log_2 x + \log_2 y = -2$

(나) $\log_3\left(1+\dfrac{1}{x}\right)+\log_3\left(1+\dfrac{1}{y}\right)=3$

문제 8

함수 $y=x^2$ 위의 두 점 $A(-2, 4)$, $B(1, 1)$에서의 접선을 각각 l_a, l_b 라고 하자. 두 직선 l_a, l_b의 교점의 좌표를 C 라 할 때, 삼각형 ABC의 넓이를 구하는 과정을 서술하시오.

문제 9

자연수 n에 대하여 수열 $\{a_n\}$을 다음과 같이 정의한다.

$$a_n = \begin{cases} \log_9 n & (\log_9 n \text{은 유리수}) \\ 0 & (\log_9 n \text{은 무리수}) \end{cases}$$

$\displaystyle\sum_{k=1}^{n} a_k = 5$를 만족시키는 자연수 n의 최솟값과 최댓값의 합을 구하는 과정을 서술하시오.

문제 1

두 자연수 a, b에서 $a^3 b^2$는 20자리 자연수이고 a가 n자리의 수이고 $\dfrac{b^2}{a^3}$의 정수 부분도 n자리의 수일 때, n의 값을 구하는 과정을 서술하시오.

문제 2

모든 실수 x에 대하여 부등식
$$\cos^2 x + (2a+4)\sin x - (4a+9) > 0$$
이 성립하도록 하는 a의 값의 범위를 구하는 과정을 서술하시오.

문제 3

$(\log_{2023}x)^2 + (\log_9 y - 2)^2 = 0$일 때, 다음 식의 값을 구하는 과정을 서술하시오.

$$\log_{x+1}(y+1)\times\log_{y+1}(x+1)+(\log_9 x)^2+(\log_9 y)^2-\frac{1}{2}\log_3 x\times\log_3 y$$

문제 4

등식 $f(f(x))=\displaystyle\int_1^x f(t)dt+x^2+4x-1$ 를 만족시키는 다항식 $f(x)$에 대하여 $f(-2)$의 값을 구하는 과정을 서술하시오.

문제 5

두 함수

$$f(x) = x^2 + 2ax + 1, \quad g(x) = \begin{cases} x^2 + 2x + b & (x < 0) \\ 1 & (x \geq 0) \end{cases}$$

에 대하여 함수 $\dfrac{g(x)}{f(x)}$ 가 실수 전체의 집합에서 연속이 되도록 하는 정수 a, b에 대하여 $f(2)$의 값으로 가능한 수들의 합을 구하는 과정을 서술하시오.

문제 6

최고차항의 계수가 양수인 삼차함수 $f(x)$가 다음 조건을 만족시킬 때, $f(3)$의 최댓값을 구하는 과정을 서술하시오.

> (가) 함수 $f(x)$는 $x = 0$에서 극댓값, $x = 2$에서 극솟값을 갖는다.
>
> (나) 모든 실수 x에 대하여 $\displaystyle\int_2^x |f'(t) + 2|\, dt = f(x) + 2x$

문제 7

삼각형 ABC에서 $\dfrac{\sin A}{3} = \dfrac{\sin B}{4} = \dfrac{\sin C}{6}$ 일 때, $\sin \dfrac{A+B-C}{2}$ 의 값을 구하는 과정을 서술하시오.

문제 8

두 상수 a, b에 대하여

$$\lim_{x \to 0} \frac{\sqrt{x+1} + \sqrt{x+9} - \sqrt{x+a}}{x} = b$$

일 때, a와 b의 값을 구하는 과정을 서술하시오.

문제 9

자연수 n에 대하여 수열 $\{a_n\}$을 다음과 같이 정의한다.

$$a_{n+1} = \begin{cases} \dfrac{a_n + 5}{2} & (a_n \text{이 홀수}) \\[2mm] \dfrac{a_n}{2} & (a_n \text{이 짝수}) \end{cases}$$

$a_1 = 7$일 때, $\displaystyle\sum_{k=1}^{n} a_k = 2023$을 만족하는 자연수 n을 구하는 과정을 서술하시오.

문제 1

삼차함수 $f(x) = x^3 - 3ax^2 + a$ 의 극댓값과 극솟값의 차가 32일 때, 양수 a의 값을 구하는 과정을 서술하시오.

문제 2

방정식 $4^x + k \cdot 2^x - k - \dfrac{3}{4} = 0$ 은 오직 하나의 양수근을 갖도록 하는 k의 개수를 구하는 과정을 서술하시오.

문제 3

$\sin\theta + \cos\theta = \dfrac{\sqrt{6}}{2}$ 일 때, $\sin^3\theta - \cos^3\theta$ 의 값을 구하는 과정을 서술하시오.

(단, $\dfrac{\pi}{4} < \theta < \dfrac{\pi}{2}$)

문제 4

원 $x^2 + (y-1)^2 = 1$과 함수 $y = a^x + 1\ (a > 1)$의 그래프가 만나는 두 점을 각각 A, B라 하자. 원점 O에 대하여 삼각형 AOB의 넓이가 $\dfrac{1}{2}$ 일 때 a의 값을 구하는 과정을 서술하시오.

문제 5

실수 전체의 집합에서 미분가능한 함수 $f(x)$가 다음 조건을 만족시킨다.

(가) $f'(0)=2$

(나) 모든 실수 x, y에 대하여
$$f(x+y)=f(x)+f(y)-4xy-4$$

이때 $f'(-3)+f(3)$의 값을 구하는 과정을 서술하시오.

문제 6

수직선 위를 움직이는 점 P의 시각 $t(t \geq 0)$에서의 위치 x가 $x=t^3-6at^2+9a^2t+3$이다. 점 P가 출발한 후 운동방향을 두 번 바꾼다고 한다. 바꾼 순간의 시각을 각각 t_1, t_2 $(t_1 < t_2)$라고 할 때, 시각 t_1에서 시각 t_2까지 점 P가 움직인 거리가 500이상이 되도록 하는 a의 최솟값을 구하는 과정을 서술하시오.

문제 7

38과 -13 사이에 n개의 수를 넣어서 만든 등차수열
38, a_1, a_2, a_3, $\cdots$, a_n, -13의 합이 225일 때, $a_1 + a_2 + a_3 + \cdots + a_k$의 값이 최대가 되도록 하는 자연수 k의 값을 구하는 과정을 서술하시오.

문제 8

최고차항의 계수가 1인 이차함수 $f(x)$에 대하여 $g(x) = \displaystyle\int_0^x tf(t)dt$ 라 하자.
$g(2) = f(2) = 0$ 일 때, $g(x)$의 극댓값을 구하는 과정을 서술하시오.

문제 9

미분 가능한 두 함수 $f(x)$, $g(x)$ $(g(x) \neq 0)$에 대하여 $\dfrac{f(2022)}{g(2022)} = 2022$, $\dfrac{f(2023)}{g(2023)} = 2023$ 을 만족한다. $f'(c) - g(c) = cg'(c)$ 를 만족하는 실수 c가 구간 $(2022, 2023)$에 적어도 하나 존재함을 보이는 과정을 서술하시오.

문제 1

두 실수 x, y에 대하여 다음 식이 성립한다.

$$3^{x+1}+3^y=a, \quad 3^x-3^{y+1}=1$$

$x+y=\log_3 20$일 때, 양수 a에 대하여 $3a^2-8a+20$의 값을 구하는 과정을 서술하시오.

문제 2

미분가능한 함수 $f(x)$에 대하여 $f(1)=2f'(1)=6$일 때, $\displaystyle\lim_{x\to 1}\frac{x^2f(1)-f(x)}{x-1}$ 의 값을 구하는 과정을 서술하시오.

문제 3

최고차항의 계수가 3인 이차함수 $f(x)$에 대하여 함수 $g(x) = \int_2^x f(t)dt$ 는 $x = 2$ 에서 극솟값을 가지며 방정식 $|g(x)| = 4$ 은 서로 다른 3개의 실근을 갖는다. 이때 $g(x)$를 구하는 과정을 서술하시오.

문제 4

다음은 $n \geq 2$인 모든 자연수 n에 대하여 부등식

$$\frac{1}{2} + \frac{2}{3} + \frac{3}{4} + \cdots + \frac{n}{n+1} < \frac{n^2}{n+1} \quad \cdots\cdots \ \textcircled{\footnotesize ㄱ}$$

가 성립함을 수학적 귀납법으로 증명하는 과정의 일부이다.

> (ii) $n = k$ $(k \geq 2)$일 때, ㉠이 성립한다고 가정하여
>
> 양변에 　①　를 더하면
>
> $$\frac{1}{2} + \frac{2}{3} + \cdots + \frac{k}{k+1} + \boxed{①}$$
>
> $$< \frac{k^2}{k+1} + \boxed{①} = \frac{\boxed{②}}{(k+1)(k+2)}$$
>
> $$< \frac{k^3 + 3k^2 + \boxed{③}\,k + 1}{(k+1)(k+2)} = \frac{(k+1)^2}{k+2}$$
>
> 따라서 $n = k+1$일 때에도 부등식이 성립한다.

위 　①　, 　②　, 　③　 에 들어갈 식 또는 수를 구하는 과정을 서술하시오.

문제 5

두 함수 $f(x) = x^3 - 12x^2 + 7x,\ g(x) = -6x^2 - 2x - n$에

대하여 $x \geq -1$인 모든 실수 x가 부등식 $f(x) \geq g(x)$를 만족시키도록 하는 정수 n의 최

솟값을 구하는 과정을 서술하시오.

문제 6

수열 $\{a_n\}$은 자연수 n에 대하여 다음을 만족한다.

$(a_n)^2 - 16a_n - n^2 + 16n = 0$

이때, $\displaystyle\sum_{n=1}^{20} a_n$ 의 최댓값을 구하는 과정을 서술하시오.

문제 7

연속함수 $f(x)$가 다음 조건을 만족시킨다.

(가) 모든 실수 x에 대하여 $f(x+4) = f(x)$이다.

(나) $f(x) = \begin{cases} 4x + a & (-2 \leq x < 1) \\ 2x^2 + bx + 2 & (1 \leq x \leq 2) \end{cases}$

이때 $f(2023)$의 값을 구하는 과정을 서술하시오. (단, a, b는 상수이다.)

문제 8

x에 관한 이차방정식 $2x^2 - \sqrt{3}\,x + k = 0$의 두 근을 $\sin\theta$, $\cos\theta$라 할 때, $\sin\theta$, $-\cos\theta$를 두 근으로 하는 이차방정식은 $x^2 + ax + b = 0$이다. 상수 a, b, k에 대하여 $a + b + k$의 값을 구하는 과정을 서술하시오. (단, $0 < \theta < \dfrac{\pi}{4}$)

문제 9

$x = 1$에서만 미분 불가능한 연속함수 $f(x)$의 도함수가

$f'(x) = \begin{cases} -x + 1 & (x < 1) \\ 3x^2 - 2x + k & (x > 1) \end{cases}$ 이고 다음 조건을 만족한다. (단, k는 정수이다.)

(가) 함수 $f(x)$는 극값을 갖지 않는다.

(나) $f(1) = 0$

이때, $\displaystyle\int_0^2 f(x)dx$ 의 최솟값을 구하는 과정을 서술하시오.

문제 1

x에 대한 방정식 $4^x - (a+1)2^{x+1} + a^2 - a - 3 = 0$이 서로 다른 두 양수근을 갖도록 하는 정수 a의 최솟값을 구하는 과정을 서술하시오.

문제 2

좌표가 3 인 점을 출발하여 수직선 위를 움직이는 점 P의 시각 t에서의 속도가 $v_{\mathrm{P}}(t) = 4t + 2$ 이고, 좌표가 36 인 점을 출발하여 수직선 위를 움직이는 점 Q의 시각 t에서의 속도가 $v_{\mathrm{Q}}(t) = 2t + 10$ 일 때, 두 점 P, Q가 동시에 출발하여 만날 때까지 움직인 거리의 합을 구하는 과정을 서술하시오.

문제 3

다항식 $x^{2023} - 2x^{2022} + 3$ 을 $(x+1)^2$ 으로 나눈 나머지를 $f(x)$라 하자. $f(0)$의 값을 구하는 과정을 서술하시오.

문제 4

수열 $\{a_n\}$의 첫째항부터 제n항까지의 합 S_n이 $S_n = 5^{n+2} - k$일 때,

수열 $\{a_n\}$이 $(a_{n+1})^2 = a_n a_{n+2}$ $(n \geq 1)$ 를 만족하도록 하는 k의 값을 구하는 과정을 서술하시오.

문제 5

함수 $f(x) = x^3 - 3kx^2 + 12x + k - 15$이 극값을 가지는 두 점을 지나는 직선이 원점을 지날 때, 상수 k의 값을 구하는 과정을 서술하시오.

문제 6

방정식 $2\cos^2 x - 4a\sin x + 5a + 9 = 0$이 서로 다른 두 실근을 갖도록 하는 정수 a의 개수를 구하는 과정을 서술하시오.(단, $0 \le x < 2\pi$)

문제 7

다항함수 $f(x)$는 다음 조건을 만족한다. 이때, $f(6)$의 값을 구하는 과정을 서술하시오.

(가) 모든 실수 x, y에 대하여

$$f(x+y) = f(x) + f(y) + x^2 y + xy^2 - 4$$

(나) $f'(0) < 0$ 이고 극댓값과 극솟값의 차는 $4\sqrt{3}$ 이다.

문제 8

두 함수 $f(x) = -x^2 + 2x + 2$, $g(x) = a^x (a > 0, a \neq 1)$가 있다. $0 \leq x \leq 3$일 때, 두 함수 $y = f(g(x))$, $y = g(f(x))$의 최댓값이 서로 같도록 하는 모든 실수 a의 값의 곱을 구하는 과정을 서술하시오.

문제 9

이차함수 $f(x)$에 대하여 함수 $g(x) = |x| f(x)$는 실수 전체의 집합에서 미분가능하고, $\lim\limits_{x \to 0} \dfrac{g(x)}{x^2}$ 의 값이 존재한다. $f(1) = 2$ 일 때, $g(3)$의 값을 구하는 과정을 서술하시오.

문제 1

$(4\cos\theta + \sin^2\theta)^2 + 4\sin^2\left(\dfrac{\pi}{2}+\theta\right) + 16\cos(\pi-\theta)$의 최댓값을 M, 최솟값을 m이라 할 때, $M+m$의 값을 구하는 과정을 서술하시오.

문제 2

$x = \dfrac{1}{2}(2^n - 2^{-n})$일 때, $\sqrt[4]{\sqrt{1+x^2}+x}$ 의 값이 정수가 되도록 하는 2023이하의 자연수 n 의 개수를 구하는 과정을 서술하시오.

문제 3

점 $(0,\ a)$에서 곡선 $y = x^2 + 2x + 3$에 그은 두 접선이 서로 수직으로 만날 때, a의 값을 구하는 과정을 서술하시오.(단, $a < 3$)

문제 4

원점에서 함수 $y = x^2 - 2x + 4$ 에 그은 두 접선과 $y = x^2 - 2x + 4$의 그래프로 둘러싸인 도형의 넓이를 구하는 과정을 서술하시오.

문제 5

함수 $y = \log_{\frac{1}{3}}(n-2x)$의 그래프와 직선 $x=2$가 한 점에서 만나고, 함수 $y = |2^x - n|$의 그래프와 직선 $y=8$이 한 점에서 만나도록 하는 모든 자연수 n의 값의 합을 구하는 과정을 서술하시오.

문제 6

공비가 $r(r \neq -1)$인 등비수열 $\{a_n\}$에 대하여 첫째항부터 제n항까지의 합을 S_n이라 하자.

$$\frac{a_{2023}+a_{2022}}{S_{2023}-S_{2021}} + \frac{a_{2021}-a_{2020}}{S_{2021}-S_{2019}} + \frac{a_{2019}+a_{2018}}{S_{2019}-S_{2017}} + \cdots + \frac{a_5-a_4}{S_5-S_3} + \frac{a_3+a_2}{S_3-S_1} = 1010$$

일 때, r의 값을 구하는 과정을 서술하시오.

문제 7

함수 $y = \left| 2x^3 - 12x^2 + 18x - 2 \right|$ 와 직선 $y = t$의 그래프가 만나는 서로 다른 점의 개수를 $f(t)$라고 하자. 실수 t에 대하여 함수 $f(t)$가 불연속이 되는 t의 값들의 합을 구하는 과정을 서술하시오.

문제 8

함수 $f(x) = x^3 - 6x^2 + 16$ 에 대하여 구간 $[0, t]$에서의 함수 $|f(x)|$의 최댓값을 $g(t)$라고 하자. $\displaystyle\int_0^8 g(t)dt$의 값을 구하는 과정을 서술하시오. (단, $t > 0$)

문제 9

삼차함수 $y = x^3 - 6x^2$에 대하여 y의 값이 정수가 되도록 하는 양의 실수 x의 값을 작은 것부터 순서대로 나열하였을 때, n번째 수를 a_n이라 하자. $a_{64} + a_{464}$의 값을 구하는 과정을 서술하시오. (단, n은 자연수이다.)

문제 1

함수 $f(\theta) = \cos^2\theta + \cos^2 2\theta + \cos^2 3\theta + \cdots + \cos^2 44\theta + \cos^2 45\theta$ 에 대하여 $f\left(\dfrac{\pi}{90}\right)$의 값을 구하는 과정을 서술하시오.

문제 2

함수 $f(x) = x^3 - 2x^2 + ax + 4$가 열린구간 $(0, 4)$에서 극댓값과 극솟값을 모두 갖도록 하는 정수 a의 개수를 구하는 과정을 서술하시오.

문제 3

다음 그림과 같이 반지름의 길이가 $\sqrt{3}$ 인 원에 내접하는 삼각형 ABC가 있다.

$\angle A = 120°$ 이고, $\overline{AB} + \overline{AC} = 4$일 때, 삼각형 ABC의 넓이를 구하는 과정을 서술하시오.

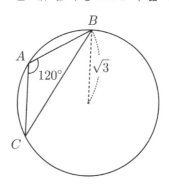

문제 4

다음 극한값 $\lim\limits_{x \to 1} \dfrac{x^{2023} - x^{2022} + x^{2021} - 1}{x - 1}$ 을 구하는 과정을 서술하시오.

문제 5

다항함수 $f(x)$가 모든 실수 x에 대하여 $x^2 f(x) - \int_2^x 2t f(t) dt = x^4$을 만족시킬 때,

$\int_0^a f(x) dx = 6$ 을 만족하는 상수 a의 값을 구하는 과정을 서술하시오.

문제 6

수열 $\{a_n\}$에 대하여 $\sum_{k=1}^{n} a_k = n^2 + 2n + 1$일 때, $\sum_{k=1}^{10} k a_{2k-1}$의 값을 구하는 과정을 서술하시오.

문제 7

최고차항의 계수가 -1인 삼차함수 $g(x)$와 연속함수 $f(x)$는

$$f(x) = \begin{cases} -x^2 + 5x + b & (x < 2) \\ g(x) & (x \geq 2) \end{cases}$$

이다. 다음 조건을 만족할 때, $b - g(5)$의 값을 구하는 과정을 서술하시오.

(가) 함수 $g(x)$는 $x = 3a \left(a > \dfrac{2}{3} \right)$에서 극댓값을 갖는다.

(나) 함수 $f(x)$는 극대가 되는 x의 값은 2개가 있으며 두 극댓값은 서로 같다.

(다) 함수 $f(x)$는 $x = 4$에서 극솟값을 갖는다.

문제 8

두 함수 $f(x) = \log_2 \dfrac{x}{8}$, $g(x) = x^2 - x$에 대하여 연립부등식 $\begin{cases} g(f(x)) < 0 \\ f(g(x) + k) < 4 \end{cases}$ 의 정수인 해의 개수가 1이 되도록 하는 양의 정수 k의 합을 구하는 과정을 서술하시오.

문제 9

이차함수 $f(x)$가 $f(2) = 0$ 이고 다음 조건을 만족한다. $f(1)$의 값을 구하는 과정을 서술하시오.

> (가) $\displaystyle \int_0^2 |f(x)|\,dx = \int_0^2 f(x)\,dx$
>
> (나) $\displaystyle \int_{-1}^0 |f(x)|\,dx = -\int_{-1}^0 f(x)\,dx = 8$

문제 1

양수 x, y에 대하여 $2^x = 5^y = 800$일 때, $xy - 2x - 5y + 10$의 값을 구하는 과정을 서술하시오.

문제 2

방정식 $x^3 - 2x^2 + 3x + 3 = x^2 + 12x + k$가 서로 다른 두 개의 음의 근과 한 개의 양의 근을 가질 때, 실수 k의 값의 범위를 구하는 과정을 서술하시오.

문제 3

상용로그 $\log x$의 정수부분을 $N(x)$라고 나타낸다고 할 때,

$N\left(\dfrac{1}{2023}\right)+N\left(\dfrac{2}{2023}\right)+N\left(\dfrac{3}{2023}\right)+\ \cdots\ +N\left(\dfrac{2022}{2023}\right)=k$ 라 하자. $|k|$의 값을 구하는 과정을 서술하시오.

문제 4

최고차항의 계수가 1인 삼차함수 $f(x)$는 다음 조건을 만족한다.

(가) 임의의 두 실수 a, b에 대하여

$$\int_{-a}^{b} f(x)dx = \int_{a}^{b} f(x)dx$$

(나) $\displaystyle\int_{-2}^{3} f(x)dx = \dfrac{5}{4}$

$f(5)$의 값을 구하는 과정을 서술하시오.

문제 5

함수 $y = x^2 - 6x$의 그래프가 x축과 만나는 점 중 원점이 아닌 점을 A라고 하자. 그래프 위의 점 B$(1, -5)$에 대하여 점 P가 이 함수의 그래프를 따라서 두 점 A, B 사이를 움직일 때, 삼각형 ABP의 넓이의 최댓값을 구하는 과정을 서술하시오.

문제 6

다음은 $98 + 997 + 9996 + 99995 + \cdots + \underbrace{99999999989}_{11\text{자리}}$의 값을 구하는 과정이다. (가), (나), (다)에 들어갈 식 또는 수를 구하는 과정을 서술하시오.

$$98 + 997 + 9996 + 99995 + \cdots + \underbrace{99999999989}_{11\text{자리}}$$

$$= \sum_{k=2}^{11} (\text{가}) = \sum_{k=1}^{(\text{나})} (\text{다}) - \sum_{k=1}^{(\text{나})} (k+1) = 111111111035$$

문제 7

등차수열 $\{a_n\}$에 대하여 첫항부터 제n번째항까지의 합을 S_n이라 하자. 다음 조건을 모두 만족하는 2023이하의 자연수 k의 개수를 구하시오.

> (가) 어떤 자연수 k에 대하여 $S_{2k}=0$ 이다.
>
> (나) $S_m = S_{2m}$을 만족하는 자연수 m이 존재한다.
>
> (다) $S_p = S_{3p}$ 를 만족하는 자연수 p가 존재한다.

문제 8

실수에서 정의된 함수 $f(x)$가 임의의 실수 x에 대하여 $f(\sin x) = \cos 2x$를 만족할 때, $\{f(\cos x)\}^2 + \{f(\sin x)\}^2 = 1$을 만족하는 최소의 양수 x의 값을 구하는 과정을 서술하시오.

문제 9

양수 a에 대하여 구간 $[-a, a)$에서 함수 $f(x) = x^3 + 3x^2 - 9x + 2$ 가 최댓값을 갖도록 하는 a의 최댓값을 구하는 과정을 서술하시오.

약술형
수학 심화편
모 의
고 사

약술형 수학 모의고사

한권에 끝내기

심화편 해 설

문제 1 문항정보

1회 모의고사	문제 1의 문항정보
난이도	⭐⭐⭐☆☆☆
핵심 개념 및 용어	지수함수, 절편, 사분면

채점 기준	부분점수
함수 $y = \left(\dfrac{1}{3}\right)^{x-2} - 1$ 의 x절편, y절편을 구한다.	3점
함수 $y = 2^{1-x} + n$ 의 y절편을 구한다.	2점
$n < 0$ 일 때는 만족하는 n이 없음을 설명한다.	3점
답: 6을 올바르게 구한다.	2점

주의 사항
▷ 지수함수 및 로그함수가 만나는 교점의 위치에 대한 문제는 활용도가 높은 유형이다.   함수의 증가와 감소 및 점근선에 유의하여야 하며 절편값들을 확인하도록 하자.

문제 1 풀이

함수 $y = 2^{1-x} + n$ 의 y절편은 $n+2$ 이다.

함수 $y = \left(\dfrac{1}{3}\right)^{x-2} - 1$ 의 x절편은 2이고 y절편은 8이다. 따라서 두 함수가 1사분면에서 만나기 위해서는

ⅰ) $n < 0$ 이면 $n+2 < 8 \Rightarrow n < 6$ 이고 $\log_2\left(-\dfrac{2}{n}\right) > 2 \Rightarrow -\dfrac{1}{2} < n < 0$ 이므로 만족하지 않는다.

ⅱ) $n \geq 0$ 이면 $n+2 < 8$ 에서 $0 \leq n < 6$ 이다.

ⅰ)ⅱ)에 의하여 정수 $n = 0, 1, 2, 3, 4, 5$ 이므로 모두 6개이다.

문제 2 문항정보

1회 모의고사	문제 2의 문항정보	
난이도	★★☆☆☆	
핵심 개념 및 용어	유리화, 함수의 극한	
채점 기준		**부분점수**
함수가 수렴함을 이용하여 $a=4$를 구한다.		4점
$x=-t$로 치환하여 함수의 극한 식을 나타낸다.		3점
답: 12을 올바르게 구한다.		3점
주의 사항		

▷ 근호가 포함된 극한값 문제는 유리화를 해야 하는 경우가 다수다.

▷ 아래의 풀이에서와 같이 $x=-t$로 치환하고 풀지 않아도 상관은 없다.

다만, $x<0$ 일 때, $\sqrt{x^2}=-x$ 임을 놓치는 경우가 있으므로 치환을 하여 푸는 것이 헷갈리지 않는 방법이 될 수 있다.

문제 2 풀이

$\sqrt{ax^2+bx}+2x = \dfrac{(a-4)x^2+bx}{\sqrt{ax^2+bx}-2x}$ 이고 $a \neq 4$ 이면 $\displaystyle\lim_{x\to-\infty}\dfrac{(a-4)x^2+bx}{\sqrt{ax^2+bx}-2}=\pm\infty$ 이다.

따라서 $a=4$ 이고

$\displaystyle\lim_{x\to-\infty}\dfrac{bx}{\sqrt{4x^2+bx}-2x}$ 에서 $x=-t$ 라 두면

$\displaystyle\lim_{t\to\infty}\dfrac{-bt}{\sqrt{4t^2-bt}+2t}=\lim_{t\to\infty}\dfrac{-b}{\sqrt{4-\dfrac{b}{t}}+2}=\dfrac{-b}{4}=-2$

에서 $b=8$

$\therefore a+b=12$

3 문항정보

1회 모의고사	문제 3의 문항정보
난이도	★★★★★
핵심 개념 및 용어	함수의 극한, 극한의 성질

채점 기준	부분점수
$\lim\limits_{x\to\infty}\dfrac{1}{f(x)}=0$ 을 구한다.	3점
$\lim\limits_{x\to\infty}\dfrac{g(x)}{f(x)}=2$ 을 구한다.	4점
답: 2을 올바르게 구한다.	3점

주의 사항

▷ $\lim\limits_{x\to a}f(x)=\pm\infty$ 인 경우 $\lim\limits_{x\to a}\dfrac{1}{f(x)}=0$ 임을 이용하여 문제를 해결하는 경우가 있음을 기억해두어야 한다. (여기서 a는 $\pm\infty$도 포함된다.)

▷ 함수의 극한 문제에서는 특정한 관계식이 성립함을 가정하고 풀어서는 안 된다.

해당 문제에서는 $f(x)-\dfrac{1}{2}g(x)=2023$ 이라 놓고 풀어도 답은 나오지만 점수를 받을 수는 없다.

3 풀이

$\lim\limits_{x\to\infty}\dfrac{1}{f(x)}=0$ 이므로 $\lim\limits_{x\to\infty}\dfrac{1}{f(x)}\left(f(x)-\dfrac{1}{2}g(x)\right)=0\times 2023=0$ 에서 $\lim\limits_{x\to\infty}\left(1-\dfrac{1}{2}\dfrac{g(x)}{f(x)}\right)=0$

이므로

$\lim\limits_{x\to\infty}\dfrac{g(x)}{f(x)}=2$ 이다.

따라서

$$\lim_{x\to\infty}\frac{8f(x)-g(x)}{f(x)+g(x)}=\lim_{x\to\infty}\frac{8-\dfrac{g(x)}{f(x)}}{1+\dfrac{g(x)}{f(x)}}=\frac{8-2}{1+2}=2$$

문제 **4** 문항정보

1회 모의고사	문제 4의 문항정보	
난이도	⭐☆☆☆☆	
핵심 개념 및 용어	이차방정식, 판별식, 이차부등식, 삼각함수, 항등식	

채점 기준	부분점수
판별식이 0 이상임을 밝힌다.	3점
이차부등식을 풀어 $-1 \leq \cos\theta \leq \dfrac{1}{2}$ 를 구한다.	3점
답: 5를 올바르게 구한다.	4점

주의 사항

▷ 삼각함수 $\sin x, \cos x$ 의 그래프는 선대칭 및 점대칭이 존재한다. 이 부분을 정확히 알고 있어야 한다.

▷ $y = \sin x$ 는 $(n\pi, 0)$ 에 대칭, $x = \dfrac{2n-1}{2}\pi$ 에 대칭(n은 정수)

$y = \cos x$ 는 $\left(\dfrac{2n-1}{2}\pi, 0\right)$ 에 대칭, $x = n\pi$ 에 대칭(n은 정수)

문제 **4** 풀이

이차식의 판별식은 $D/4 = 8\sin^2\theta - 4\cos\theta - 4 \geq 0$ 에서 항등식을 이용하여 정리하면

$(2\cos\theta - 1)(\cos\theta + 1) \leq 0$ 이므로

$-1 \leq \cos\theta \leq \dfrac{1}{2}$ 이고 $0 \leq x < 2\pi$ 이므로

$\dfrac{\pi}{3} \leq \theta \leq \dfrac{5}{3}\pi$ 이다. 따라서 $\dfrac{\beta}{\alpha} = 5$

5 문항정보

1회 모의고사	문제 5의 문항정보	
난이도	★★☆☆☆☆	
핵심 개념 및 용어	미분계수의 정의, 함수의 극한, 부정적분	
채점 기준		부분점수
$a = 5$ 임을 구한다.		3점
움직인 거리가 $\int_0^6 |t(5-t)| \, dt$ 임을 밝힌다.		3점
답: $\dfrac{71}{3}$ 을 올바르게 구한다.		4점
주의 사항		

▷ 시각 $t = t_1$ 에서 $t = t_2$ 까지 물체가 움직인 거리는 $\int_{t_1}^{t_2} |v(t)| \, dt$ 이며

   시각 $t = t_1$ 에서 $t = t_2$ 까지 물체의 위치의 변화량은 $\int_{t_1}^{t_2} v(t) \, dt$ 이다.

▷ 운동방향을 바꾸는 시각은 속도가 0이 되도록 하는 시각이 아님을 기억하자.
   속도가 0이 되고 부호가 바뀌어야 한다.

 5 풀이

속도가

$at - t^2 = t(a - t)$

이므로 $0 < t \le a$ 까지는 원점에서부터 멀어지다가 $t > a$ 일 때는 원점으로 움직이기
시작한다.

따라서 $a = 5$ 임을 알 수 있다.

$t = 0$ 에서 $t = 6$ 까지 움직인 거리는

$$\int_0^6 |t(5-t)| \, dt = \int_0^5 (-t^2 + 5t) dt + \int_5^6 (t^2 - 5t) dt = \left[-\frac{1}{3}t^3 + \frac{5}{2}t^2 \right]_0^5 + \left[\frac{1}{3}t^3 - \frac{5}{2}t^2 \right]_5^6 = \frac{71}{3}$$

6 문항정보

1회 모의고사	문제 6의 문항정보	
난이도		
핵심 개념 및 용어	등차수열, 등차중항	

채점 기준	부분점수
$a_7 + a_8 = 6$ 임을 설명한다.	4점
$\sum_{n=1}^{14} a_n$ 의 값을 간략하게 나타낸다.	3점
답 : 42를 올바르게 구한다.	3점
주의 사항	

▷ $|A| = |B| \Leftrightarrow A = \pm B$ 이다.

▷ 등차수열의 경우 등차중항을 활용하는 것이 효율적이다.

　　즉, a, b, c 가 이 순서대로 등차수열을 이루면 $2b = a + c$ 이다.

▷ a_1과 공차 d에 대한 식을 이용하여 해결하여도 된다.

 6 풀이

$|a_7 - 3| = |a_8 - 3|$ 에서

$a_7 - 3 = a_8 - 3$ 이면 공차가 0이 되어 모순

따라서

$a_7 - 3 = -a_8 + 3$ 이어야 한다.

즉, $a_7 + a_8 = 6$ 이다.

등차중항에 의해

$$\sum_{n=1}^{14} a_n = 7(a_7 + a_8) = 42$$

7 문항정보

1회 모의고사	문제 7의 문항정보	
난이도	★★★★☆	
핵심 개념 및 용어	수열, 삼각함수, 수열의 합	
채점 기준		부분점수
자연수 n을 4로 나눈 나머지로 분류한다.		3점
a_{4k}, a_{4k+1}, a_{4k+2}, a_{4k+3} 의 값들을 올바르게 추론한다.		2점
연속한 4개 항의 합을 구하고 일정함을 밝힌다.		3점
답: -1012를 올바르게 구한다.		2점
주의 사항		

▷ 등차수열과 등비수열의 아닌 식들의 경우 낯설수가 있다. 이럴 경우 $n = 1, 2, 3, \cdots$
　몇 개의 항을 직접계산해보면서 수열의 특징을 찾아내는 것도 좋다.
　물론 이를 찾은 뒤 논리적으로 설명을 해야 한다.
▷ 삼각함수의 경우 주기가 있기 때문에 수열의 항에 삼각함수가 포함되어 있다면 동일한 패턴(규칙)이 있으니
　이를 빨리 찾아보도록 하자.

 7 풀이

$n = 4k$ 일 때, $a_n = 4k \cos 2k\pi = 4k$

$n = 4k+1$ 일 때, $a_n = (4k+1) \cos\left(2k\pi + \dfrac{\pi}{2}\right) = 0$

$n = 4k+2$ 일 때, $a_n = (4k+2) \cos(2k+1)\pi = -(4k+2)$

$n = 4k+3$ 일 때, $a_n = (4k+3) \cos\left(2k\pi + \dfrac{3}{2}\pi\right) = 0$

즉,

$a_1 + a_2 + a_3 + a_4 = 0 - 2 + 0 + 4 = 2$

$a_5 + a_6 + a_7 + a_8 = 0 - 6 + 0 + 8 = 2$

$\vdots$

$a_{4k-3} + a_{4k-2} + a_{4k-1} + a_{4k} = 2$

$\therefore \displaystyle\sum_{n=1}^{2023} a_n = \sum_{n=1}^{2020} a_n + a_{2021} + a_{2022} + a_{2023} = 2 \times 505 + 0 - 2022 + 0 = 1010 - 2022 = -1012$

8 문항정보

1회 모의고사	문제 8의 문항정보	
난이도	★★★☆☆	
핵심 개념 및 용어	역함수, 대칭, 정적분과 넓이	

채점 기준	부분점수
문제의 영역을 올바르게 나타낸다.	4점
대칭성을 이용하여 $\int_1^5 g(x)dx$ 의 값을 구한다.	3점
답: $\frac{28}{3}$ 을 올바르게 구한다.	3점

주의 사항

▷ 역함수에 관련된 넓이 문제가 나온다면 100% $y=x$에 대칭임을 이용하여 원래 함수의 정적분을 이용하여 구하게 된다. (치환적분을 이용해서도 해결이 되지만 감점요소가 될 수 있다.)

▷ 도형의 넓이를 구하는 문제의 경우 기본적으로 계산량이 있기 때문에 시간이 다소 걸릴 가능성이 높다.

▷ 이와 같이 영역의 넓이를 구하는 경우는 그래프를 가능한 정확하게 그려보도록 하자.

 8 풀이

색칠된 부분의 넓이는 다음 그림과 같이 오각형 OABCD의 넓이에서 직각삼각형의 넓이와 $\int_1^5 g(x)dx$ 의 값을 2배한 것을 빼면 된다.

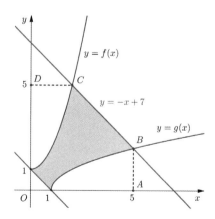

그런데 대칭성에 의해

$$\int_1^5 g(x)dx = 10 - \int_0^2 f(x)dx = 10 - \left[\frac{1}{3}x^3 + x\right]_0^2 = \frac{16}{3}$$

따라서 색칠된 영역의 넓이는

$$\left(25 - \frac{9}{2}\right) - \frac{1}{2} - \frac{32}{3} = \frac{28}{3}$$

문제 9 문항정보

1회 모의고사	문제 9의 문항정보	
난이도	★★★★★	
핵심 개념 및 용어	가우스 함수, 로그	
채점 기준		부분점수
조건 (가)에서 $4 \leq n \leq 9, 34 \leq n \leq 99$ 을 구한다.		5점
조건 (나)에서 $[\log n]$ 의 값에 따라 n의 범위를 구한다.		3점
답: 17을 올바르게 구한다.		2점
주의 사항		

▷ $[x]$ 는 x의 정수부분을 의미한다. 따라서 해당 문제들의 경우에는 x의 값이 정수가 될 때 상황이 발생한다는 것을 알아야 한다. 조건 (가)에서도 $\log 3n$ 과 $\log n$ 의 정수부분이 바뀌는 n의 값에 따라 n을 분류한 것을 알 수 있다.

문제 9 풀이

(가) $[\log 3n] = [\log n] + 1$ 에서

ⅰ) $1 \leq n \leq 3$ 이면 좌변은 0 우변은 1 이므로 해가 없다.

ⅱ) $4 \leq n \leq 9$ 이면 좌변 우변 모두 1이므로 만족

ⅲ) $10 \leq n \leq 33$ 이면 좌변은 1 우변은 2 이므로 해가 없다.

ⅳ) $34 \leq n \leq 99$ 이면 좌변 우변 모두 2 이므로 만족

따라서

$4 \leq n \leq 9, 34 \leq n \leq 99$

(나)에서 $\log n - [\log n] < \log 5$

ⅰ) $[\log n] = 0$ 인 경우

$4 \leq n \leq 9$ 이어야 하고 $\log n < \log 5$ 이어야 하므로 $n = 4$ 뿐이다.

ⅱ) $[\log n] = 1$ 인 경우

$34 \leq n \leq 99, \log n < \log 50$ 이어야 하므로 $34 \leq n \leq 49$ 이다. 모두 16개

ⅰ)ⅱ)에 의해 자연수 n의 개수는 모두 17

1 문항정보

2회 모의고사	문제 1의 문항정보	
난이도	⭐⭐⭐⭐⭐	
핵심 개념 및 용어	지수법칙	
채점 기준		**부분점수**
$\left(\dfrac{1}{2}\right)^{\frac{1}{a}} = \sqrt{2023}$ 을 구한다.		4점
$\left(\dfrac{1}{2}\right)^{\frac{1}{b}} = \dfrac{1}{2023}$ 을 구한다.		3점
답: 2023을 올바르게 구한다.		3점
주의 사항		

▷ 지수계산에서의 나눗셈 또는 곱셈은 지수의 덧셈과 뺄셈이 된다. 따라서 지수계산 문제의 경우 주어진 조건들의 비(나눗셈) 또는 곱셈을 계산해보도록 하자.

1 풀이

$\dfrac{2023^{2a+b}}{2023^{a+b}} = 2023^a = \dfrac{1/8}{1/2} = \dfrac{1}{4} = \left(\dfrac{1}{2}\right)^2$ 이므로 $\left(\dfrac{1}{2}\right)^{\frac{1}{a}} = \sqrt{2023}$ 이고

$2023^{a+b} = \dfrac{1}{2}$ 에서 $2023^b = 2 = \left(\dfrac{1}{2}\right)^{-1}$ 이므로 $\left(\dfrac{1}{2}\right)^{\frac{1}{b}} = \dfrac{1}{2023}$ 이다.

$2^{-\frac{a+4b}{ab}} = \left(\dfrac{1}{2}\right)^{\frac{a+4b}{ab}} = \left(\dfrac{1}{2}\right)^{\frac{4}{a}+\frac{1}{b}} = \left(\dfrac{1}{2}\right)^{\frac{4}{a}} \times \left(\dfrac{1}{2}\right)^{\frac{1}{b}} = 2023$

문제 2 문항정보

2회 모의고사	문제 2의 문항정보	
난이도	★★★★★★★	
핵심 개념 및 용어	정적분, 역함수, 대칭	

채점 기준	부분점수
$\int_{3}^{12} g(x)dx$ 의 값을 대칭성을 이용하여 나타낸다.	4점
$\int_{1}^{2} f(x)dx = \dfrac{27}{4}$ 을 구한다.	3점
답: $\dfrac{57}{4}$ 을 올바르게 구한다.	3점

주의 사항
▷ 역함수의 정적분 관련 문제는 대칭성($y = x$에 대한)을 이용한 문제임을 기억하도록 하자.

문제 2 풀이

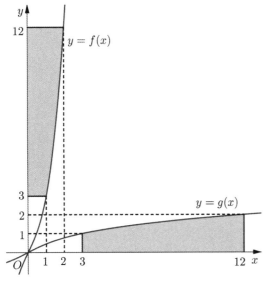

$\int_{3}^{12} g(x)dx$ 의 값은 함수의 대칭성에 의해

$$24 - 3 - \int_{1}^{2} f(x)dx = 21 - \int_{1}^{2} (x^3 + 2x)dx = 21 - \left[\frac{1}{4}x^4 + x^2 \right]_{1}^{2} = \frac{57}{4}$$

문제 **3** 문항정보

2회 모의고사	문제 3의 문항정보
난이도	★★★★★
핵심 개념 및 용어	다항함수, 차수, 함수의 극한, 연속

채점 기준	부분점수
$f(x)$의 차수를 구한다.	2점
$f(x)$의 최고차항의 계수를 구한다.	3점
$f(x)$는 $(x-2)^2$을 인수로 가져야 함을 설명할 수 있다.	3점
답: 32을 올바르게 구한다.	2점

주의 사항

▷ 다항함수와 극한문제는 차수를 구하는 것이 우선이다.

▷ 분수함수 형태의 연속성을 물어보는 문제가 충분히 출제될 수 있으며 모의고사 문제에서도 심심치 않게 볼 수 있다. 분수함수 $\dfrac{g(x)}{f(x)}$가 불연속일 수 있는 점은 $f(a)=0$ 인 $x=a$ 에서이며 이는 $g(a)=0$ 일 때와 $g(a)\neq 0$ 아닐 때로 나뉘어서 생각을 해야 한다.

해당 문제는 간략한 문제로서 $g(x)=1$ 이기 때문에 $f(x)$가 어떤 x에서 0이 되는지만 찾으면 해결된다.

문제 **3** 풀이

$f(x)$의 차수와 최고차항의 계수를 m, n 이라고 하자. 그러면

$f(f(x))$의 차수는 m^2 이고 조건 (가)에 의하여 $m^2=4 \Rightarrow m=2$ 이다.

또한, $f(f(x))$의 최고차항의 계수는 $n^3=8$ 에서 $n=2$ 이다.

조건 (나)에 의해 $f(x)=0$은 $x=2$를 중근으로 가져야 하므로

$f(x)=2(x-2)^2$ 임을 알 수 있다.

$\therefore f(6)=32$

4 문항정보

2회 모의고사	문제 4의 문항정보	
난이도	★★☆☆☆	
핵심 개념 및 용어	로그함수, 원, 삼각함수, 삼각함수의 성질	
채점 기준		부분점수
원과 로그함수 모두 $(-5, 0)$을 지남을 확인한다.		3점
$\tan\theta = -\dfrac{4}{3}$를 이용하여 점 B의 좌표를 구한다.		4점
답: 27을 올바르게 구한다.		3점
주의 사항		

▷ 두 개 이상의 그래프가 주어지는 경우 좌표평면 위에 꼭 그려보도록 하자.
▷ 원 위의 점은 원점을 지나는 직선과 x축의 양의 방향과 이루는 각의 크기를 알면 좌표 를 구할 수 있다.

4 풀이

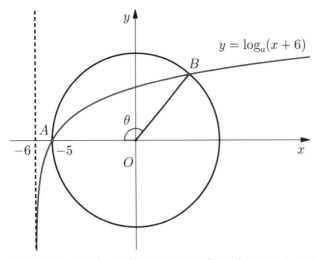

두 그래프는 모두 $(-5, 0)$을 지나므로 A$(-5, 0)$이라 두자. 그러면 직선 OB가 x축의

양의 방향과 이루는 각의 크기는 $\pi - \theta$이다. $\tan(\pi - \theta) = -\tan\theta = \dfrac{4}{3}$ 이므로

점 B의 좌표는 B$(3, 4)$ 이고 $y = \log_a(x+6)$ 위의 점이므로 $4 = \log_a 9 \Rightarrow 9 = a^4$

따라서 $a^6 = \left(a^4\right)^{\frac{3}{2}} = 9^{\frac{3}{2}} = 3^3 = 27$

문제 5 문항정보

2회 모의고사	문제 5의 문항정보
난이도	★★★★☆
핵심 개념 및 용어	도함수활용, 다항함수, 극소와 극대, 정적분

채점 기준	부분점수
조건 (가)에서 $f(x)$는 $(x-2)^2$을 인수로 가진다는 것을 안다.	3점
조건 (나)에서 $f(x)$의 극댓값이 32임을 안다.	3점
$f(x)$를 구한다.	2점
답: $\dfrac{9}{4}$을 올바르게 구한다.	2점

주의 사항

▷ 다항함수 $f(x)$에 대하여 $f(a)=0$, $f'(a)=0$ 이면 $f(x)$는 $(x-a)^2$을 인수로 가져야 한다.

▷ 아래의 정적분의 경우 전개하여 계산하려고 하면 실수할 가능성도 올라가며 시간도 오래 걸릴 수밖에 없다. 정적분의 값은 x축으로 평행이동하여 계산하더라도 동일한 값을 가지므로 평행이동하여 계산하도록 하자.

문제 5 풀이

조건 (가)에 의하여 $f(x)=(x-2)^2(x-a)$ 로 나타낼 수 있다.

$f'(x)=(x-2)(3x-2a-2)$

이므로 $x=\dfrac{2a+2}{3}$ 에서 극댓값 32를 가져야 한다.

$$f\left(\frac{2a+2}{3}\right)=\left(\frac{2a-4}{3}\right)^2\left(\frac{2-a}{3}\right)=\frac{4(2-a)^3}{27}=32$$

$\Rightarrow (2-a)^3=6^3$

$\therefore a=-4$

$f(x)=(x-2)^2(x+4)$

$$\int_2^3 (x-2)^2(x+4)\,dx=\int_0^1 x^2(x+6)\,dx=\int_0^1 (x^3+6x^2)\,dx=\left[\frac{1}{4}x^4+2x^3\right]_0^1=\frac{9}{4}$$

6 문항정보

2회 모의고사	문제 6의 문항정보	
난이도	★★★☆☆	
핵심 개념 및 용어	접선, 절편, 증가와 감소, 도함수	
채점 기준		부분점수
함수 $g(t)$를 구한다.		3점
$g'(t)=0$ 의 근을 구한다.		2점
$(0, 4)$에서 $g'(t) \le 0$ 임을 밝힌다.		3점
답 : 6를 올바르게 구한다.		2점
주의 사항		

▷ 증가와 감소는 도함수의 부호를 구해야 함을 의미한다. (미분 가능한 함수의 경우)

▷ 해당 문제와 같이 특정 구간에서의 도함수의 부호가 음수 또는 양수인 조건을 물어 보기 때문에 그래프등을 이용하여 파악하는 것도 도움이 된다.

6 풀이

$(t, f(t))$에서의 접선은 $y = f'(t)(x-t)+f(t)$ 이므로 y절편은

$g(t)=-tf'(t)+f(t)=2t^3-2kt^2$ 이다.

$g'(t)=6t^2-4kt=6t\left(t-\dfrac{2k}{3}\right)$ 는 $(0, 4)$에서 $g'(t) \le 0$ 이어야 한다.

따라서 $\dfrac{2}{3}k \ge 4$ 이므로 k의 최솟값은 6

문제 **7** 문항정보

2회 모의고사	문제 7의 문항정보	
난이도	★★★★☆	
핵심 개념 및 용어	지수법칙, 곱셈공식	

채점 기준	부분점수
$a+a^{-1}=8$ 을 구한다.	2점
$a^2+a^{-2}=62$ 을 구한다.	2점
$a-a^{-1}=2\sqrt{15}$ 을 구한다.	3점
답: $\dfrac{31\sqrt{15}}{120}$ 를 올바르게 구한다.	3점

주의 사항

▷ 지수를 계산하는 문제에서 곱셈공식이 활용되는 경우가 많다. 주로

$$(a-b)^2=(a+b)^2-4ab$$
$$a^2-b^2=(a+b)(a-b)$$
$$a^3+b^3=(a+b)^3-3ab(a+b)$$
$$a^3-b^3=(a-b)^3+3ab(a-b)$$

가 이용된다.

문제 **7** 풀이

$a^{\frac{1}{2}}+a^{-\frac{1}{2}}=\sqrt{10}$ 의 양변을 제곱하면 $a+a^{-1}+2=10 \Rightarrow a+a^{-1}=8$ 이다.

다시 이 값을 제곱하면 $a^2+a^{-2}+2=64 \Rightarrow a^2+a^{-2}=62$ 이다.

또한,

$\left(a^{\frac{1}{2}}-a^{-\frac{1}{2}}\right)^2=a+a^{-1}-2=6$ 에서 $a^{\frac{1}{2}}-a^{-\frac{1}{2}}=\sqrt{6}$ ($\because a>1$)

$(a-a^{-1})=\left(a^{\frac{1}{2}}+a^{-\frac{1}{2}}\right)\left(a^{\frac{1}{2}}-a^{-\frac{1}{2}}\right)=\sqrt{60}=2\sqrt{15}$

따라서

$a^2-a^{-2}=\left(a+a^{-1}\right)\left(a-a^{-1}\right)=8\times 2\sqrt{15}=16\sqrt{15}$

즉, $\dfrac{a^2+a^{-2}}{a^2-a^{-2}}=\dfrac{62}{16\sqrt{15}}=\dfrac{31\sqrt{15}}{120}$

8 문항정보

2회 모의고사	문제 8의 문항정보	
난이도	⭐⭐⭐⭐⭐	
핵심 개념 및 용어	다항함수, 미분계수의 정의, 함수의 극한	

채점 기준	부분점수
$f(0)$의 값을 구한다.	2점
미분계수의 정의를 이용하여 $f'(x) = 3x^2 + f'(0)$임을 구한다.	3점
주어진 극한값이 $-\dfrac{3}{2} + \dfrac{f'(0)}{2}$ 임을 구한다.	3점
답: 260을 올바르게 구한다.	2점

주의 사항

▷ 해당 문제를 함수방정식이라고 한다. 항상 처음에는 x, y에 특정한 값을 대입하여 함숫값 하나를 구한 뒤, $\dfrac{f(x+h)-f(x)}{h}$ 또는 $\dfrac{f(x)-f(a)}{x-a}$ 를 나타낸 뒤 극한을 취하여 도함수를 구할 수 있게 된다.

8 풀이

$f(x-y) = f(x) - f(y) - 3xy(x-y) + 2$ 에서 $x = y = 0$ 대입하면 $f(0) = 2$ 을 얻을 수 있다.

y에 $-h$를 대입하면

$f(x+h) - f(x) = -f(-h) + 3xh(x+h) + f(0)$ 양변을 $h(h \neq 0)$로 나누면

$\dfrac{f(x+h)-f(x)}{h} = 3x(x+h) + \dfrac{f(-h)-f(0)}{-h}$ 이고 양변에 h를 0으로 보내는 극한을

취하면 $f'(x) = 3x^2 + f'(0)$ 이다. 즉, $f(x) = x^3 + f'(0)x + 2\ (\because f(0) = 2)$

그리고

$\displaystyle\lim_{x \to 1} \frac{f(x) - f'(x)}{x^2 - 1} = \lim_{x \to 1} \frac{x^3 - 3x^2 + 2 + f'(0)(x-1)}{x^2 - 1} = \lim_{x \to 1} \frac{(x-1)(x^2 - 2x - 2) + f'(0)(x-1)}{x^2 - 1}$

$\displaystyle = \lim_{x \to 1} \left(\frac{x^2 - 2x - 2}{x + 1} + \frac{f'(0)}{x+1} \right) = -\frac{3}{2} + \frac{f'(0)}{2} = 2 \Rightarrow f'(0) = 7$

$\therefore\ f(x) = x^3 + 7x + 2$

$\therefore\ f(6) = 260$

문제 **9** 문항정보

2회 모의고사	문제 9의 문항정보
난이도	★★★★☆
핵심 개념 및 용어	등차수열, 절댓값

채점 기준	부분점수
조건 (가)에서 $a_1, a_2, \cdots, a_7 \geq 0$ 이며 $a_8 < 0$ 임을 밝힌다.	3점
조건 (나)에서 $a_8 = -2$ 임을 밝힌다.	2점
$\displaystyle\sum_{n=1}^{12} a_n$ 이 최소가 되기 위해서는 공차가 -2이어야 함을 밝힌다.	3점
답: 12을 올바르게 구한다.	2점

주의 사항

▷ 수열에 절댓값이 포함되어 있는 경우 특정한 조건을 만족함을 알 수 있다. 예를 들어, $|a_k| - a_k \geq 0$ 이며 $|a_k| + a_k \geq 0$ 이다.

▷ 등차수열의 합을 계산할 때는 등차중항을 이용하여 간단하게 나타내도록 하자.

문제 **9** 풀이

조건 (가)에서 $\displaystyle\sum_{k=1}^{n} (|a_k| - a_k) = 0$ 을 만족하는 최대의 자연수는 $n = 7$이다.

$|a_k| - a_k \geq 0$ 이므로 위 등식을 만족하기 위해서는 $|a_k| - a_k = 0$ 이어야 한다.

즉, $a_1, a_2, \cdots, a_7 \geq 0$ 이며 $a_8 < 0$ 이어야 한다. 따라서 공차는 음수임을 알 수 있다.

조건 (나)에서 $4 = \displaystyle\sum_{k=1}^{8} (|a_k| - a_k) = \sum_{k=1}^{7} (|a_k| - a_k) + |a_8| - a_8 = |a_8| - a_8 = -2a_8$ 이므로

$a_8 = -2$ 이다. 공차를 d라 두면 $d = a_8 - a_7 = -2 - a_7 \leq -2$ 이다.

또한

$\displaystyle\sum_{n=1}^{12} a_n = a_1 + a_2 + a_3 + 9a_8 = a_1 + a_2 + a_3 - 18$ 의 값이 최소이기 위해서는 공차 d는

$d = -2$ 이어야 한다. 즉, $a_1 = 12, a_2 = 10, a_3 = 8$ 이므로

$\displaystyle\sum_{n=1}^{12} a_n = 12$

1 문항정보

3회 모의고사	문제 1의 문항정보
난이도	★★★☆☆☆
핵심 개념 및 용어	로그, 로그의 성질

채점 기준	부분점수
$\log_2 a = 6k$, $\log_2 b = 10k$, $\log_2 c = 15k$ 라고 둔다.	3점
$k = 3$ 을 얻는다.	3점
답: 8을 올바르게 구한다.	4점
주의 사항	

▷ 해당 문제에서 $a^5 = b^3 = c^2$ 와 같이 동일한 값을 3가지 이상의(보통 3개) 식으로 나타 낸 경우 로그를 이용하여 로그 값들의 비를 계산할 수 있다.

▷ 로그의 정의에 의해 $a^{\log_a b} = b \,(a > 0,\ a \neq 1,\ b > 0)$

1 풀이

$a^5 = b^3 = c^2$ 이므로 $5\log_2 a = 3\log_2 b = 2\log_2 c$, $\dfrac{\log_2 a}{6} = \dfrac{\log_2 b}{10} = \dfrac{\log_2 c}{15} = k$ 라 두면

$\log_2 a = 6k$, $\log_2 b = 10k$, $\log_2 c = 15k$ 이고

$\log_2 a + \log_2 b + \log_2 c = 31k = 93 \Rightarrow k = 3$ 이므로

$\log_2 a = 18$, $\log_2 b = 30$, $\log_2 c = 45$

따라서 $\dfrac{ab}{c} = 2^{\log_2 \frac{ab}{c}} = 2^{\log_2 a + \log_2 b - \log_2 c} = 2^3 = 8$

2 문항정보

3회 모의고사	문제 2의 문항정보	
난이도	⭐⭐⭐⭐⭐⭐⭐	
핵심 개념 및 용어	수열, 수열의 합, 증가	
채점 기준		**부분점수**
$\sum_{k=1}^{m} k = \dfrac{m(m+1)}{2}$ 임을 구한다.		3점
주어진 값이 $\dfrac{n(n+1)(n+2)}{6}$ 임을 구한다.		3점
답: 5를 올바르게 구한다.		4점
주의 사항		

▷ 아래의 기본적인 합은 활용도가 높다.

$$\sum_{k=1}^{n} k = \frac{n(n+1)}{2}, \quad \sum_{k=1}^{n} k^2 = \frac{n(n+1)(2n+1)}{6}, \quad \sum_{k=1}^{n} k^3 = \left\{\frac{n(n+1)}{2}\right\}^2$$

▷ $n(n+1)(n+2) = 210$ 에서 전개하여 인수분해를 통해 구하려고 하면 쉽지 않다.

이런 경우 답을 구하는 것은 어렵지 않으며 좌변의 값이 증가 또는 감소함을 이유로 근거를 제시하면 된다.

 2 풀이

$$\sum_{m=1}^{n}\left(\sum_{k=1}^{m} k\right) = \sum_{m=1}^{n} \frac{m(m+1)}{2} = \frac{1}{2}\sum_{m=1}^{n} m^2 + \frac{1}{2}\sum_{m=1}^{n} m$$

$$= \frac{1}{2} \cdot \frac{n(n+1)(2n+1)}{6} + \frac{1}{2} \cdot \frac{n(n+1)}{2} = \frac{n(n+1)}{2}\left(\frac{2n+1}{6} + \frac{1}{2}\right) = \frac{n(n+1)(n+2)}{6} = 35$$

$n(n+1)(n+2) = 35 \cdot 6 = 5 \cdot 6 \cdot 7$ 이고

좌변은 자연수 n에 대해 증가하므로 이를 만족하는 자연수 n은

$n = 5$ 뿐이다.

3 문항정보

3회 모의고사	문제 3의 문항정보
난이도	
핵심 개념 및 용어	다항함수, 접선의 방정식

채점 기준	부분점수
$f'(x)$의 최솟값이 2임을 밝힌다.	3점
$a = 14$임을 구한다.	3점
$g(x)$를 구한다.	2점
답: 64을 올바르게 구한다.	2점
주의 사항	

▷ 삼차함수 $f(x)$의 도함수 $f'(x)$는 이차함수이다. 따라서 $f'(x) = k$ 를 만족하는 x의 개수는 k의 값에 따라 0개, 1개, 2개다. 1개이기 위해서는 k의 값은 $f'(x)$의 극값이어야 한다.

3 풀이

기울기가 2인 접선이 1개이므로 $f'(x)$의 최솟값이 2이어야 한다.

$f'(x) = 3x^2 - 12x + a = 3(x-2)^2 + a - 12$ 에서 $a - 12 = 2 \Rightarrow a = 14$ 이다.

따라서 $g(x)$는 $x = 2$에서의 접선이므로

$g(x) = 2(x-2) + f(2) = 2x - 4 + f(2)$ 이다.

$f(x) - g(x) = f(x) - 2x + 4 - f(2)$

따라서

$f(6) - g(6) = f(6) - f(2) - 8 = (84 + b) - (12 + b) - 8 = 64$

문제 **4** 문항정보

3회 모의고사	문제 4의 문항정보
난이도	★★★☆☆
핵심 개념 및 용어	삼각함수, 항등식, 대칭

채점 기준	부분점수
항등식을 이용하여 $\sin x$에 대한 이차방정식을 구한다.	3점
$\sin x = 1 - \sqrt{2-k}$ 임을 구한다.	2점
두 근이 $x = \dfrac{3}{2}\pi$ 에 대칭임을 밝힌다.	2점
답: 2을 올바르게 구한다.	3점
주의 사항	

▷ $\sin x$ 또는 $\cos x$ 에 대한 이차방정식 및 이차부등식에서의 근은 $\sin x$, $\cos x$ 의 그래프의 주기, 대칭에 영향을 받는다.

▷ $y = \sin x$는 $(n\pi, 0)$에 대칭, $x = \dfrac{2n-1}{2}\pi$ 에 대칭(n은 정수)

$y = \cos x$는 $\left(\dfrac{2n-1}{2}\pi, 0\right)$에 대칭, $x = n\pi$ 에 대칭(n은 정수)

문제 **4** 풀이

$\cos^2 x = 1 - \sin^2 x$ 이므로 주어진 방정식은

$\sin^2 x - 2\sin x + k - 1 = 0$ 이고 근의 공식에 의해

$\sin x = 1 - \sqrt{2-k}$ $(\because -1 \leq \sin x \leq 1)$

그리고 모든 근의 합이 3π가 되려면 근이 $x = \dfrac{3}{2}\pi$에 대칭인 위치에 있어야 한다.

따라서, $-1 < 1 - \sqrt{2-k} < 0 \Rightarrow -2 < k < 1$

이므로, 정수 k는 $k = -1, 0$ 이므로

2개

문제 **5** 문항정보

3회 모의고사	문제 5의 문항정보	
예상 소요 시간	⭐⭐⭐⭐☆☆	
핵심 개념 및 용어	연속함수, 미분불가능, 정적분	
채점 기준		**부분점수**
$f(x)=x$ 또는 $f(x)=-x$ 임을 밝힌다.		3점
$f(x)=|x|$ 이어야 함을 밝힌다.		3점
답: 1을 올바르게 구한다.		4점
주의 사항		

▷ $f(x)$는 연속함수이기 때문에 $y=x$ 와 $y=-x$ 가 만나는 점에서만 함수를 갈아탈 수 있다. 따라서 교점의 x좌표는 $x=0$ 이므로 $f(x)=|x|$ 이다.

문제 **5** 풀이

$\{f(x)\}^2=x^2$ 에서 $f(x)=x$ 또는 $f(x)=-x$ 이다. 그런데 $f(x)$는 연속함수이므로
$f(x)=|x|\,(\because f(x)\geq 0)$임을 알 수 있다.
따라서

$$\int_{-1}^{1}(x+1)f(x)dx = \int_{-1}^{0}(-x^2-x)dx + \int_{0}^{1}(x^2+x)dx$$

$$= \left[-\frac{1}{3}x^3-\frac{1}{2}x^2\right]_{-1}^{0} + \left[\frac{1}{3}x^3+\frac{1}{2}x^2\right]_{0}^{1} = 1$$

6 문항정보

3회 모의고사	문제 6의 문항정보
난이도	⭐⭐
핵심 개념 및 용어	다항함수, 도함수, 극소와 극대, 근의 분리

채점 기준	부분점수
$x=-3$에서 극대, $x=-1$에서 극소임을 밝힌다.	2점
$f(-3)$, $f(-1)$, $f(0)$의 값을 구한다.	3점
세 음수근을 갖기 위한 부등식을 구한다.	3점
답 : 3을 올바르게 구한다.	2점

주의 사항

▷ 삼차방정식의 특정 조건을 만족하는 실근의 개수를 구하는 문제 역시 나올 가능성이 충분히 높은 문제유형이다. 중요한 것은 극값을 갖게 되는 x의 값이며 문제에서 주어진 경계선(해당 문제에서는 음수근을 이야기하므로 $x=0$이 경계선이 된다.) 에서의 함숫값 등을 계산해보아야 한다.

▷ 조건을 만족하기 위해서는 어떤 그래프 개형이 나와야 할지 생각해보도록 하자.

▷ 아래의 풀이와 다른 함수를 $f(x)$로 선택해도 무방하다.

 6 풀이

$f(x)=x^3+6x^2+9x$ 라 두자. $f'(x)=3x^2+12x+9=3(x+1)(x+3)$ 이므로

$x=-3$ 에서 극대 $x=-1$에서 극소가 된다. $f(-3)=0$, $f(-1)=-4$ 그리고 $f(0)=0$

이므로 $f(x)=a-2$ 가 서로 다른 세 음수근을 갖기 위해서는

$-4<a-2<0 \Rightarrow -2<a<2$ 이므로 정수 a는

-1, 0, 1이다.

모두 3개

7 문항정보

3회 모의고사	문제 7의 문항정보
난이도	★★★★☆
핵심 개념 및 용어	지수법칙, 곱셈공식

채점 기준	부분점수
$t < 0$ 일 때 $f(t) = -8t + 2$ 임을 구한다.	2점
$0 \le t \le \dfrac{1}{2}$ 일 때 $f(t) = 16t^2 - 8t + 2$ 임을 구한다.	3점
$t > \dfrac{1}{2}$ 일 때 $f(t) = 8t - 2$ 임을 구한다.	2점
답: $\dfrac{5}{4}$ 를 올바르게 구한다.	3점

주의 사항

▷ 절댓값이 포함된 정적분 문제는 난이도가 다소 있는 문제로 출제될 수 있다.

중요한 것은 절댓값 내부의 포함된 식이 0 이상일 때와 0 미만을 때로 나누게 되는 범위를 찾아서 정적분을 나눠 계산해야 한다는 점이다.

7 풀이

ⅰ) $t < 0$ 일 때, $f(t) = \displaystyle\int_0^2 (x - 4t)dx = \left[\dfrac{1}{2}x^2 - 4tx \right]_0^2 = -8t + 2$ 이므로 감소한다.

ⅱ) $0 \le t \le \dfrac{1}{2}$ 일 때,

$f(t) = \displaystyle\int_0^{4t} (-x + 4t)dx + \int_{4t}^2 (x - 4t)dx = \left[-\dfrac{1}{2}x^2 + 4tx \right]_0^{4t} + \left[\dfrac{1}{2}x^2 - 4tx \right]_{4t}^2 = 16t^2 - 8t + 2$

이므로 $t = \dfrac{1}{4}$ 에서 최솟값 1을 갖는다.

ⅲ) $t > \dfrac{1}{2}$ 일 때,

$f(t) = \displaystyle\int_0^2 (-x + 4t)dx = \left[-\dfrac{1}{2}x^2 + 4tx \right]_0^2 = 8t - 2$ 이므로 증가한다.

ⅰ)~ⅲ)에 의하여 함수 $f(t)$는 $t = \dfrac{1}{4}$ 에서 최솟값 1을 갖는다.

즉, $a = \dfrac{1}{4}$, $b = 1$

$\therefore a + b = \dfrac{5}{4}$

8 문항정보

3회 모의고사		문제 8의 문항정보	
난이도		⭐⭐⭐⭐⭐	
핵심 개념 및 용어		로그, 로그의 성질	
채점 기준			**부분점수**
$\log_6 12 + \log_6 3 = 2$ 임을 언급한다.			2점
$(\log_6 12)^4 - (\log_6 3)^4$ 을 인수분해한다.			2점
$\log_6 12 - \log_6 3 = \sqrt{4-4a}$ 임을 구한다.			3점
답: $m = 8$, $n = 1$을 올바르게 구한다.			3점
주의 사항			

▷ 지수 및 로그 계산문제에서 $a^n + b^n$ 또는 $a^n - b^n$ 의 값을 구해야 하는 경우가 많다.

이때는

$$a+b \text{ 와 } ab \text{ 또는 } a-b \text{와 } ab$$

2개의 값만을 구하면 인수분해 또는 곱셈공식을 이용하여 답을 구할 수 있게 된다.

 8 풀이

$$(\log_6 12)^4 - (\log_6 3)^4 = \left\{(\log_6 12)^2 + (\log_6 3)^2\right\}(\log_6 12 + \log_6 3)(\log_6 12 - \log_6 3)$$

$$= 2(\log_6 12 - \log_6 3)\left\{(\log_6 12)^2 + (\log_6 3)^2\right\}$$

그런데 $\log_6 12 + \log_6 3 = 2$ 이므로

$$(\log_6 12 - \log_6 3)^2 = (\log_6 12 + \log_6 3)^2 - 4\log_6 12 \log_6 3 = 4 - 4a \Rightarrow \log_6 12 - \log_6 3 = \sqrt{4-4a}$$

$(\because \log_6 12 - \log_6 3 = \log_6 4 > 0)$

$$(\log_6 12)^2 + (\log_6 3)^2 = (\log_6 12 + \log_6 3)^2 - 2\log_6 12 \log_6 3 = 4 - 2a$$

즉,

$$(\log_6 12)^4 - (\log_6 3)^4 = 2(4-2a)\sqrt{4-4a} = 8(2-a)\sqrt{1-a}$$

$$\therefore\ m = 8,\ n = 1$$

9 문항정보

3회 모의고사	문제 9의 문항정보	
난이도	★★★★☆	
핵심 개념 및 용어	수열, 추론	

채점 기준	부분점수
$a_{n+1} - a_n$의 값은 n을 6으로 나눈 나머지로 결정됨을 안다.	3점
$a_{6k+1} - a_{6k-5} = 4$ 임을 구한다.	4점
답: 2023을 올바르게 구한다.	3점

주의 사항

▷ 점화식에서 n이 3의 배수일 때와 아닌 경우로 나눠져 있으며 $(-1)^n$의 값은 n이 짝수일 때와 홀수일 때로 나뉘므로 n을 6으로 나눈 나머지에 따라 나눠야 한다라는 것을 파악하는 것이 중요하다. 또는 항들을 나열하면서 규칙(패턴)을 찾아보는 것도 좋다.

9 풀이

$$a_{n+1} - a_n = \begin{cases} (-1)^n \cdot 3 & (n \text{이 3의 배수가 아닌 경우}) \\ 2 & (n \text{이 3의 배수인 경우}) \end{cases}$$

이고

$2023 = 6 \times 337 + 1$ 이다.

$a_{6k+1} - a_{6k} = 2$

$a_{6k} - a_{6k-1} = -3$

$a_{6k-1} - a_{6k-2} = 3$

$a_{6k-2} - a_{6k-3} = 2$

$a_{6k-3} - a_{6k-4} = 3$

$a_{6k-4} - a_{6k-5} = -3$

위 값들을 모두 더하면 $a_{6k+1} - a_{6k-5} = 4$ 임을 알 수 있다. 이를 이용하여

$a_{2023} - a_{2017} = 4$

$a_{2017} - a_{2011} = 4$

$\vdots$

$a_7 - a_1 = 4$

모두 더하면

$a_{2023} - a_1 = 4 \times 337 = 1348$

$\therefore a_{2023} = a_1 + 1348 = 675 + 1348 = 2023$

1 문항정보

4회 모의고사	문제 1의 문항정보
난이도	★☆☆☆☆
핵심 개념 및 용어	집합, 지수, 지수의 덧셈법칙, 연속한 정수의 합

채점 기준	부분점수
지수법칙을 통해 집합 B의 원소의 간단한 형태로 바꾼다.	3점
지수의 합을 계산하여 45를 구한다.	4점
답: $\left(\dfrac{1}{2}\right)^{45}$을 올바르게 구한다.	3점

주의 사항
▷ 복잡한 식의 곱셈이더라도 밑을 통일시키면 이후는 단순한 지수법칙의 이용이기 때문에 밑을 동일한 수로 나타내도록 하자.

 1 풀이

$\left(\dfrac{1}{2}\right)^{a+1}\left(\dfrac{1}{\sqrt{2}}\right)^{-a} = 2^{-(a+1)} \cdot 2^{\frac{a}{2}} = 2^{-\frac{a}{2}-1} = \left(\dfrac{1}{2}\right)^{\frac{1}{2}a+1}$ 이고 지수 부분만 생각하면

$a = 0,\, 1,\, \cdots,\, 11$

이므로 지수 부분의 합은 $\dfrac{1}{2}(0+1+\cdots+9+10+11)+12 = 45$

따라서 집합 B의 모든 원소의 곱은 $\left(\dfrac{1}{2}\right)^{45}$ 이다.

2 문항정보

4회 모의고사	문제 2의 문항정보
난이도	★★★☆☆
핵심 개념 및 용어	등차수열, 등비수열, 일반항

채점 기준	부분점수
관계식 $d = a_1(r-1)$, $3d = a_1(r^3-1)$ 을 구한다.	3점
위 두 식을 나누어 공비 r을 구한다.	3점
두 수열 a_n, b_n의 일반항을 구한다.	2점
답: $\dfrac{b_{12}}{a_{12}} = 64$ 을 올바르게 구한다.	2점

주의 사항

▷ 아래의 풀이에서 $r=1$, $r=-2$ 의 값이 가능하지만 문제의 조건에 의해 $r=-2$ 이 되어야 하는 이유를 제시하는 것이 필요하다.

▷ 등비수열의 항들간의 관계식이 나오는 경우 비(나눗셈)를 구하는 것을 시도해보도록 하자.

2 풀이

등차수열의 공차를 d, 등비수열의 공비를 $r(r \neq 1)$이라 두자.

조건 (가)에서

$a_1 + d = a_1 r \Rightarrow d = a_1(r-1)$ ⋯ ①

$a_1 + 3d = a_1 r^3 \Rightarrow 3d = a_1(r^3-1)$ ⋯ ②

②의 식을 ①의 식으로 나누면

$3 = r^2 + r + 1 \Rightarrow (r+2)(r-1) = 0 \Rightarrow r = -2(\because r \neq 1)$

이를 ①에 대입하면 $d = -3a_1$ 이다.

$a_n = a_1 + (n-1)d = a_1(-3n+4)$

$b_n = a_1 r^{n-1} = a_1(-2)^{n-1}$

$\therefore \dfrac{b_n}{a_n} = \dfrac{(-2)^{n-1}}{-3n+4}$ 에서 $\dfrac{b_{12}}{a_{12}} = \dfrac{-2^{11}}{-2^5} = 2^6 = 64$

문제 **3** 문항정보

4회 모의고사	문제 3의 문항정보
난이도	★★★☆☆☆
핵심 개념 및 용어	다항함수, 함수의 극한, 미분계수, 차수

채점 기준	부분점수
조건(가)에서 $f(x)$에 대한 차수가 2이하임을 밝힌다.	2점
조건(나)에서 분자의 극한이 0임을 언급 후 $f(1)=0$, $f'(1)=2$를 구한다.	3점
$f(x)$의 차수가 2임을 밝히고 $f(x)$를 구한다.	3점
답: $f(5)=24$ 을 올바르게 구한다.	2점

주의 사항

▷ 다항식에 관련된 극한 문제는 차수를 구하는 것이 첫 시작인 경우가 많으므로 조건을 정확히 파악하도록 하자.(조건 (가)에서 극한이 0이 아닌 상수였다면 $f(x)$는 삼차식)

▷ 주어진 정보가 조건(나)와 같은 경우 함숫값과 미분계수를 얻을 수 있음을 알아 두도록 하자.

문제 **3** 풀이

조건 (가)에서 $f(x)$의 차수는 2이하 임을 알 수 있다.

조건 (나)에서 분모의 극한이 0이므로 분자의 극한도 0 이어야 한다. 따라서 $f(1)=0$

이고

$2=\lim\limits_{x\to 1}\dfrac{f(x)-f(1)}{x-1}=f'(1)$ 이다.

$f(x)$가 상수함수이면 $f'(x)=0$ 이므로 만족할 수 없다.

$f(x)$가 일차함수이면 $f'(1)=2$ 이므로 최고차항의 계수가 2인데 이는 조건에 맞지않

다. 따라서

$f(x)$는 이차함수이며 $f(x)=x^2+bx+c$ 로 두면 $f(1)=0$ 에서 $b+c=-1$

$f'(1)=2$ 에서 $b=0$ 따라서 $c=-1$ 이므로 $f(x)=x^2-1$

$\therefore f(5)=24$

[별해] $f(1)=0$, $f'(1)=2$ 이므로 $f(x)=(x-1)^2+2(x-1)$ 로 바로 구할 수도 있다.

문항정보 및 해설 4회

4 문항정보

4회 모의고사	문제 4의 문항정보
난이도	★☆☆☆☆
핵심 개념 및 용어	위치, 속도, 운동방향, 움직인 거리

채점 기준	부분점수
속도 $v(t)$를 구한다.	3점
t_1, t_2의 값을 구한다.	3점
답: 4 을 올바르게 구한다.	4점

주의 사항

▷ 시각 $t=t_1$에서 $t=t_2$ 까지 물체가 움직인 거리는 $\displaystyle\int_{t_1}^{t_2} |v(t)|\, dt$ 이며

시각 $t=t_1$에서 $t=t_2$ 까지 물체의 위치의 변화량은 $\displaystyle\int_{t_1}^{t_2} v(t)\, dt$ 이다.

4 풀이

속도를 $v(t)$라 하면 $v(t)=x'=3(t-1)(t-3)$ 이므로 운동방향은 $t=1$, $t=3$ 에서 바뀐다.

즉, 움직인 거리는

$$\int_1^3 |v(t)|\, dt = -\int_1^3 3(t-1)(t-3)dt = \frac{(3-1)^3}{2} = 4$$

문제 5 문항정보

4회 모의고사	문제 5의 문항정보
난이도	★★★★★
핵심 개념 및 용어	삼각함수의 항등식, 판별식, 치환, 이차함수
채점 기준	부분점수
판별식이 0이하 임을 언급한다.	2점
$\sin^2\theta + \cos^2\theta = 1$ 을 이용하여 $\sin\theta$에 대한 이차부등식 세운다.	2점
$\sin\theta$의 범위를 언급하고 위 부등식이 항상 성립하기 위한 조건을 언급	3점
답: $a=3$을 올바르게 구한다.	3점
주의 사항	

▷ 치환을 하게 되면 해당 변수의 범위를 꼭 확인하도록 하자.

▷ 절대부등식의 경우 최솟값 또는 최댓값을 구해야 함을 기억하도록 하자.

문제 5 풀이

판별식 $D/4 = (-2\cos\theta)^2 - (-12\sin\theta + 4a) \leq 0$ 이어야 한다. 정리하면

$4\cos^2\theta + 12\sin\theta - 4a \leq 0$

$-4\sin^2\theta + 12\sin\theta + 4 - 4a \leq 0$

$-\sin^2\theta + 3\sin\theta + 1 \leq a$

이어야 한다.

위 부등식이 성립하기 위해서는 a는 좌변의 최댓값보다 같거나 커야한다.

$\sin\theta = t$로 치환하면 $-1 \leq t \leq 1$이고

$y = -t^2 + 3t + 1$ 는 대칭축이 $t = \dfrac{3}{2}$ 이므로 $t = 1$일 때 최댓값 3을 갖는다.

따라서 $a \geq 3$ 이므로 a의 최솟값은 3이다.

6 문항정보

4회 모의고사	문제 6의 문항정보	
난이도	★★★★☆	
핵심 개념 및 용어	함수의 극한, 다항함수, 차수, 연속	
채점 기준		부분점수
조건(가)에서 $f(x)$의 차수를 구한다.		3점
조건(가)에서 $f(x)$의 이차항의 계수를 구한다.		2점
조건(나)에서 $f(x)$가 x^2을 인수로 갖는다는 것을 파악한다.		2점
답 : 275을 올바르게 구한다.		3점
주의 사항		

▷ 다항식에 관련된 극한 문제는 차수를 구하는 것이 중요하다.

▷ $\dfrac{x}{f(x)}$ 가 불연속일 수 있는 x는 $f(x)=0$ 인 x에 대해서이다.

 6 풀이

$\dfrac{1}{x}=t$ 라 두면 $x \to 0+$ 일 때, $t \to \infty$ 이다. 따라서

$$6 = \lim_{t \to \infty} \frac{\dfrac{f(t)}{t^3}-1}{\dfrac{2}{t^2}+\dfrac{1}{t}} = \lim_{t \to \infty} \frac{f(t)-t^3}{t^2+2t}$$ 에서 $f(t)-t^3 = 6t^2+at+b$ 임을 알 수 있다.

즉, $f(t)=t^3+6t^2+at+b$ 이고

함수 $\dfrac{x}{f(x)}$ 가 $x=0$에서 불연속이기 위해서는

$f(x)$는 x^2을 인수로가져야 한다.

따라서 $f(x)=x^2(x-k)$ 로 나타낼 수 있으며 $f(x)$의 이차항의 계수가 6이므로

$k=-6$ 이다.

$f(x)=x^3+6x^2$

이므로

$f(5)=275$

7 문항정보

4회 모의고사	문제 7의 문항정보
난이도	⭐⭐⭐☆☆☆☆
핵심 개념 및 용어	등차수열, 등차중항, 수열의 합

채점 기준	부분점수
조건 (가)에서 하나의 등식을 구한다.	3점
조건 (나)에서 하나의 등식을 구한다.	3점
위 두 결과로부터 공차 및 첫 번째 항을 구한다.	2점
답: 230을 올바르게 구한다.	2점
주의 사항	

▷ 등차수열에서 중요한 것은 등차중항의 성질을 얼마만큼 잘 활용하느냐에 따라 풀이 시간이 꽤 차이가 나게 된다.

▷ 등차수열의 경우 일반항이 $a_n = an + b$ 꼴이므로 미정계수 a, b를 2개를 구하기 위해서는 일반적으로 2개의 등식이 있어야 한다.

7 풀이

조건 (가)에서 $5a_4 = 25 \Rightarrow a_4 = 5$

조건 (나)에서 $5a_7 = 40 \Rightarrow a_7 = 8$

이므로 공차를 d라 두면 $3d = a_7 - a_4 = 3$ 이므로 $d = 1$ 이다.

그리고 $a_1 = 2$ 이므로

$$\sum_{n=1}^{20} a_n = \frac{20(2 + 21)}{2} = 230$$

문항정보 및 해설 4회

 8 문항정보

4회 모의고사	문제 8의 문항정보	
난이도	⭐⭐⭐☆☆☆	
핵심 개념 및 용어	정적분의 성질, 부정적분, 적분과 미분의 관계	

채점 기준	부분점수
조건 (가)에서 $\int_{0}^{2} f(x)dx = 0$ 임을 밝힌 뒤, $a+b = -\dfrac{4}{3}$ 를 구한다.	3점
조건 (나)에서 $f(2) = 0$ 임을 밝힌 뒤, $2a+b = -4$ 를 구한다.	3점
위 두 등식으로부터 $f(x)$ 를 구한다.	2점
답: $\dfrac{7}{3}$ 을 올바르게 구한다.	2점

주의 사항

▷ 정적분 구간의 길이가 너무 크거나 단순 계산으로는 복잡해 보이는 경우 정적분성질을 이용하여 적분 구간을 나눠서 새로운 등식을 찾는게 보통이다.

 8 풀이

$f(x) = x^2 + ax + b$ 라 두자.

조건 (가)에서 $\int_{0}^{2023} f(x)dx = \int_{0}^{2} f(x)dx + \int_{2}^{2023} f(x)dx$ 이므로 $\int_{0}^{2} f(x)dx = 0$ 이다.

즉, $0 = \int_{0}^{2}(x^2 + ax + b)dx = \left[\dfrac{1}{3}x^3 + \dfrac{a}{2}x^2 + bx\right]_{0}^{2} = \dfrac{8}{3} + 2a + 2b$ 에서 $a+b = -\dfrac{4}{3}$ ⋯ ①

조건 (나)에서 $\int_{0}^{x} f(t)dt$ 의 도함수는 $f(x)$ 이므로 $f(2) = 0$ 이어야 한다.

즉, $0 = f(2) = 2a + b + 4$ 에서 $2a + b = -4$ ⋯ ②

①, ②를 연립하면

$a = -\dfrac{8}{3}, b = \dfrac{4}{3}$ 이다.

$f(x) = x^2 - \dfrac{8}{3}x + \dfrac{4}{3}$ 이므로

$f(3) = \dfrac{7}{3}$

문제 9 문항정보

4회 모의고사	문제 9의 문항정보
난이도	★★★★☆
핵심 개념 및 용어	치환, 이차부등식, 지수, 로그부등식, 진수조건, 집합, 수열의 합

채점 기준	부분점수
치환을 통해 이차부등식의 해가 $x < -1, x > 5$ 임을 구한다.	2점
로그부등식을 통해 $-3^n - 5 < x < 3^n - 5, x \neq -5$ 임을 구한다.	2점
$n = 1, 2$일 때와 $n > 2$ 일 때, $f(n)$을 구한다.	4점
답: 690을 올바르게 구한다.	2점

주의 사항

▷ 지수부등식(치환 시 범위 확인) 및 로그부등식(밑 또는 진수조건 확인)은 출제될 확률이 상당히 높은 주제이다. 해당 문제를 풀게 된다면 이 부분을 놓치지 않도록 하자.

문제 9 풀이

$2^x = X(X > 0)$ 라 두면 집합 A에서의 부등식은

$2X^2 - 65X + 32 = (2X - 1)(X - 32) > 0 \Rightarrow X < \dfrac{1}{2}, X > 32$ 이므로 $2^x < \dfrac{1}{2}, 2^x > 32$

에서 $x < -1, x > 5$

이다.

그리고 $\log_3 |x + 5| < n \Rightarrow 0 < |x + 5| < 3^n \Rightarrow -3^n - 5 < x < 3^n - 5, x \neq -5$

이다.

따라서 두 부등식을 모두 만족하는 x는

$n = 1$ 일 때

$-8 < x < -2, x \neq -5 : 4$개

$n = 2$ 일 때

$-14 < x < -1, x \neq -5 : 11$개

$n \geq 3$ 일 때

$f(n) = 2 \cdot 3^n - 9$

이다.

$\displaystyle\sum_{n=1}^{5} f(n) = f(1) + f(2) + \sum_{n=3}^{5} (2 \cdot 3^n - 9) = 4 + 11 + 2(27 + 81 + 243) - 27 = 690$

문항정보 및 해설 5회

1 문항정보

5회 모의고사	문제 1의 문항정보	
난이도	⭐☆☆☆☆☆☆	
핵심 개념 및 용어	로그, 로그의 성질	
채점 기준		부분점수
$\log_3\left(1+\dfrac{1}{a}\right)=\log_3\dfrac{a+1}{a}$ 로 나타낸다.		3점
로그의 성질을 통해 주어진 값을 $\log_3(n+1)$로 나타낸다.		4점
답: 242을 올바르게 구한다.		3점
주의 사항		

▷ 복잡한 식의 곱셈이더라도 밑을 통일시키면 이후는 단순한 지수법칙의 이용이기 때문에 밑을 동일한 수로 나타내도록 하자.

1 풀이

집합 B의 원소의 합은

$$\log_3\frac{2}{1}+\log_3\frac{3}{2}+\cdots+\log_3\frac{n+1}{n}=\log_3\left(\frac{2}{1}\times\frac{3}{2}\times\cdots\times\frac{n+1}{n}\right)=\log_3(n+1)=5$$

에서

$$n+1=3^5$$

$$\therefore n=242$$

2 문항정보

5회 모의고사	문제 2의 문항정보
난이도	☆☆☆☆☆
핵심 개념 및 용어	합성함수, 치환, 정의역, 도함수, 최소와 최대

채점 기준	부분점수
$f(x)$의 범위를 구한다.	3점
$g(t)$을 미분하여 극대와 극소가 되는 t의 값을 구한다.	2점
$g(t)$의 정의역에서 최댓값 및 최솟값을 구하는 과정을 서술한다.	3점
답: 81를 올바르게 구한다.	2점

주의 사항

▷ 치환을 하게 되면 범위를 꼭 신경쓰도록 하자. 특히 도함수가 0이 되는 값을 구한 뒤 그 값이 실제로 정의역에 포함되는지 확인을 해야 된다.

 2 풀이

$(g \circ f)(x) \, (-1 \leq x \leq 3)$ 에서 $f(x) = t$ 라 두자. 그런데 $-1 \leq x \leq 3$ 에서 $-4 \leq t \leq 5$ 이다.

$g(t) = t^3 - 3t^2 - 9t + 1$ 에서

$g'(t) = 3(t-3)(t+1)$ 이므로 $g(t)$는 $t = -1$에서 극대, $t = 3$에서 극솟값을 갖는다.

따라서 최댓값은 $g(-1)$과 $g(5)$ 중 작지 않은 값이다.

$g(-1) = 6$, $g(5) = 6$ 이므로 최댓값 $M = 6$

최솟값은 $g(3)$과 $g(-4)$ 중 크지 않은 값이다.

$g(-4) = -75$, $g(3) = -26$ 이므로 최솟값 $m = -75$

$\therefore M - m = 81$

문제 3 문항정보

5회 모의고사	문제 3의 문항정보	
난이도	★★★★★★	
핵심 개념 및 용어	함수의 극한	
채점 기준		부분점수
$\lim\limits_{x \to 0} \dfrac{x}{g(x)} = \dfrac{1}{3}$ 임을 구한다.		4점
구하는 식의 분자, 분모를 $g(x)$로 나눈다.		4점
답: 4 를 올바르게 구한다.		2점
주의 사항		

▷ 함수의 극한을 물어보는 문제의 경우 특정한 값을 대입하여 구해서는 안 된다. 해당 문제의 경우에는 그 방법이 활용될 수 없으며 설령 대입을 통해서 답을 구하더라도 좋은 점수는 받을 수 없다.

문제 3 풀이

조건 (가)에서 $f(x) = \dfrac{g(x) + 2x}{g(x) - 2x} = \dfrac{1 + 2\dfrac{x}{g(x)}}{1 - 2\dfrac{x}{g(x)}}$ 이고 (나)에서 $\lim\limits_{x \to 0} f(x) = 5$ 이므로

$\lim\limits_{x \to 0} \dfrac{x}{g(x)} = \dfrac{1}{3}$ 임을 알 수 있다. 그리고

$$\lim_{x \to 0} \frac{2f(x)g(x) - 6x}{g(x) + 3x} = \lim_{x \to 0} \frac{2f(x) - 6\dfrac{x}{g(x)}}{1 + 3\dfrac{x}{g(x)}} = \frac{10 - 2}{1 + 1} = 4$$

4 문항정보

5회 모의고사	문제 4의 문항정보
난이도	⭐☆☆☆☆☆
핵심 개념 및 용어	함수의 극한, 부정적분, 미분계수

채점 기준	부분점수
$\int 2t^{2023} + 2022t - 2021\,dt = f(t)$ 라고 둔다.	3점
구하는 극한 값이 $\dfrac{f'(1)}{3}$ 임을 구한다.	4점
답: 1을 올바르게 구한다.	3점

주의 사항

▷ 적분으로 표현된 함수의 극한값 문제는 기본적인 난이도의 문제로 출제될 가능성이 높은 유형이다. 아래의 풀이처럼 적분에 대한 식을 $f(t)$로 둔 뒤 식을 간소화하여 해결을 해보도록 하자.

▷ 식이 더욱 복잡하게 주어지더라도 결국에는 미분계수의 값을 구해야됨을 잊지말자.

4 풀이

$\int 2t^{2023} + 2022t - 2021\,dt = f(t)$ 라 두면 $f'(t) = 2t^{2023} + 2022t - 2021$ 이고

$$\lim_{x \to 1} \frac{1}{x^3 - 1} \int_1^x (2t^{2023} + 2022t - 2021)\,dt = \lim_{x \to 1} \frac{f(x) - f(1)}{x - 1} \times \frac{1}{x^2 + x + 1} = \frac{f'(1)}{3} = \frac{3}{3} = 1$$

문제 5 문항정보

5회 모의고사	문제 5의 문항정보
부분점수	⭐⭐⭐☆☆☆
핵심 개념 및 용어	이차방정식, 근과 계수의 관계, 항등식, 곱셈공식

채점 기준	부분점수
근과 계수의 관계를 통해 $\sin\theta + \cos\theta = \dfrac{1}{3}$, $\sin\theta\cos\theta = \dfrac{a}{6}$ 를 얻는다.	3점
$\sin^2\theta + \cos^2\theta = 1$ 과 위 식을 이용하여 $a = -\dfrac{8}{3}$ 을 구한다.	3점
$\dfrac{1}{\tan\theta} - \tan\theta$ 의 값을 $\sin\theta$, $\cos\theta$으로 나타낸다.	2점
답: $\dfrac{1}{\tan\theta} - \tan\theta = \dfrac{\sqrt{17}}{4}$ 을 올바르게 구한다.	2점

주의 사항

▷ 이차방정식에서 근과 계수의 관계를 이용하는 경우는 매우 빈번하다. 이차방정식의 근을 직접구해야 하는 경우도 있지만 대부분은 근과 계수의 관계를 이용하게 된다.

▷ 다소 복잡한 삼각함수에 대한 식이 나오면 $\sin\theta$, $\cos\theta$ 으로 식을 나타내어보도록 하자.

문제 5 풀이

$6x^2 - 2x + a = 0$의 두 근이 $\sin\theta$, $\cos\theta$ 이므로 근과 계수의 관계에 의해

$\sin\theta + \cos\theta = \dfrac{1}{3}$, $\sin\theta\cos\theta = \dfrac{a}{6}$ 이다.

$1 = \sin^2\theta + \cos^2\theta = (\sin\theta + \cos\theta)^2 - 2\sin\theta\cos\theta = \dfrac{1}{9} - \dfrac{a}{3}$ 에서 $a = -\dfrac{8}{3}$

$\dfrac{1}{\tan\theta} - \tan\theta = \dfrac{\cos^2\theta - \sin^2\theta}{\sin\theta\cos\theta} = \dfrac{(\cos\theta + \sin\theta)(\cos\theta - \sin\theta)}{\sin\theta\cos\theta}$ 이고

$(\sin\theta - \cos\theta)^2 = 1 - \dfrac{a}{3} = \dfrac{17}{9}$ 에서 $\sin\theta - \cos\theta = \dfrac{\sqrt{17}}{3}$ $\left(\because \dfrac{\pi}{2} < \theta < \pi \right)$

$\therefore \dfrac{1}{\tan\theta} - \tan\theta = -\dfrac{9}{4} \cdot \dfrac{1}{3} \cdot \left(-\dfrac{\sqrt{17}}{3} \right) = \dfrac{\sqrt{17}}{4}$

6 문항정보

5회 모의고사	문제 6의 문항정보
난이도	★★★☆☆☆
핵심 개념 및 용어	등비수열, 수열의 합

채점 기준	부분점수
$13a_3 = S_3$을 이용하여 공비에 대한 방정식을 얻는다.	3점
위 방정식으로부터 공비가 $\dfrac{1}{3}$임을 구한다.	3점
$\dfrac{S_n}{a_n}$을 n에 대한 식으로 나타낸다.	2점
답 : 543를 올바르게 구한다.	2점

주의 사항

▷ 등비수열 문제라고 해서 모든 조건을 a_1과 r(공비)로 나타내는 것 보다는 문제에 주어진 값들을 중점적으로 하여 조건을 나타내는 것이 빠른 풀이로 갈 수 있는 지름길이다.

▷ 등비수열의 합을 구할 때 부호 및 계산 실수에 유의하도록 하자.

6 풀이

공비를 r이라 두면 $13a_3 = S_3 = \dfrac{a_3}{r^2} + \dfrac{a_3}{r} + a_3 = a_3\left(1 + \dfrac{1}{r} + \dfrac{1}{r^2}\right)$ 이므로

$12 = \dfrac{1}{r} + \dfrac{1}{r^2} \Rightarrow 12r^2 - r - 1 = (4r+1)(3r-1) = 0 \Rightarrow r = \dfrac{1}{3}$ $(\because$ 모든 항이 양수$)$

또한, $\dfrac{S_n}{a_n} = \dfrac{a_1(1-r^n)}{1-r} \times \dfrac{1}{a_1 r^{n-1}} = \dfrac{1-r^n}{r^{n-1} - r^n} = \dfrac{3^n - 1}{2}$ 이므로

$\displaystyle\sum_{n=1}^{6} \dfrac{3^n - 1}{2} = \dfrac{1}{2}\left(\dfrac{3(3^6 - 1)}{2} - 6\right) = 543$

문항정보 및 해설 5회

 7 문항정보

5회 모의고사	문제 7의 문항정보	
난이도	⭐⭐⭐⭐⭐	
핵심 개념 및 용어	로그, 로그의 성질, 곱셈공식	

채점 기준	부분점수
조건 (가)에서 $xy = \dfrac{1}{4}$ 을 구한다.	3점
조건 (나)에서 $x + y = \dfrac{11}{2}$ 을 구한다.	3점
답: $\dfrac{3\sqrt{13}}{2}$ 을 올바르게 구한다.	4점

주의 사항

▷ 양변을 제곱해야 되는 경우를 자주 마주칠 수 있는데 제곱하고 나서의 얻은 해를 기존의 방정식의 해가 되는지 꼭 확인을 해 보아야 한다.

 7 풀이

조건 (가)에서 $xy = \dfrac{1}{4}$ 조건 (나)에서 $\left(1 + \dfrac{1}{x}\right)\left(1 + \dfrac{1}{y}\right) = 1 + \dfrac{1}{x} + \dfrac{1}{y} + \dfrac{1}{xy} = 27$

$\Rightarrow \dfrac{x+y}{xy} = 22 \Rightarrow x + y = \dfrac{11}{2}$

$|x - y|^2 = (x - y)^2 = (x + y)^2 - 4xy = \dfrac{121}{4} - 1 = \dfrac{117}{4}$

$\therefore |x - y| = \dfrac{\sqrt{117}}{2} = \dfrac{3\sqrt{13}}{2}$

8 문항정보

5회 모의고사	문제 8의 문항정보
난이도	★★★★☆☆
핵심 개념 및 용어	접선의 방정식, 점과 직선 사이의 거리

채점 기준	부분점수
접선 l_a, l_b를 구한다.	3점
점 C의 좌표를 구한다.	2점
직선 AB와 점 C 사이의 거리를 구한다.	3점
답: $\dfrac{27}{4}$를 올바르게 구한다.	2점

주의 사항
▷ 삼각형의 넓이를 구하는 문제는 여러 유형으로 출제가 될 수 있다. 하지만 사선공식을 이용해서 구하면 감점요소가 된다.

 8 풀이

각 점에서의 접선은 $l_a : y = -4x - 4$, $l_b : y = 2x - 1$ 이다. 연립하면

교점 C의 좌표는 $\text{C}\left(-\dfrac{1}{2}, -2\right)$이다. 선분 $\overline{\text{AB}}$의 길이는 $\overline{\text{AB}} = 3\sqrt{2}$ 이고 직선 AB의

방정식은

$x + y - 2 = 0$ 이므로 점 C까지의 거리는 $\dfrac{\left|-\dfrac{1}{2} - 2 - 2\right|}{\sqrt{2}} = \dfrac{9}{2\sqrt{2}}$ 이다.

따라서 삼각형 ABC의 넓이는 $\dfrac{1}{2} \times 3\sqrt{2} \times \dfrac{9}{2\sqrt{2}} = \dfrac{27}{4}$

문항정보 및 해설 5회

문제 9 문항정보

5회 모의고사	문제 9의 문항정보
난이도	
핵심 개념 및 용어	수열, 로그, 수열의 합

채점 기준	부분점수
$\log_9 n$ 이 유리수가 되기 위한 n을 구한다.	3점
위 과정을 바탕으로 수열 a_n을 구한다.	2점
수열의 합이 5가 되는 경우가 언제인지 구한다.	3점
답: 323을 올바르게 구한다.	2점
주의 사항	

▷ a_n의 구한 뒤 수열의 합이 증가하는 경우는 n이 3의 거듭제곱일 때이므로 $n = 3^0, 3^1, 3^2, \cdots$ 등의 값에서의 변화를 주목해야 한다.

문제 9 풀이

$\log_9 n$ 이 유리수가 되기 위해서는 $n = 3^k (k$는 음이 아닌 정수) 꼴이어야 한다. 따라서

$$a_n = \begin{cases} \dfrac{k}{2} \ (n = 3^k) \\ 0 \ \ (\text{이외의 경우}) \end{cases}$$

와 같다.

$$\sum_{k=0}^{n} \frac{k}{2} = \frac{n(n+1)}{4} = 5 \Rightarrow n(n+1) = 20 \Rightarrow n = 4$$

따라서

$$\sum_{k=1}^{80} a_k = 3$$

$$\sum_{k=1}^{81} a_k = \sum_{k=1}^{82} a_k = \cdots = \sum_{k=1}^{242} a_k = 5$$

$$\sum_{k=1}^{243} a_k = \frac{15}{2}$$

이므로 $\displaystyle\sum_{k=1}^{n} a_k = 5$ 이기 위해서는 $81 \le n \le 242$ 이다.

따라서 n의 최솟값과 최댓값의 합은 323

1 문항정보

6회 모의고사	문제 1의 문항정보
난이도	⭐⭐⭐☆☆
핵심 개념 및 용어	로그, 정수부분

채점 기준	부분점수
조건을 통해 부등식 $$19 \leq \log a^3 b^2 < 20, \quad n-1 \leq \log \frac{b^2}{a^3} < n,$$ 을 얻는다.	4점
$n-1 \leq \log a < n$ 을 얻는다.	2점
위 조건을 만족하기 위한 n에 대한 부등식을 얻는다.	2점
답: 3을 올바르게 구한다.	2점
주의 사항	

▷ 어떤 양수의 정수의 자리수 및 소수점 아래 몇 번째 자리에서 처음으로 0이 아닌 수가 나왔다. 등의 조건을 로그로 나타낼 수 있어야 한다.

▷ 양수 x의 정수부분이 n자리 수 $\Leftrightarrow n-1 \leq \log x < n$

양수 x의 소수점 아래 n번째 자리에서 처음으로 0이 아닌 수

$\Leftrightarrow -n \leq \log x < -n+1$

 1 풀이

$19 \leq \log a^3 b^2 < 20, \quad n-1 \leq \log \frac{b^2}{a^3} < n$ 을 만족해야 한다.

$19 \leq 3\log a + 2\log b < 20, \ n-1 \leq 2\log b - 3\log a < n$

마지막 부등식에서 $-n < 3\log a - 2\log b \leq -n+1$ 이다. 이를 위 첫 부등식과 더하면

$19 - n < 6\log a < 21 - n$

$\dfrac{19-n}{6} < \log a < \dfrac{21-n}{6}$

그런데 조건에서 $n-1 \leq \log a < n$ 이어야 하므로

$\dfrac{19-n}{6} < n, \dfrac{21-n}{6} > n-1$ 이어야 한다. 이를 정리하면

$19 < 7n < 27 \Rightarrow \dfrac{19}{7} < n < \dfrac{27}{7}$ 이고 이를 만족하는 자연수 n은 $n=3$ 뿐이다.

2 문항정보

6회 모의고사	문제 2의 문항정보
난이도	★★★★☆
핵심 개념 및 용어	항등식, 치환, 근의 분리, 이차함수

채점 기준	부분점수
주어진 부등식을 $\sin x$에 대한 이차부등식으로 나타낸다.	2점
부등식이 항상 성립할 조건을 아래와 같이 2개 제시한다.	4점
위 조건 2개를 만족하는 부등식의 해를 각각 구한다.	2점
답: $a < -\dfrac{5}{2}$ 을 올바르게 구한다.	2점

주의 사항
▷ 근의 분리를 까다로워 하는 경우가 꽤 있다. 이차함수의 경우 축의 위치, 경계선에서의 함숫값 그리고 판별식을 따져야 한다.
▷ 위 채점 기준에서 $f(t)$의 정의역을 언급하지 않는다면 감점요소로 작용된다.

 2 풀이

항등식을 이용하여 식을 변형하면

$\sin^2 x - (2a+4)\sin x + 4a + 8 < 0$ 이어야 한다. $\sin x = t(-1 \leq t \leq 1)$ 라 두면

$f(t) = t^2 - (2a+4)t + 4a + 8 < 0 \ (-1 \leq t \leq 1)$ 이어야 하므로

① $D/4 > 0$ ② $f(-1) < 0, f(1) < 0$

① $D/4 = (a+2)^2 - 4a - 8 = a^2 - 4 > 0 \Rightarrow a > 2, \ a < -2$

② $f(-1) = 6a + 13 < 0 \Rightarrow a < -\dfrac{13}{6}, \ \ f(1) = 2a + 5 < 0 \Rightarrow a < -\dfrac{5}{2}$

①, ②에 의하여

$a < -\dfrac{5}{2}$

3 문항정보

6회 모의고사	문제 3의 문항정보	
난이도	★★☆☆☆	
핵심 개념 및 용어	로그, 항등식, 로그 밑 변환 공식	
채점 기준		부분점수
$x=1,\ y=3^4$ 임을 구한다.		3점
로그의 성질을 통해 주어진 식을 밑이 9인 로그에 대한 식으로 나타낸다.		4점
답: 5을 올바르게 구한다.		3점
주의 사항		

▷ 로그의 계산 문제의 경우

$$\log_{a^m}x^n = \frac{n}{m}\log_a x\,(a>0,\ a\neq 1,\ x>0)\ \text{및}\ \log_a b = \frac{1}{\log_b a}\,(a>0,\ b>0,\ a\neq 1,\ b\neq 1)$$

의 활용도가 높다. 헷갈리지 않도록 하자.

3 풀이

$(\log_{2023}x)^2 + (\log_9 y - 2)^2 = 0$ 에서

$\log_{2023}x = 0,\ \log_9 y = 2$ 이므로 $x=1,\ y=3^4$ 이다. 그리고

$\log_3 x = 2\log_9 x,\ \log_3 y = 2\log_9 y$ 이므로

$\log_{x+1}(y+1) \times \log_{y+1}(x+1) + (\log_9 x)^2 + (\log_9 y)^2 - \dfrac{1}{2}\log_3 x \times \log_3 y$

$= 1 + (\log_9 x)^2 + (\log_9 y)^2 - 2\log_9 x \times \log_9 y$

$= 1 + (\log_9 x - \log_9 y)^2$

$= 1 + (0-2)^2 = 5$

4 문항정보

6회 모의고사	문제 4의 문항정보	
난이도	★★★☆☆	
핵심 개념 및 용어	다항함수, 차수, 부정적분, 항등식	

채점 기준	부분점수
$f(x)$의 차수가 1임을 밝힌다.	5점
계수비교를 통해 $f(x)$를 구한다.	3점
답: 4를 올바르게 구한다.	2점
주의 사항	

▷ 해당 문제에서는 차수를 구하는 과정이 중요하다. 상수가 될 수 없음을 언급하지 않는다든지 차수가 1이어야 함을 논리적으로 설명하지 못한다면 부분적인 감점이 될 수도 있다.

4 풀이

우선 $f(x)$는 상수이면 좌변은 상수 우변은 이차식이므로 모순.

$f(x)$의 차수를 $n(n \geq 1)$이라 하면 등식의 좌변의 차수는 n^2이다. 그런데 $n^2 = 2$ 를 만족하는 자연수 n은 없으므로 우변의 차수는 2가 될 수 없다. 또한 $n^2 = n+1$ 을 만족하는 자연수는 없으므로 $n+1$ 역시 우변의 차수가 될 수 없다. 따라서 우변의 차수는 1이 되어야 한다.

$n^2 = 1$ 에서 $n = 1$이다.

$f(x) = ax + b$ 라두면 등식은

$a^2 x + ab + b = \left(\dfrac{a}{2} + 1 \right) x^2 + (b+4)x - \dfrac{a}{2} - b - 1$ 에서

$a = -2$ 이어야 하며 $b = 0$ 이다.

즉, $f(x) = -2x$

∴ $f(-2) = 4$

문제 5 문항정보

6회 모의고사	문제 5의 문항정보
난이도	★★★★☆
핵심 개념 및 용어	연속, 함수의 극한, 판별식

채점 기준	부분점수
$x > 0$ 에서 연속이기 위한 조건을 구한다.	2점
$x = 0$ 에서 연속이기 위해서는 $b = 1$ 임을 언급한다.	2점
$x < 0$ 에서 연속이기 위한 조건을 언급한다.	4점
답: 14를 올바르게 구한다.	2점

주의 사항

▷ 분수함수 형태로 된 함수의 연속성을 물어보는 문제는 난이도가 있는 문제로 출제될 가능성이 높다. 주목 해야할 점은 분모의 다항식이 0이 되지 않느냐 그리고 0이 된다면 어떤 x에 대해서 0이 되는지 등을 고려해보아야 한다.

문제 5 풀이

$$\frac{g(x)}{f(x)} = \begin{cases} \dfrac{x^2 + 2x + b}{x^2 + 2ax + 1} & (x < 0) \\[2mm] \dfrac{1}{x^2 + 2ax + 1} & (x \geq 0) \end{cases}$$

이고, 이 함수가 $x > 0$에서 연속이 되기 위해서는 $x^2 + 2ax + 1 > 0$ $(x > 0)$ 이어야 한다.

그리고 $x = 0$에서 연속이어야 하므로 $\dfrac{b}{1} = \dfrac{1}{1} \Rightarrow b = 1$ 이다.

즉, $\dfrac{g(x)}{f(x)} = \dfrac{(x+1)^2}{x^2 + 2ax + 1}$ $(x < 0)$ 이다.

$x < 0$ 에서 연속이기 위해서는

$x^2 + 2ax + 1 > 0$ 또는 $x^2 + 2ax + 1 = (x+1)^2$ 이어야 한다.

i) $x^2 + 2ax + 1 > 0$ 이기 위해서는 $D/4 = a^2 - 1 < 0 \Rightarrow -1 < a < 1$ 이고 a는 정수여야 하므로 $a = 0$이다.

따라서 $f(x) = x^2 + 1$

ii) $f(x) = (x+1)^2$ 일 때, $f(x) > 0$ $(x \geq 0)$ 이므로 만족한다. 그리고 이때, $a = 1$이다.

$\therefore a = 1, b = 1, f(x) = (x+1)^2$

따라서 i)에서 $f(2) = 5$, ii)에서 $f(2) = 9$ 이므로 이들의 합은 14

문항정보 및 해설 6회

 6 문항정보

6회 모의고사	문제 6의 문항정보
난이도	
핵심 개념 및 용어	절댓값, 도함수

채점 기준	부분점수
$f(2)=-4$ 임을 구한다.	2점
미분을 통해 $f'(x) \geq -2$ 임을 올바르게 설명한다.	3점
$f(x)$를 구하고 최고차항의 계수의 범위를 나타낸다.	3점
답 : $-\dfrac{4}{3}$을 올바르게 구한다.	2점

주의 사항

▷ 절댓값이 포함되어 있는 경우에는 해당 성질을 활용하여 조건을 찾아내야 한다.
　해당 문제에서는 $|a|=a$ 이면 $a \geq 0$ 임이 사용되었다.
▷ 조건(나)에서와 같이 정적분 형태로 주어진 등식에서는 정적분 값이 0이 되도록 하는 x의 값을 대입하여 등식을 얻도록 해야
　한다.

 6 풀이

조건 (나)에서 $x=2$ 대입하면 $f(2)=-4$ 임을 알 수 있다.

조건 (나)의 등식을 미분하면 $|f'(x)+2|=f'(x)+2$ 이므로 $f'(x) \geq -2$ 임을 알 수
있다.

조건 (가)에서 $f'(x)=ax(x-2)$ 이고 $f'(x)$는 $x=1$에서 최솟값을 가지므로

$f'(1)=-a \geq -2$ 에서 $0 < a \leq 2$ 이다.

$f(x)=a\left(\dfrac{1}{3}x^3 - x^2 + \dfrac{4}{3}\right) - 4 \ (\because f(2)=-4)$

따라서 $f(3)=a\left(9-9+\dfrac{4}{3}\right)-4=\dfrac{4}{3}a-4 \leq \dfrac{8}{3}-4=-\dfrac{4}{3}$ 이므로 $f(3)$의 최댓값은 $-\dfrac{4}{3}$

문제 **7** 문항정보

6회 모의고사	문제 7의 문항정보
난이도	★★★☆☆
핵심 개념 및 용어	삼각형의 내각의 합, 사인법칙, 코사인법칙

채점 기준	부분점수
내각의 합이 π 및 삼각함수 성질을 이용하여 구하는 값이 $\cos C$ 임을 밝힌다.	3점
사인법칙을 이용하여 삼각형 ABC 의 변의 길이비를 구한다.	4점
답: 코사인법칙을 통해 $-\dfrac{11}{24}$ 를 올바르게 구한다.	3점

주의 사항

▷ 사인법칙 및 코사인법칙을 사용할 때는 공식의 이름을 직접적으로 언급하여 사용하는 것이 필요하다.

▷ 삼각형에서 각의 크기 및 변의 길이에 대해 언급한다면 사인법칙과 코사인법칙을 우선 떠올려보도록 하자.

문제 **7** 풀이

$A+B+C=\pi$ 이므로 $\sin\left(\dfrac{A+B-C}{2}\right)=\sin\left(\dfrac{\pi-2C}{2}\right)=\sin\left(\dfrac{\pi}{2}-C\right)=\cos C$ 이다.

$\dfrac{\sin A}{3}=\dfrac{\sin B}{4}=\dfrac{\sin C}{6}$ 이므로 사인법칙에 의해 $a:b:c=3:4:6$ 이므로

$a=3k,\ b=4k,\ c=6k\,(k>0)$ 로 나타낼 수 있다.

코사인법칙에 의해 $\cos C=\dfrac{a^2+b^2-c^2}{2ab}=\dfrac{9+16-36}{2\cdot 3\cdot 4}=-\dfrac{11}{24}$

8 문항정보

6회 모의고사	문제 8의 문항정보	
난이도	★★★★☆	
핵심 개념 및 용어	함수의 극한, 유리화	

채점 기준	부분점수
극한의 성질을 이용하여 a의 값을 구한다.	3점
분모의 유리화를 반복한다.	5점
답: $a = 16$, $b = \dfrac{13}{24}$ 을 올바르게 구한다.	2점

주의 사항

▷ 보통은 분자나 분모에 근호가 2개가 있는 문제가 출제가 된다. 해당 문제는 3개가 있어서 처음 푸는 학생들은 당황했을 수도 있다. 결국은 2개있을 때나 3개있을 때나 분모를 0으로 만드는 값을 유리화를 반복하여 없애는 것이 목적이다.

8 풀이

$$\lim_{x \to 0} \frac{\sqrt{x+1} + \sqrt{x+9} - \sqrt{x+a}}{x} = b \text{ 에서 분모의 극한이 0이므로 분자의 극한도 0}$$

이어야 한다.

따라서 $a = 16$ 이다.

$$\lim_{x \to 0} \frac{\sqrt{x+1} + \sqrt{x+9} - \sqrt{x+16}}{x}$$

$$= \lim_{x \to 0} \frac{\sqrt{x+1} + \sqrt{x+9} - \sqrt{x+16}}{x} \times \frac{\sqrt{x+1} + \sqrt{x+9} + \sqrt{x+16}}{\sqrt{x+1} + \sqrt{x+9} + \sqrt{x+16}}$$

$$= \lim_{x \to 0} \frac{x - 6 + 2\sqrt{(x+1)(x+9)}}{x(\sqrt{x+1} + \sqrt{x+9} + \sqrt{x+16})}$$

$$= \lim_{x \to 0} \frac{x - 6 + 2\sqrt{(x+1)(x+9)}}{x(\sqrt{x+1} + \sqrt{x+9} + \sqrt{x+16})} \times \frac{x - 6 - 2\sqrt{(x+1)(x+9)}}{x - 6 - 2\sqrt{(x+1)(x+9)}}$$

$$= \lim_{x \to 0} \frac{-3x - 52}{(\sqrt{x+1} + \sqrt{x+9} + \sqrt{x+16})(x - 6 - 2\sqrt{(x+1)(x+9)})} = \frac{13}{24}$$

따라서 $a = 16$, $b = \dfrac{13}{24}$

문제 **9** 문항정보

6회 모의고사	문제 9의 문항정보	
난이도	★★★★★☆	
핵심 개념 및 용어	수열, 주기, 수열의 합	
채점 기준		부분점수
점화식을 통해 해당 수열에는 3번째 항부터 주기 4가 있음을 밝힌다.		3점
3번째 항부터는 연속한 4개의 항의 합이 10임을 밝힌다.		2점
특정한 n에 대해 S_n을 구한다.		3점
답: $n = 806$을 올바르게 구한다.		2점
주의 사항		

▷ 독특한 점화식으로 주어지는 수열의 경우에는 점화식을 따라서 초기 몇 개의 항을 직접구해보는 것이 좋다. 대부분의 경우에는 이러한 나열로 수열을 추론할 수 있게 되며 특히 몇 개의 항 이후로 주기를 가지는 경우가 많다.

문제 **9** 풀이

점화식에 따라 항들을 나열해보면

$7, 6, 3, 4, 2, 1, 3, 4, 2, 1, 3, 4, 2, \cdots$

위와 같이 세 번째 항부터는 $3, 4, 2, 1$ 을 반복함을 알 수 있다.

즉, 세 번째항부터는 연속항 4개의 항을 더하면 항상 $3 + 4 + 2 + 1 = 10$ 이다.

따라서 $S_2 = 13$, $S_6 = 13 + 10$, $S_{10} = 13 + 10 + 10$, $\cdots$, $S_{4k+2} = 13 + 10k$ 이므로

$S_{4k+2} = 13 + 10k = 2023 \Rightarrow k = 201$

따라서 $S_{806} = 2023$ 이므로 $n = 806$ 이다.

문제 1 문항정보

7회 모의고사	문제 1의 문항정보	
난이도	★☆☆☆☆	
핵심 개념 및 용어	삼차함수, 도함수, 극소와 극대	
채점 기준		부분점수
도함수가 0이 되는 x의 값을 구한다.		3점
극솟값과 극댓값을 구한다.		4점
답: $a=2$를 올바르게 구한다.		3점
주의 사항		

▷ 도함수가 0이 되는 값을 구한 뒤 어떤 값에서 극소인지 또는 극대인지를 밝혀야 한다.

문제 1 풀이

$f'(x)=3x(x-2a)$ 이므로 $f(x)$는 $x=0$ 에서 극대, $x=2a$ 에서 극소가 된다.

$f(0)=a$, $f(2a)=-4a^3+a$ 이므로

$32=a-(-4a^3+a)=4a^3$

에서 $a=2$

문제 **2** 문항정보

7회 모의고사	문제 2의 문항정보
난이도	★★★☆☆
핵심 개념 및 용어	지수, 치환, 이차함수, 근의 분리

채점 기준	부분점수
치환을 통해 2^x에 대한 이차방정식을 나타내고 조건을 언급한다.	3점
이차방정식이 중근을 가질 때 $k=-3$ 임을 구한다.	3점
이차방정식이 서로 다른 두 실근을 가질 때 만족하지 않음을 보인다.	3점
답: 1을 올바르게 구한다.	1점

주의 사항
▷ 근의 분리를 까다로워 하는 경우가 꽤 있다. 이차함수의 경우 축의 위치, 경계선에서의 함숫값 그리고 판별식을 따져야 한다. (그래프를 그려보는 것이 도움이 된다.)
▷ 위 조건들 중 일부를 풀이에 작성하지 않는다면 감점요소로 작용된다.
▷ 위 채점 기준에서 $f(t)$의 정의역을 언급하지 않는다면 감점요소로 작용된다.

문제 **2** 풀이

$2^x = t\,(t>0)$ 라 두면 $f(t)=t^2+kt-k-\dfrac{3}{4}=0$ 이 1보다 큰 근을 1개만 가져야 한다.

i) $f(t)=0$ 이 중근을 가지는 경우

① $D=0$ ② 축의 방정식 $t=-\dfrac{k}{2}>1$ 이어야 하므로

① $D=k^2+4k+3=(k+1)(k+3)=0 \Rightarrow k=-1,\ k=-3$

② $k<-2$

이므로 ①, ②에 의해 $k=-3$ 이다.

ii) $f(t)=0$ 이 서로 다른 두 실근을 갖는 경우

① $D>0$ ② $f(1)<0$

① $D=(k+1)(k+3)>0 \Rightarrow k<-3,\ k>-1$

② $f(1)=\dfrac{1}{4}>0$

이므로 조건을 만족하지 못한다.

따라서 $k=-3$ 뿐이다.

즉, k의 값은 모두 1개

문제

3 문항정보

7회 모의고사	문제 3의 문항정보	
난이도	★★★★★★★	
핵심 개념 및 용어	삼각함수, 항등식, 곱셈공식	
채점 기준		부분점수
준 식의 양변을 제곱하여 $\sin\theta\cos\theta = \dfrac{1}{4}$ 을 구한다.		3점
곱셈공식을 이용하여 $\sin\theta - \cos\theta = \dfrac{1}{\sqrt{2}}$ 을 구한다.		4점
답: $\dfrac{5\sqrt{2}}{8}$ 을 올바르게 구한다.		3점
주의 사항		

▷ 삼각함수의 값을 통해서 곱셈공식을 활용하는 문제는 쉽게도 어렵게도 출제할 수 있는 문제이다. 따라서 기본적인 곱셈공식은 기억해두도록 하자.

▷ 또한 제곱하여 얻은 결과는 문제의 조건(범위)등을 확인하여 해를 확인하도록 하자.

문제

3 풀이

$\sin\theta + \cos\theta = \dfrac{\sqrt{6}}{2}$ 의 양변을 제곱하여 $\sin\theta\cos\theta = \dfrac{1}{4}$ 임을 알 수 있다.

그리고

$(\sin\theta - \cos\theta)^2 = (\sin\theta + \cos\theta)^2 - 4\sin\theta\cos\theta = \dfrac{1}{2}$ 에서

$\sin\theta - \cos\theta = \dfrac{1}{\sqrt{2}} \quad \left(\because \dfrac{\pi}{4} < \theta < \dfrac{\pi}{2} \right)$

$\sin^3\theta - \cos^3\theta = (\sin\theta - \cos\theta)^3 + 3\sin\theta\cos\theta(\sin\theta - \cos\theta)$

$\qquad = \left(\dfrac{1}{\sqrt{2}} \right)^3 + \dfrac{3}{4}\dfrac{1}{\sqrt{2}} = \dfrac{5\sqrt{2}}{8}$

문제 **4** 문항정보

7회 모의고사	문제 4의 문항정보	
난이도	⭐⭐⭐✩✩	
핵심 개념 및 용어	지수함수, 원의 방정식	
채점 기준		부분점수
원과 지수함수는 모두 $(0, 2)$를 지남을 알아낸다.		3점
삼각형의 넓이를 통해 또 다른 점의 좌표를 구한다.		4점
답: $\dfrac{4}{3}$를 올바르게 구한다.		3점
주의 사항		

▷ 그래프가 2개 이상 나오는 경우에는 좌표평면 위에 나타내어보도록 하자.
▷ 원 위의 있는 세 점 중 어떤 두 점을 지나는 직선이 원의 지름이면 직각삼각형이라는 사실 역시도 기억해두도록 하자.

문제 **4** 풀이

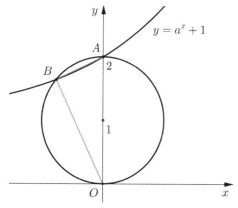

두 함수는 항상 $(0, 2)$를 지나므로 점 A를 $A(0, 2)$라 두자. B의 x좌표를 $t(t < 0)$라 두면 삼각형 AOB의 넓이는

$\dfrac{1}{2} \times 2 \times (-t) = -t$ 이므로 $t = -\dfrac{1}{2}$ 이어야 한다.

점 B는 원 위의 점이므로 대입하여 정리하면 점 B의 y좌표는 $1 + \dfrac{\sqrt{3}}{2}$ 이다.

따라서 점 $B\left(-\dfrac{1}{2}, 1 + \dfrac{\sqrt{3}}{2}\right)$ 이고 $y = a^x + 1$ 위의 점이므로

$1 + \dfrac{\sqrt{3}}{2} = a^{-\frac{1}{2}} + 1 \Rightarrow a = \dfrac{4}{3}$

5 문항정보

7회 모의고사	문제 5의 문항정보
난이도	★★☆☆☆
핵심 개념 및 용어	미분계수의 정의, 함수의 극한, 부정적분

채점 기준	부분점수
$x=y=0$ 을 대입하여 $f(0)=4$를 구한다.	2점
미분계수의 정의를 이용하여 $f'(x)=-4x+2$를 구한다.	3점
$f(x)$를 구한다.	3점
답: 6을 올바르게 구한다.	2점
주의 사항	

▷ 해당 문제와 같이 함수방정식으로 주어졌을 때 미분계수의 정의를 이용하여 도함수를 구해야 함을 알아두도록 하자.

▷ 문제의 형태가 더욱 복잡하더라도 결국에는 $\dfrac{f(x+h)-f(x)}{h}$ 또는 $\dfrac{f(x)-f(a)}{x-a}$ 의 식을 얻어내는 것이 주된 포인트이다.

 5 풀이

$f(x+y)=f(x)+f(y)-4xy-4$ 에서 $x=y=0$ 대입하면 $f(0)=4$ 임을 알 수 있다.

y 대신 h를 대입하면

$f(x+h)-f(x)=f(h)-4xh-4$ 에서

$\dfrac{f(x+h)-f(x)}{h}=\dfrac{f(h)-4}{h}-4x$ 이고 양변을 h를 0으로 보내는 극한을 취하면 $f(x)$는

미분가능하므로

$f'(x)=-4x+f'(0)=-4x+2$

따라서 $f'(-3)=14$

또한 $f(0)=4$ 이므로 $f(x)=-2x^2+2x+4$ 이다.

$f(3)=-8$ 이므로

$f'(-3)+f(3)=6$

6 문항정보

7회 모의고사	문제 6의 문항정보	
난이도	⭐⭐⭐⭐⭐	
핵심 개념 및 용어	속도, 운동방향, 움직인 거리	
채점 기준		**부분점수**
운동방향이 바뀌는 시각 $t_1 = a$, $t_2 = 3a$를 구한다.		3점
움직인 거리가 $4a^3$ 임을 구한다.		4점
답 : 5을 올바르게 구한다.		3점
주의 사항		

▷ 시각 $t = t_1$에서 $t = t_2$ 까지 물체가 움직인 거리는 $\displaystyle\int_{t_1}^{t_2} |v(t)|\, dt$ 이며

시각 $t = t_1$에서 $t = t_2$ 까지 물체의 위치의 변화량은 $\displaystyle\int_{t_1}^{t_2} v(t)\, dt$ 이다.

 6 풀이

속도를 $v(t)$라 하면 $v(t) = x' = 3t^2 - 12at + 9a^2 = 3(t-a)(t-3a)$ 이므로

$t > 0$ 에서 속도를 2번 바꾸기 위해서는 $a > 0$ 이며 $t_1 = a$, $t_2 = 3a$ 이다. 따라서

이 사이 움직인 거리는

$$\int_a^{3a} |v(t)|\, dt = -\int_a^{3a} 3(t-a)(t-3a)\, dt = \frac{(3a-a)^3}{2} = 4a^3 \geq 500$$

에서 $a^3 \geq 125 = 5^3$ 이므로 a의 최솟값은 5다.

문항정보 및 해설 7회

 7 문항정보

7회 모의고사	문제 7의 문항정보
난이도	
핵심 개념 및 용어	등차수열, 수열의 합, 최소와 최대

채점 기준	부분점수
등차수열의 합을 이용하여 $n = 16$임을 구한다.	3점
등차수열의 공차가 -3임을 구한다.	2점
수열의 합이 최대가 되기 위한 조건을 구한다.	3점
답: 12을 올바르게 구한다.	2점
주의 사항	

▷ 어떤 수에 몇 개의 수를 포함하여 등차수열 또는 등비수열이 되도록 하는 문제들은 출제 가능성이 높은 유형중 하나이다.

▷ 등차수열의 경우 첫 항과 마지막 항이 주어지게 되므로 이때 등차수열의 합 공식인 $\dfrac{n(a_1 + a_n)}{2}$ 를 활용하는 것이 효율적이다.

 7 풀이

새로 만들어진 등차수열의 항들을 $b_1, b_2, \cdots, b_{n+2}$ 라 두자.

이들의 합은 $\dfrac{(n+2)(38-13)}{2} = 225 \Rightarrow n = 16$

그리고 공차를 d라 두면 $-51 = (n+1)d \Rightarrow d = -3$ 이다.

수열 $\{a_n\}$은 $a_1 = 35$이며 공차가 -3인 등차수열이므로

$a_k = -3k + 38$ 이다.

$a_1 + a_2 + a_3 + \cdots + a_k$ 이 최대가 되기 위해서는 $a_k \geq 0, a_{k+1} < 0$ 이어야 하므로

$k = 12$ 임을 알 수 있다.

8 문항정보

7회 모의고사		문제 8의 문항정보	
난이도			
핵심 개념 및 용어		도함수, 접선, 함수추론	
채점 기준			부분점수
$g(0)=0$, $g'(0)=0$ 임을 구한다.			2점
$g(2)=0$, $g'(2)=0$ 임을 구한다.			2점
위 조건을 이용하여 $g(x)$를 구한다.			4점
답: $\dfrac{1}{4}$ 을 올바르게 구한다.			2점
주의 사항			

▷ 다항함수 $f(x)$와 직선 $g(x)$가 $x=a$ 에서 접하면 $f(x)-g(x)$는 $(x-a)^2$을 인수로 가져야 한다.
▷ 적분식이 포함된 등식에서는 정적분 값이 0이 되도록 하는 x의 값을 대입하여 등식을 얻도록 하자.

8 풀이

$g(0)=0$ 이고 $g'(x)=xf(x)$ 이다. 그리고 $g(2)=f(2)=0$ 에서

$g'(2)=0$, $g(2)=0$ 이다. 그리고 $g'(0)=0$, $g(0)=0$ 이므로 $g(x)=\dfrac{1}{4}(x-2)^2x^2$ 임을 알

수 있다.

$g'(x)=x(x-1)(x-2)$ 이므로 $g(x)$는 $x=1$에서 극댓값을 갖는다.

$g(1)=\dfrac{1}{4}$

9 문항정보

7회 모의고사	문제 9의 문항정보	
난이도	★★★★☆	
핵심 개념 및 용어	미분, 롤의 정리	
채점 기준		**부분점수**
함수$h(x)$를 $h(x)=f(x)-xg(x)$ 로 둔다.		3점
$h(2022)=h(2023)=0$ 임을 밝힌다.		2점
롤의 정리 이용하여 $h'(c)=0$ 인 c의 존재성을 밝힌다.		3점
답: 위 결과를 정리하여 증명을 완성한다.		2점
주의 사항		

▷ 존재성정리는 주로 사잇값정리, 롤의 정리, 평균값 정리가 출제된다. 문제에서 도함수가 나와있다면 롤의 정리 및 평균값 정리가 활용되었을 가능성이 높다.

▷ 위의 정리들을 사용하기 위한 필수조건을 확인하여야 한다.

가령 롤의 정리의 경우 $f(x)$는 $[a, b]$에서 연속, (a, b)에서 미분가능하며 $f(a)=f(b)$ 일 때, $f'(c)=0$ 인 c가 (a, b)에 존재한다. 이므로 미분가능성 및 $f(a)=f(b)$임을 밝히는 것이 필요하다.

9 풀이

함수 $h(x)$를 $h(x)=f(x)-xg(x)$ 라고 두자. 그러면 $h(x)$는 미분가능한 함수이며

$h(2022)=f(2022)-2022g(2022)=0$

$h(2023)=f(2023)-2023g(2023)=0$

이므로 롤의 정리에 의해 $h'(c)=0$ 인 실수 c가 $(2022, 2023)$에 적어도 하나 존재한다.

그런데,

$h'(x)=f'(x)-g(x)-xg'(x)$ 이므로

$h'(c)=f'(c)-g(c)-cg'(c)=0$ 에서

$f'(c)-g(c)=cg'(c)$ 이다.

1 문항정보

8회 모의고사	문제 1의 문항정보
난이도	★★☆☆☆
핵심 개념 및 용어	지수, 연립방정식

채점 기준	부분점수
3^x, 3^y 을 a에 대한 식으로 구한다.	3점
$20 = 3^x \times 3^y$ 를 a에 대한 식으로 나타낸다.	3점
답: 2023를 올바르게 구한다.	4점
주의 사항	

▷ a의 값을 구하는 것이 문제가 아니라 $3a^2 - 8a + 20$ 과 같이 이차이상의 다소 복잡한 식의 경우 a를 구해서 대입하는 것이 아닌 식 자체의 값을 문제의 조건을 통해 구할 수 있게 된다.

 1 풀이

$3^x = A, 3^y = B$ 라 두면 주어진 식은

$\begin{cases} 3A + B = a \\ A - 3B = 1 \end{cases}$ 이므로 이를 풀면 $A = \dfrac{3a+1}{10}, B = \dfrac{a-3}{10}$ 그리고

$AB = 3^{x+y} = 3^{\log_3 20} = 20$ 이므로 $20 = AB = \dfrac{(3a+1)(a-3)}{100} = \dfrac{3a^2 - 8a - 3}{100}$

에서

$3a^2 - 8a + 20 = 2023$

2 문항정보

8회 모의고사	문제 2의 문항정보	
난이도	★★☆☆☆	
핵심 개념 및 용어	함수의 극한, 미분계수	
채점 기준		부분점수
주어진 식을 변형하여 $(x+1)f(1)-\dfrac{f(x)-f(1)}{x-1}$ 로 나타낸다.		5점
극한값이 $2f(1)-f'(1)$ 임을 구한다.		3점
답: 9를 올바르게 구한다.		2점
주의 사항		

▷ 함수의 극한에서 쉽게 볼 수 있는 유형의 문제이다.

 $f(x)-f(1)$ 의 식이 나올 수 있도록 특정한 식을 더하고 빼고 해야 한다.

2 풀이

$$\frac{x^2f(1)-f(x)}{x-1}=\frac{-(f(x)-f(1))+(x^2-1)f(1)}{x-1}=(x+1)f(1)-\frac{f(x)-f(1)}{x-1} \text{ 이므로}$$

$$\lim_{x\to1}\frac{x^2f(1)-f(x)}{x-1}=\lim_{x\to1}\left\{(x+1)f(1)-\frac{f(x)-f(1)}{x-1}\right\}=2f(1)-f'(1)=9$$

문제 3 문항정보

8회 모의고사	문제 3의 문항정보
난이도	★★★★☆☆
핵심 개념 및 용어	다항함수, 도함수, 실근의 개수, 극소와극대

채점 기준	부분점수
$g(x)$는 $(x-2)^2$을 인수로 가져야 함을 안다.	3점
극댓값이 4 또는 극솟값이 -4임을 설명한다.	3점
답: $g(x)$를 각각 구한다.	4점
주의 사항	

▷ 다항함수 $g(x)$에서 $g(a)=0$, $g'(a)=0$ 이면 $g(x)$는 $(x-a)^2$을 인수로 가져야 한다.
▷ 실근의 개수는 함수의 극값에서 변화하고 특정한 개수를 가지기 때문에 극값이 얼마가 되어야 하는지 알 수 있다.

문제 3 풀이

$g'(2)=0$, $g(2)=0$ 임을 알 수 있다. 따라서 $g(x)=(x-2)^2(x-k)$ 로 나타낼 수 있다.
그리고 방정식 $|g(x)|=4$ 의 서로 다른 실근이 3개이기 위해서는 $g(x)$의 극댓값이 4
또는 극솟값이 -4이어야 한다.

$g'(x)=(x-2)(3x-2k-2)=0$ 에서 $x=\dfrac{2k+2}{3}$ 에서 극값을 갖는다.

ⅰ) $k<2$ 일 때,

$g(x)$는 $x=\dfrac{2k+2}{3}$에서 극대가 되므로

$g\left(\dfrac{2k+2}{3}\right)=\left(\dfrac{2k-4}{3}\right)^2\left(\dfrac{2-k}{3}\right)=\dfrac{4(2-k)^3}{27}=4$ 에서 $(2-k)^3=27 \Rightarrow k=-1$

이므로 $g(x)=(x-2)^2(x+1)$ 이다.

ⅱ) $k>2$ 일 때,

$g(x)$는 $x=\dfrac{2k+2}{3}$에서 극소가 되므로

$g\left(\dfrac{2k+2}{3}\right)=\left(\dfrac{2k-4}{3}\right)^2\left(\dfrac{2-k}{3}\right)=\dfrac{4(2-k)^3}{27}=-4$ 에서 $(2-k)^3=-27 \Rightarrow k=5$

이므로 $g(x)=(x-2)^2(x-5)$

ⅰ)ⅱ)에 의해

$g(x)=(x-2)^2(x+1)$, $g(x)=(x-2)^2(x-5)$

문제 **4** 문항정보

8회 모의고사	문제 4의 문항정보	
난이도	★★★☆☆☆	
핵심 개념 및 용어	부등식의 증명, 수학적 귀납법	
채점 기준		부분점수
① $= \dfrac{k+1}{k+2}$ 을 구한다.		3점
② $= k^3 + 3k^2 + 2k + 1$ 을 구한다.		3점
③ $= 3$ 을 구한다.		4점
주의 사항		

▷ 기본적인 난이도의 수학적 귀납법은 $n = k$ 일 때 성립한다고 가정한 뒤, 양변에 특정한 값을 더하거나 곱하여 $n = k+1$ 일 때 성립함을 보일 수 있는 식을 유도할 수 있다.

▷ 아래 과정을 따라서 수학적 귀납법 서술을 연습해보도록 하자.

문제 **4** 풀이

(ii) $n = k \ (k \geq 2)$일 때, ㉠이 성립한다고 가정하여

양변에 $\dfrac{k+1}{k+2}$ 를 더하면

$$\frac{1}{2} + \frac{2}{3} + \cdots + \frac{k}{k+1} + \frac{k+1}{k+2}$$

$$< \frac{k^2}{k+1} + \frac{k+1}{k+2} = \frac{k^3 + 3k^2 + 2k + 1}{(k+1)(k+2)}$$

$$< \frac{k^3 + 3k^2 + 3k + 1}{(k+1)(k+2)} = \frac{(k+1)^2}{k+2}$$

따라서 $n = k+1$일 때에도 부등식이 성립한다.

① $= \dfrac{k+1}{k+2}$

② $= k^3 + 3k^2 + 2k + 1$

③ $= 3$

문제 5 문항정보

8회 모의고사	문제 5의 문항정보
난이도	★★★☆☆
핵심 개념 및 용어	부등식, 도함수, 극소와극대, 최소와최대

채점 기준	부분점수
$h(x)$를 $h(x)=f(x)-g(x)$로 둔다.	1점
$h(x)$는 $x=1$에서 극대, $x=3$에서 극소임을 밝힌다.	3점
$x \geq -1$ 에서 $h(x)$는 $x=-1$에서 최솟값을 가짐을 밝힌다.	4점
답: 16을 올바르게 구한다.	2점

주의 사항

▷ 부등식이 항상 성립하기 위해서는 $x \geq -1$ 에서 $f(x)-g(x)$의 최솟값이 0 이상임을 의미한다.

▷ 두 함수의 $f(x), g(x)$의 그래프를 따로 그려서 비교하려는 시도는 하지 않도록 하자.

문제 5 풀이

$h(x)=f(x)-g(x)=x^3-6x^2+9x+n$ 이라 두자.

$h'(x)=3(x-1)(x-3)$ 이므로 $h(x)$는 $x=1$에서 극대, $x=3$에서 극소가 된다.

$h(-1)=n-16, h(3)=n$ 이므로 $x \geq -1$ 에서 $h(x)$의 최솟값은 $n-16$ 이고

그리고 $x \geq -1$ 에서 $h(x) \geq 0$ 이어야 하므로

$n \geq 16$

따라서 n의 최솟값은 16

문항정보 및 해설 8회

문제 **6** 문항정보

8회 모의고사	문제 6의 문항정보	
난이도	★★★★☆☆	
핵심 개념 및 용어	수열, 수열의 합	
채점 기준		부분점수
인수분해 하여 $a_n = n$ 또는 $a_n = -n + 16$ 임을 구한다.		4점
최대가 되기 위한 a_n을 구한다.		4점
답 : 266을 올바르게 구한다.		2점
주의 사항		

▷ 수열 또는 함수에 대한 이차방정식이 주어지는 경우 인수분해될 가능성이 매우 높다.
   식이 다소 복잡(이차방정식)하더라도 당황하지 말고 인수분해를 시도해보도록 하자.

문제 **6** 풀이

$(a_n)^2 - 16a_n - n^2 + 16n = 0$ 의 좌변을 인수분해하면

$(a_n - n)(a_n + n - 16) = 0$ 이므로 $a_n = n$ 또는 $a_n = -n + 16$ 이다. 그런데

$1 \leq n \leq 8$ 일 때, $-n + 16 \geq n$

$8 < n$ 일 때, $-n + 16 < n$ 이므로

$\displaystyle\sum_{n=1}^{20} a_n$ 이 최대가 되기 위해서는

$a_n = \begin{cases} -n + 16 & (1 \leq n \leq 8) \\ n & (9 \leq n \leq 20) \end{cases}$ 이어야 한다.

이때,

$$\sum_{n=1}^{20} a_n = \sum_{n=1}^{8}(-n+16) + \sum_{n=9}^{20} n = \frac{8(8+15)}{2} + \frac{12(9+20)}{2} = 266$$

7 문항정보

8회 모의고사	문제 7의 문항정보
난이도	★★★★☆☆
핵심 개념 및 용어	연속, 좌극한, 우극한, 주기함수

채점 기준	부분점수
$x=1$에서 연속성을 이용하여 $a=b$ 임을 얻는다.	2점
$x=2$에서 연속성을 이용하여 $2b+10=a-8$ 임을 얻는다.	3점
$f(2023)=f(-1)$ 임을 얻는다.	3점
답: -22을 올바르게 구한다.	2점
주의 사항	

▷ 구간별로 정의된 함수의 연속성을 물어보는 문제는 출제가능성이 높은 유형중 하나다.

▷ $x=2$ 에서의 우극한은 $x=-2$ 에서의 우극한임을 서술하는 것이 중요하다.

▷ 함수 $f(x)$가 미분가능하다라는 조건은 없으므로 미분이 될 것이라고 가정하면 안 된다.

7 풀이

$x=1$에서 연속이어야 하므로 $a+4=b+4 \Rightarrow a=b$ 이다.

$x=2$에서 연속이어야 하므로

$$\lim_{x \to 2-} f(x) = \lim_{x \to 2-} (2x^2+bx+2) = 2b+10$$

$$\lim_{x \to 2+} f(x) = \lim_{x \to 2+} f(x-4) = \lim_{x \to -2+} f(x) = a-8$$

위 두 값이 같아야 한다. 따라서 $2a+10=a-8 \Rightarrow a=-18, b=-18$

그리고 $f(2023)=f(-1)=-4+a=-22$

문제 8 문항정보

8회 모의고사	문제 8의 문항정보	
난이도	⭐⭐⭐⭐☆	
핵심 개념 및 용어	근과 계수의 관계, 삼각함수, 항등식	

채점 기준	부분점수
근과 계수의 관계를 이용하여 두 근의 합과 곱을 구한다.	3점
$k=-\dfrac{1}{4}$을 구한다.	2점
$b=\dfrac{1}{8}$을 구한다.	2점
답: $\dfrac{4\sqrt{5}-1}{8}$을 올바르게 구한다.	3점

주의 사항

▷ 이차방정식의 근에 관련된 문제는 반드시 근과 계수의 관계를 떠올리도록 하자.
▷ 범위가 제한되어 있는 문제의 경우 부호를 결정하는 역할을 하는 경우가 있으므로 범위를 꼭 확인하도록 하자.

문제 8 풀이

근과 계수의 관계에 의해

$\sin\theta+\cos\theta=\dfrac{\sqrt{3}}{2}$, $\sin\theta\cos\theta=\dfrac{k}{2}$ 이다.

$\dfrac{3}{4}=(\sin\theta+\cos\theta)^2=1+k$ 에서 $k=-\dfrac{1}{4}$

두 번째 방정식에서 근과 계수의 관계에 의해

$\sin\theta-\cos\theta=-a$, $-\sin\theta\cos\theta=b$ 이므로 $b=-\dfrac{k}{2}=\dfrac{1}{8}$ 이고

$a^2=(\sin\theta-\cos\theta)^2=1-k=\dfrac{5}{4}$

$\therefore \cos\theta-\sin\theta=a=\dfrac{\sqrt{5}}{2}\left(\because 0<\theta<\dfrac{\pi}{4}\right)$

$\therefore a+b+k=\dfrac{4\sqrt{5}-1}{8}$

문제 9 문항정보

8회 모의고사	문제 9의 문항정보
난이도	★★★★★☆
핵심 개념 및 용어	도함수, 판별식, 미분불가능, 극값, 증가와감소

채점 기준	부분점수
$x < 1$ 에서 함수 $f(x)$는 증가함을 밝힌다.	2점
극값이 없기 위해서는 $f(x)$는 증가해야 함을 밝힌다.	2점
$k > -1$ 임을 논리적으로 밝힌다.	3점
답: $\dfrac{5}{4}$ 을 올바르게 구한다.	3점

주의 사항

▷ 채점 기준의 3번 째 $k > -1$에서는 판별식의 범위에 따라 논리적으로 서술하지 못한 부분이 있다면 감점요소가 될 수 있다.
　(k ≠ -1 임을 밝히지 않아도 감점이 된다.)
▷ 연속함수가 극값을 갖지 않기 위해서는 증가하거나 감소해야 한다.

문제 9 풀이

$x < 1$ 에서 $f'(x) > 0$ 이므로 $f(x)$는 증가한다. $f(x)$의 극값이 없기 위해서는 $x > 1$ 에서도 $f(x)$는 증가하여야 한다. 즉, $3x^2 - 2x + k \geq 0 \, (x > 1)$ 이어야 한다.

i) 판별식 $D/4 = 1 - 3k \leq 0 \Rightarrow k \geq \dfrac{1}{3}$ 일 때 성립한다.

ii) 판별식 $D/4 = 1 - 3k > 0$ 일 때, $g(x) = 3x^2 - 2x + k = 0$ 의 서로 다른 두 실근은
　　모두 1이하 여야 한다. 따라서

① 축의 방정식 $x = \dfrac{1}{3} < 1$ 이므로 만족, ② $g(1) = k + 1 \geq 0$

따라서 $-1 \leq k < \dfrac{1}{3}$

i)ii)에서 $k \geq -1$ 그런데 $x = 1$ 에서는 미분 불가능해야하므로 $k > -1$ 이다.

$$f(x) = \begin{cases} -\dfrac{1}{2}x^2 + x - \dfrac{1}{2} \, (x \leq 1) \\ x^3 - x^2 + kx - k \, (x > 1) \end{cases}, \, (\because f(1) = 0)$$

$$\int_0^2 f(x)dx = \int_0^1 \left(-\dfrac{1}{2}x^2 + x - \dfrac{1}{2} \right)dx + \int_1^2 (x^3 - x^2 + kx - k)dx$$

$$= \left[-\dfrac{1}{6}x^3 + \dfrac{1}{2}x^2 - \dfrac{1}{2}x \right]_0^1 + \left[\dfrac{1}{4}x^4 - \dfrac{1}{3}x^3 + \dfrac{k}{2}x^2 - kx \right]_1^2 = \dfrac{5}{4} + \dfrac{k}{2}$$

의 최솟값은 $k = 0$ 일 때 $\dfrac{5}{4}$ 이다.

1 문항정보

9회 모의고사	문제 1의 문항정보	
난이도	⭐⭐⭐⭐⭐⭐⭐	
핵심 개념 및 용어	지수방정식, 치환, 이차방정식, 근의 분리	

채점 기준	부분점수
$2^x = t$ 에 대한 이차식을 나타낸다.	2점
위 이차식이 서로 다른 1보다 큰 실근을 갖기 위한 조건을 구한다.	5점
답: 5를 올바르게 구한다.	3점

주의 사항
▷ 치환시에는 범위를 확인하도록 하자.
▷ 근의 분리 문제는 1. 판별식 2. 대칭축의 위치 3. 경계선에서의 함숫값을 생각해야 함을 알고있자.

1 풀이

$2^x = t > 0$ 라 두면 $f(t) = t^2 - 2(a+1)t + a^2 - a - 3 = 0$ 이 서로 다른 1보다 큰 두 실근

을 가져야 한다. 그러기 위해서는 다음 조건을 만족해야 한다.

ⅰ) $D/4 > 0$ ⅱ) 대칭축 $t = a+1 > 1$ ⅲ) $f(1) > 0$

ⅰ) $D/4 = (a+1)^2 - (a^2 - a - 3) = 3a + 4 > 0 \Rightarrow a > -\dfrac{4}{3}$

ⅱ) $a + 1 > 1 \Rightarrow a > 0$

ⅲ) $f(1) = 1 - 2(a+1) + a^2 - a - 3 = a^2 - 3a - 4 = (a-4)(a+1) > 0 \Rightarrow a < -1, a > 4$

ⅰ)~ⅲ)에 의해 $a > 4$ 이므로 이를 만족하는 최소의 정수 a는 5

2 문항정보

9회 모의고사	문제 2의 문항정보	
난이도	★★★☆☆	
핵심 개념 및 용어	위치, 속도, 부정적분, 이동거리	
채점 기준		부분점수
시각 t에서의 점 P, Q의 위치를 구한다.		4점
점 P, Q가 만나는 시각 $t=11$을 구한다.		3점
답: 495을 올바르게 구한다.		3점
주의 사항		

▷ 시각 $t=t_1$에서 $t=t_2$ 까지 물체가 움직인 거리는 $\displaystyle\int_{t_1}^{t_2}|v(t)|\,dt$ 이며

시각 $t=t_1$에서 $t=t_2$ 까지 물체의 위치의 변화량은 $\displaystyle\int_{t_1}^{t_2}v(t)\,dt$ 이다.

 2 풀이

시각 t에서의 점 P, Q의 위치를 각각 $x_{\mathrm{P}}(t)$, $x_{\mathrm{Q}}(t)$라 하자. 조건에 의해

$x_{\mathrm{P}}(t)=2t^2+2t+3$, $x_{\mathrm{Q}}(t)=t^2+10t+36$ 이다.

$2t^2+2t+3=t^2+10t+36 \Rightarrow t^2-8t-33=(t-11)(t+3)=0$ 에서 $t=11$ 일 때 만난다.

점 P의 이동거리는 $\displaystyle\int_0^{11}(4t+2)\,dt=\left[2t^2+2t\right]_0^{11}=264$

점 Q의 이동거리는 $\displaystyle\int_0^{11}(2t+10)\,dt=\left[t^2+10t\right]_0^{11}=231$

이므로 이동거리의 합은 495

문제 3 문항정보

9회 모의고사	문제 3의 문항정보	
난이도	★★★☆☆	
핵심 개념 및 용어	다항식, 다항식 나눗셈, 미분법, 수치대입법	
채점 기준		부분점수
나머지를 $ax+b$로 둔다.		2점
$x=-1$ 을 대입하여 $a=b$를 구한다.		3점
미분후 $x=-1$을 대입하여 $a=6067$을 구한다.		3점
답: 6067을 올바르게 구한다.		2점
주의 사항		

▷ 이차식으로 나눈 나머지는 일차이하이다.

▷ 다항식 나눗셈 문제는 미분을 이용하여 수치대입을 하도록 하자.

문제 3 풀이

이차식 $(x+1)^2$ 으로 나누었으므로 $f(x)=ax+b$ 로 나타낼 수 있다.

$x^{2023}-2x^{2022}+3=(x+1)^2P(x)+ax+b$ 이고

$x=-1$ 대입하면

$0=-a+b$

위 식의 양변을 미분하면

$2023x^{2022}-4044x^{2021}=2(x+1)P(x)+(x+1)^2P'(x)+a$

$x=-1$ 대입하면

$6067=a$

따라서 $f(x)=6067(x+1)$ 이다.

$\therefore f(0)=6067$

문제 **4** 문항정보

9회 모의고사	문제 4의 문항정보
난이도	★★★☆☆
핵심 개념 및 용어	등비수열, 수열의 합

채점 기준	부분점수
$a_n = S_n - S_{n-1}(n \geq 2)$ 을 구한다.	3점
a_1의 값을 구한다.	3점
답: 25을 올바르게 구한다.	4점

주의 사항

▷ 수열의 합에서 중요한 등식은 $a_n = S_n - S_{n-1}(n \geq 2)$ 이고 특히 $n \geq 2$ 임에 유의하자. 따라서 $a_1 = S_1$ 으로 구해야 한다.

▷ 수열 $\{a_n\}$이 등차수열을 따르면,

$\quad a_{n+1} - a_n = a_n - a_{n-1}$ 또는 $2a_n = a_{n-1} + a_{n+1}(n \geq 2)$

$\quad$수열 $\{a_n\}$이 등비수열을 따르면,

$\quad a_{n+1}a_{n-1} = a_n^2 (n \geq 2)$

문제 **4** 풀이

점화식의 조건은 a_n은 등비수열임을 의미한다.

$a_n = S_n - S_{n-1} = 4 \cdot 5^{n+1}(n \geq 2)$ 이므로 a_n은 공비가 5인 등비수열을 이루어야 한다.

$a_1 = S_1 = 125 - k$ 이므로

$4 \cdot 5^3 = a_2 = 5a_1 = 5(125 - k) \Rightarrow 125 - k = 100 \Rightarrow k = 25$

5 문항정보

9회 모의고사	문제 5의 문항정보	
난이도	★★★★☆	
핵심 개념 및 용어	삼차함수, 극소와 극대, 근과 계수의 관계, 직선	

채점 기준	부분점수
$\alpha + \beta = 2k$, $\alpha\beta = 4$ 을 구한다.	3점
두 극점을 지나는 직선의 방정식을 구한다.	2점
$\beta f(\alpha) - \alpha f(\beta) = 0$을 구한다.	2점
답: 3을 올바르게 구한다.	3점

주의 사항

▷ 근의 공식을 이용하여 α, β를 직접 구하려고 하면 계산이 복잡하며 실수할 가능성이 올라가게 된다. 다항식에서의 근에 대한 문제라면 우선적으로 근과 계수관계의 활용을 생각하도록 하자.

 5 풀이

$f(x)$가 $x = \alpha$, $x = \beta$ 에서 극값을 갖는다고 하자. 그러면

$f'(x) = 3x^2 - 6kx + 12$ 에서 근과 계수의 관계에 의해

$\alpha + \beta = 2k$, $\alpha\beta = 4$ 이다.

두 극점을 지나는 직선의 방정식은

$y = \dfrac{f(\beta) - f(\alpha)}{\beta - \alpha}(x - \alpha) + f(\alpha)$ 이고 $(0, 0)$을 지나므로

$0 = (f(\beta) - f(\alpha))(-\alpha) + (\beta - \alpha)f(\alpha)$ 에서

$\beta f(\alpha) - \alpha f(\beta) = 0$ 이다.

$\dfrac{f(\alpha)}{\alpha} = \dfrac{f(\beta)}{\beta}$ 에서

$\alpha^2 - 3k\alpha + 12 + \dfrac{k-15}{\alpha} = \beta^2 - 3k\beta + 12 + \dfrac{k-15}{\beta}$

$(\alpha - \beta)\left(\alpha + \beta - 3k + \dfrac{15 - k}{\alpha\beta}\right) = 0$

$\alpha \neq \beta$ 이므로 $-k + \dfrac{15 - k}{4} = 0 \Rightarrow k = 3$

문제 **6** 문항정보

9회 모의고사	문제 6의 문항정보
난이도	★★★☆☆
핵심 개념 및 용어	이차방정식, 치환, 근의 분리

채점 기준	부분점수
$\sin x = t$ 에 대한 이차방정식을 얻는다.	3점
$f(-1)f(1) < 0$ 임을 안다.	4점
답 : 7을 올바르게 구한다.	3점

주의 사항
▷ 정의역의 범위를 잘 확인하여야 한다. 만약 $0 \le x \le 2\pi$ 이었다면 $t = 0$ 이 되도록 하는 x의 값이 3개 있게 된다.

문제 **6** 풀이

항등식을 이용해 식을 변형하면 $-2\sin^2 x - 4a\sin x + 5a + 11 = 0$ 이고

$\sin x = t(-1 \le t \le 1)$, $f(t) = -2t^2 - 4at + 5a + 11$ 라 하자. 조건을 만족하기 위해서는 $f(t) = 0$ 은 $-1 < t < 1$ 인 근을 1개 만 가져야 한다. 따라서 $f(-1)f(1) < 0$ 이어야

한다.

즉, $f(-1)f(1) = (9a + 9)(a + 9) = 9(a + 1)(a + 9) < 0$ 에서

$-9 < a < -1$ 이므로 정수 a는 $a = -8, -7, \cdots, -2$ 이므로 모두 7개

문제 7 문항정보

9회 모의고사	문제 7의 문항정보	
난이도	★★★★☆	
핵심 개념 및 용어	연속, 좌극한, 우극한, 주기함수	

채점 기준	부분점수
$f(0)=4$ 임을 구한다.	2점
$f'(x)=x^2+f'(0)$ 임을 구한다.	2점
$a=-3$을 구한다.	4점
답: 58을 올바르게 구한다.	2점

주의 사항

▷ 해당 문제를 함수방정식이라고 한다. 항상 처음에는 $x,\ y$에 특정한 값을 대입하여 함숫값 하나를 구한 뒤, $\dfrac{f(x+h)-f(x)}{h}$

또는 $\dfrac{f(x)-f(a)}{x-a}$ 를 나타낸 뒤 극한을 취하여 도함수를 구할 수 있게 된다.

문제 7 풀이

조건 (가)에서 $x=y=0$ 대입하면 $f(0)=4$ 이다.

그리고 $y=h(h\neq 0)$ 을 대입 후 정리하면

$\dfrac{f(x+h)-f(x)}{h}=\dfrac{(f(h)-f(0))}{h}+x^2+xh$ 이고 양변에 극한을 취하면

$f'(x)=x^2+f'(0)$ 에서 $f'(0)=a$ 라고 두자.

따라서 $x^2=-a>0$ 을 만족하는 x에서 극값을 갖는다.

$f(x)=\dfrac{1}{3}x^3+ax+4\,(\because f(0)=4)$

그리고

극댓값은 $f(-\sqrt{-a})=-\dfrac{2}{3}a\sqrt{-a}+4$

극솟값은 $f(\sqrt{-a})=\dfrac{2}{3}a\sqrt{-a}+4$ 이다.

두 값의 차는 $-\dfrac{4}{3}a\sqrt{-a}=4\sqrt{3}\Rightarrow -a^3=27\Rightarrow a=-3$

즉, $f(x)=\dfrac{1}{3}x^3-3x+4$

$\therefore f(6)=58$

문제 8 문항정보

9회 모의고사	문제 8의 문항정보
난이도	★★★★☆☆
핵심 개념 및 용어	근과 계수의 관계, 삼각함수, 항등식

채점 기준	부분점수
$f(g(x))$의 최댓값이 3임을 구한다.	3점
$0 < a < 1$ 일 때 $a = \dfrac{1}{3}$ 임을 구한다.	2점
$a > 1$ 일 때 $a = 3^{\frac{1}{3}}$ 임을 구한다.	2점
답: $3^{-\frac{2}{3}}$을 올바르게 구한다.	3점

주의 사항

▷ 치환시 범위를 항상 신경쓰도록 하자.

▷ 지수함수에서 밑의 값이 정해져 있지 않는 경우 $0 < a < 1$, $a > 1$ 와 같이 나눠서 접근하도록 하자.

문제 8 풀이

우선 $f(g(x))$의 최댓값을 구하자. $g(x) = t$라 두면 $y = f(t) = -(t-1)^2 + 3$ 이고

$g(0) = a^0 = 1$ 이므로 $t = 1$일 때 최댓값 3을 갖는다.

$f(x) = -(x-1)^2 + 3$ 이고 $0 \le x \le 3$ 이므로 $-1 \le f(x) \le 3$ 이다.

$f(x) = X$라 두면 $-1 \le X \le 3$ 이고, $y = g(f(x)) = g(X) = a^X$

i) $0 < a < 1$ 일 때, $g(f(x))$의 최댓값은 $X = -1$일 때, $\dfrac{1}{a}$이고 최댓값이 같아야

　하므로 $a = \dfrac{1}{3}$

ii) $a > 1$ 일 때, $g(f(x))$의 최댓값은 $X = 3$일 때, a^3이고 최댓값이 같아야 하므로

　$a = 3^{\frac{1}{3}}$

i), ii)에 의해 모든 a의 곱은 $3^{-\frac{2}{3}}$ 이다.

문제 9 문항정보

9회 모의고사	문제 9의 문항정보
난이도	★★★★☆
핵심 개념 및 용어	도함수, 판별식, 미분불가능, 극값, 증가와감소

채점 기준	부분점수
$f(0)=0$ 임을 구한다.	3점
$\lim\limits_{x \to 0} \dfrac{g(x)}{x^2}$ 을 구한다.	3점
$f(x)$를 구한다.	2점
답: 54을 올바르게 구한다.	2점

주의 사항
▷ 절댓값이 포함된 함수의 경우 범위를 나눈 뒤 조건에 맞게 연속성, 미분가능성등을 확인하여야 한다.
▷ 함수의 극한이 존재하기 위해서는 좌극한과 우극한이 모두 존재하며 서로 같아야 한다.

문제 9 풀이

$g(x)=|x|f(x)=\begin{cases} -xf(x) & (x<0) \\ xf(x) & (x \geq 0) \end{cases}$ 이다. $g'(x)=\begin{cases} -f(x)-xf'(x) & (x<0) \\ f(x)+xf'(x) & (x>0) \end{cases}$

이고 $g(x)$는 $x=0$에서 미분가능하므로 $-f(0)=f(0)$ 이 되어 $f(0)=0$ 이다.

즉, $f(x)=ax(x-b)$ 로 나타낼 수 있다. (단, $a \neq 0$)

또한

$\lim\limits_{x \to 0} \dfrac{g(x)}{x^2}=\lim\limits_{x \to 0} \dfrac{|x|f(x)}{x^2}=\lim\limits_{x \to 0} \dfrac{a|x|(x-b)}{x}$ 이고

$\lim\limits_{x \to 0+} \dfrac{a|x|(x-b)}{x}=-ab$

$\lim\limits_{x \to 0-} \dfrac{a|x|(x-b)}{x}=ab$

이고 $\lim\limits_{x \to 0} \dfrac{g(x)}{x^2}$ 의 값이 존재하므로 $-ab=ab \Rightarrow ab=0$ 즉, $b=0 \,(\because a \neq 0)$

$\therefore f(x)=2x^2 \,(\because f(1)=2)$

$\therefore g(3)=3f(3)=54$

1 문항정보

10회 모의고사	문제 1의 문항정보
난이도	⭐⭐⭐☆☆
핵심 개념 및 용어	삼각함수의 성질, 치환, 이차함수, 최소와최대

채점 기준	부분점수
$-\cos^2\theta + 4\cos\theta = t$ 로 치환한다.	3점
t의 범위를 구한다.	3점
답: 36을 올바르게 구한다.	4점
주의 사항	

▷ 삼각함수의 기본적인 성질 및 대칭성을 꼭 기억해두도록 하자.

▷ 치환을 하게 되면 범위를 꼭 찾아보도록 하자.

1 풀이

삼각함수 성질에 의하여 주어진 식은

$\left(-\cos^2\theta + 4\cos\theta + 1\right)^2 - 4\left(-\cos^2\theta + 4\cos\theta\right)$ 이다.

$-\cos^2\theta + 4\cos\theta = t$ 라 두면 $-1 \le \cos\theta \le 1$ 이므로

$-5 \le t \le 3$ 이다.

그리고 $f(t) = (t+1)^2 - 4t = t^2 - 2t + 1 = (t-1)^2$ 이므로

$t = -5$일 때 최댓값 $M = 36$

$t = 1$일 때 최솟값 $m = 0$

$\therefore M + m = 36$

2 문항정보

10회 모의고사	문제 2의 문항정보	
난이도	★☆☆☆☆	
핵심 개념 및 용어	지수	
채점 기준		**부분점수**
$\sqrt{1+x^2} = \dfrac{1}{2}\left(2^n + 2^{-n}\right)$, $\sqrt{1+x^2} + x = 2^n$ 임을 구한다.		4점
n이 4의 배수임을 구한다.		4점
답: 505을 올바르게 구한다.		2점
주의 사항		

▷ 해당 문제와 같이 난이도가 낮은 문제라면 짧은 시간내에 빠르게 해결하는 것이 중요하다.

2 풀이

$\sqrt{1+x^2} = \dfrac{1}{2}\left(2^n + 2^{-n}\right)$, $\sqrt{1+x^2} + x = 2^n$ 이므로

$\sqrt[4]{\sqrt{1+x^2}+x} = 2^{\frac{n}{4}}$ 이고 이 값이 정수가 되려면 n은 4의 배수이므로 2023이하의 4의 배수인 자연수는 모두 505개

문제 3 문항정보

10회 모의고사	문제 3의 문항정보
난이도	★★★☆☆
핵심 개념 및 용어	다항함수, 접선, 수직관계, 근과 계수의 관계

채점 기준	부분점수
접선의 방정식이 $(0, a)$를 지남을 수식으로 나타낸다.	3점
접점의 x좌표 t_1, t_2 이 $t^2 = 3 - a$ 의 근임을 파악한다.	3점
두 접선의 기울기의 곱이 -1임을 나타낸다.	2점
답: $a = \dfrac{7}{4}$ 을 올바르게 구한다.	2점

주의 사항
▷ 접선과 관련된 문제의 경우 접점의 x좌표를 t라 두고 접선의 방정식을 구하고 지나는 점을 대입하여 방정식을 얻도록 하자.

문제 3 풀이

접점의 x 좌표를 t라 하자. 접선의 방정식은 $y = (2t + 2)(x - t) + t^2 + 2t + 3$ 이고 $(0, a)$
를 지나므로

$a = -t^2 + 3$ 이다. 이를 만족하는 t의 값을 t_1, t_2라 하자.

즉, t_1, t_2는 $t^2 = 3 - a$ 의 두 근이다.

각각의 접선의 기울기는 $2t_1 + 2$, $2t_2 + 2$ 이고 서로 수직이므로

$4(t_1 + 1)(t_2 + 1) = -1$

$t_1 t_2 + t_1 + t_2 = -\dfrac{5}{4}$ 이고 근과 계수의 관계에 의해

$t_1 t_2 = -(3 - a)$, $t_1 + t_2 = 0$ 이므로

$a = \dfrac{7}{4}$

문항정보 및 해설 10회

문제 **4** 문항정보

10회 모의고사	문제 4의 문항정보	
난이도	★★★☆☆☆	
핵심 개념 및 용어	도함수, 접선의 방정식, 정적분	
채점 기준		부분점수
접선의 방정식을 구한다.		3점
접점의 x좌표를 구한다.		2점
답: $\dfrac{16}{3}$ 을 올바르게 구한다.		5점
주의 사항		

▷ 접선 또는 직선으로 둘러싸인 도형의 넓이는 구하는 문제는 다양한 난이도로 출제될 수 있다. 중요한 것은 도형을 정확히 이 해하고 계산 실수를 하지 않는 것이다.

문제 **4** 풀이

접점의 x좌표를 t라 두면 접선의 방정식은 $y = (2t-2)(x-t) + t^2 - 2t + 4$ 이고 $(0, 0)$
을 지나므로

$0 = -t^2 + 4$ 에서 $t = -2$, $t = 2$ 임을 알 수 있다.

즉 접점의 좌표는 $(-2, 12)$, $(2, 4)$ 이므로 두 접선과 곡선으로 둘러싸인 도형의
넓이는

$$\int_{-2}^{2}(x^2 - 2x + 4)dx - \frac{1}{2} \times 2 \times 4 - \frac{1}{2} \times 2 \times 12 = 2\int_{0}^{2}(x^2 + 4)dx - 16 = 2\left[\frac{1}{3}x^3 + 4x\right]_{0}^{2} - 16 = \frac{16}{3}$$

5 문항정보

10회 모의고사	문제 5의 문항정보	
난이도	⭐⭐⭐	
핵심 개념 및 용어	로그함수, 점근선, 교점의 개수	
채점 기준		부분점수
로그함수의 정의역을 이용하여 $n > 4$ 임을 구한다.		4점
$y = \lvert 2^x - n \rvert$ 의 점근선을 이용하여 $n \leq 8$ 임을 구한다.		4점
답: 26을 올바르게 구한다.		2점
주의 사항		

▷ 지수함수는 x축과 평행한 점근선을 가지며 로그함수는 y축과 평행한 점근선을 가진다.
▷ 직선과의 위치관계가 중요하므로 그래프를 그려보도록 하자.

5 풀이

ⅰ) $y = \log_{\frac{1}{3}}(n - 2x)$ 의 정의역은 $n - 2x > 0 \Rightarrow x < \dfrac{n}{2}$ 이므로 $x = 2$와 한 점에서

만나기 위해서는 $2 < \dfrac{n}{2}$, 즉 $n > 4$

ⅱ) $y = \lvert 2^x - n \rvert$ 가 $y = 8$과 한 점에서 만나려면

$y = \lvert 2^x - n \rvert$의 점근선이 $y = n$ 이므로

$y = 8$이 $y = n$ 보다 위에 있거나 일치해야 하므로 $n \leq 8$ 이다.

ⅰ)ⅱ)에 의해 $4 < n \leq 8$ 이므로 자연수 n의 값의 합은 $5 + 6 + 7 + 8 = 26$

문제 **6** 문항정보

10회 모의고사	문제 6의 문항정보	
난이도	⭐⭐⭐⭐⭐	
핵심 개념 및 용어	수열, 수열의 합	

채점 기준	부분점수
$\dfrac{a_{2n+1}+a_{2n}}{S_{2n+1}-S_{2n-1}}=1$ 임을 구한다.	3점
$\dfrac{a_{2n+1}-a_{2n}}{S_{2n+1}-S_{2n-1}}=\dfrac{r-1}{r+1}$ 임을 구한다.	4점
답 : 1009을 올바르게 구한다.	3점

주의 사항
▷ 패턴이 두 종류로 나뉘므로 각각을 계산해야 된다.
▷ $S_n - S_{n-1}=a_n\,(n \geq 2)$

문제 **6** 풀이

$$\frac{a_{2n+1}+a_{2n}}{S_{2n+1}-S_{2n-1}}=\frac{a_{2n+1}+a_{2n}}{a_{2n+1}+a_{2n}}=1 \ , \ \frac{a_{2n+1}-a_{2n}}{S_{2n+1}-S_{2n-1}}=\frac{a_{2n+1}-a_{2n}}{a_{2n+1}+a_{2n}}=\frac{a_{2n}(r-1)}{a_{2n}(r+1)}=\frac{r-1}{r+1}$$

이다.

따라서 합

$$S=\frac{a_{2023}+a_{2022}}{S_{2023}-S_{2021}}+\frac{a_{2021}-a_{2020}}{S_{2021}-S_{2019}}+\frac{a_{2019}+a_{2018}}{S_{2019}-S_{2018}}+\cdots+\frac{a_5-a_4}{S_5-S_3}+\frac{a_3+a_2}{S_3-S_1}$$

은 1의 항이 506개 $\dfrac{r-1}{r+1}$ 의 항이 505개 있으므로

$$1010=S=506+505\left(\frac{r-1}{r+1}\right)=506+505\left(1-\frac{2}{r+1}\right)=1011-\frac{1010}{r+1}$$

에서

$$\frac{1010}{r+1}=1 \Rightarrow r=1009$$

문제 **7** 문항정보

10회 모의고사	문제 7의 문항정보
난이도	★★★☆☆
핵심 개념 및 용어	삼차함수, 극대와극소, 불연속

채점 기준	부분점수
함수 $g(x)=2x^3-12x^2+18x-2$ 의 극값을 구한다.	2점
함수 $|g(x)|$ 의 극값을 파악한다.	3점
함수 $f(t)$ 를 구한다.	3점
답: 8을 올바르게 구한다.	2점

주의 사항
▷ $|g(x)|$ 의 그래프는 $y=g(x)$ 의 그래프에 의해 결정되므로 $y=g(x)$ 의 그래프를 먼저 그려보도록 하자. 즉, $g(x)$ 의 근의 위치 및 극값을 찾아야 한다.

문제 **7** 풀이

$g(x)=2x^3-12x^2+18x-2$ 라 두면 $g'(x)=6(x-1)(x-3)$ 이므로 $g(x)$ 는 $x=1$ 에서 극대 $x=3$ 에서 극소이다. 그리고

$g(1)=6$, $g(3)=-2$ 이므로

함수 $f(t)$ 는 다음과 같다.

$$f(t)=\begin{cases} 2 \ (t>6) \\ 3 \ \ (t=6) \\ 4 \ (2<t<6) \\ 5 \ \ (t=2) \\ 6 \ (0<t<2) \\ 3 \ \ (t=0) \\ 0 \ \ (t<0) \end{cases}$$

따라서 함수 $f(t)$ 는 $t=0, 2, 6$ 에서 불연속이므로 이들의 합은 $0+2+6=8$

문제 **8** 문항정보

10회 모의고사	문제 8의 문항정보
난이도	⭐⭐⭐⭐⭐
핵심 개념 및 용어	근과 계수의 관계, 삼차함수, 극소와 극대, 최소와 최대

채점 기준	부분점수
$f(x)=x^3-6x^2+16$ 의 극값을 구한다.	3점
$g(t)$를 구한다.	4점
답: 236을 올바르게 구한다.	3점
주의 사항	

▷ 닫힌구간에서의 최소,최대는 극값들과 구간의 양 끝점에서의 값을 비교하여야 한다.
  난이도가 있는 최소,최대 문제들의 경우 이 문제와 같이 구간별로 함수가 달라지게 된다. 따라서 함수가 달라지게 되는 경계
  를 찾아야 한다.

문제 **8** 풀이

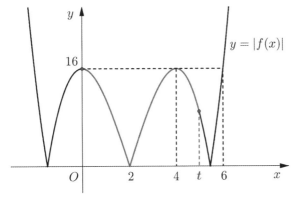

$f(x)=x^3-6x^2+16$ 에서 $f'(x)=3x(x-4)$ 이므로 $x=0$ 에서 극댓값 $f(0)=16$

$x=4$ 에서 극솟값 $f(4)=-16$ 이며 $f(x)=16$ 을 만족하는 또 다른 x의 값은 근과

계수의 관계에 의하여 $x=6$ 임을 알 수 있다. 따라서

$g(t)=\begin{cases} 16 & (0 \le t \le 6) \\ f(t) & (t > 6) \end{cases}$ 이다.

$\therefore \int_0^8 g(t)\,dt = \int_0^6 16\,dt + \int_6^8 (t^3-6t^2+16)\,dt = 236$

문제 9 문항정보

10회 모의고사	문제 9의 문항정보
난이도	★★★★★
핵심 개념 및 용어	삼차함수, 도함수, 극소와 극대, 수열

채점 기준	부분점수
$f(x) = x^3 - 6x^2$ 의 극값을 구한다.	2점
$y = -1, -2, \cdots, -31$ 을 만족하는 x 의 값은 2개 있음을 밝힌다. $y = -32, y = 0, 1, 2, \cdots$ 을 만족하는 x의 값은 1개 있음을 밝힌다.	2점
$a_{64} = 6$ 임을 구한다.	3점
답: 16을 올바르게 구한다.	3점

주의 사항
▷ 난이도가 높은 문항이다. 우선 수열 a_n의 의미를 정확히 알아야 하며 이후에는 a_n 을 구하기 위해서 함수가 어떠한 정수값을 가질 수 있는지 찾기 위해 극값을 알아야 한다.

문제 9 풀이

$f(x) = x^3 - 6x^2 (x > 0)$ 라 하자. $f'(x) = 3x(x - 4)$ 이므로 $x = 0$ 에서 극댓값 0
$x = 4$ 에서 극솟값 -32를 갖는다.

따라서 $y = -1, -2, \cdots, -31$ 이 되도록 하는 양수 x의 값은 2개씩 있으며
$y = -32, y = 0, 1, 2, \cdots$ 이 되도록 하는 양수 x의 값은 1개씩 있다.

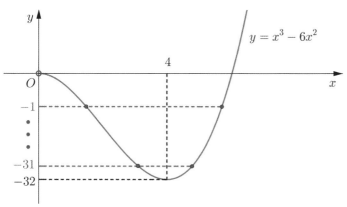

또한 $f(6) = 0$ 이므로
$a_{64} = 6$ 임을 알 수 있다.

이제 a_{64+k} 는 $f(x) = k$ 를 만족하는 양수 x 가 된다.

따라서 a_{464} 는 $f(x) = x^2(x - 6) = 400$ 을 만족하는 x 값이며 $x = 10$ 임을 알 수 있다.

$\therefore a_{464} = 10$

$\therefore a_{64} + a_{464} = 16$

1 문항정보

11회 모의고사	문제 1의 문항정보	
난이도	⭐⭐⭐⭐⭐⭐	
핵심 개념 및 용어	삼각함수, 삼각함수의 성질	
채점 기준		부분점수
$45\theta = \dfrac{\pi}{2}$ 임을 파악한다.		4점
$\cos^2 k\theta + \cos^2((45-k)\theta) = 1$ 임을 구한다.		4점
답: 22를 올바르게 구한다.		2점
주의 사항		

▷ 항이 다수인 삼각함수의 합을 구하는 경우 항등식 $\sin^2 x + \cos^2 x = 1$ 및 $\sin x, \cos x$의 평행이동 관계 또는 삼각함수의 대칭성을 이용하는 경우가 다수이므로 이를 기억하도록 하자.

▷ 위의 대칭을 이용하는 예는 다음과 같다.

$\cos 1° + \cos 2° + \cdots + \cos 179° = 0$

$\therefore \cos(\pi - x) = -\cos x$

 1 풀이

$\theta = \dfrac{\pi}{90}$ 라고 두면 $45\theta = \dfrac{\pi}{2}$

이므로 $\cos^2 k\theta + \cos^2((45-k)\theta) = \cos^2 k\theta + \cos^2\left(\dfrac{\pi}{2} - k\theta\right) = \cos^2 k\theta + \sin^2 k\theta = 1$ 이다.

따라서

$f\left(\dfrac{\pi}{90}\right) = 22 + \cos^2\left(\dfrac{\pi}{2}\right) = 22$

2 문항정보

11회 모의고사	문제 2의 문항정보	
난이도	⭐⭐⭐⭐⭐	
핵심 개념 및 용어	삼차함수, 극소와극대, 근의 분리	
채점 기준		부분점수
아래의 조건 ①, ②, ③을 구한다.		5점
위 ①, ②, ③의 각각의 부등식의 해를 구한다.		3점
답: 1을 올바르게 구한다.		2점
주의 사항		

▷ 채점 기준에서 ①, ②, ③ 중 포함되지 않는 내용이 있다면 부분적인 감점이 적용된다.

▷ 삼차함수의 극값이 특정 구간에 포함되는 문제도 출제가능성이 충분히 높은 유형이며 이차함수의 근의 분리와 동일한 문제이다.

2 풀이

즉, $f'(x)=0$ 의 서로 다른 두 실근이 구간 $(0, 4)$에 포함되어야 한다.

$f'(x)=3x^2-4x+a$ 이고 서로 다른 두 실근이 모두 $(0, 4)$에 있기 위해서는

① $D/4>0$　② 축의 방정식 $x=\dfrac{2}{3}$에서 $0<\dfrac{2}{3}<4$ 이므로 만족

③ $f'(0)>0, f'(4)>0$

① $D/4=4-3a>0 \Rightarrow a<\dfrac{4}{3}$

③ $f'(0)=a>0, \;\; f'(4)=32+a>0 \Rightarrow a>-32$

따라서

$0<a<\dfrac{4}{3}$ 이다. 이를 만족하는 정수 a는 $a=1$ 이므로 모두 1개

3 문항정보

11회 모의고사	문제 3의 문항정보	
난이도	⭐⭐⭐☆☆☆	
핵심 개념 및 용어	사인법칙, 코사인법칙, 원, 삼각형의 넓이	

채점 기준	부분점수
$\overline{BC} = 3$ 임을 구한다.	4점
$\overline{AB}\,\overline{AC} = 7$ 임을 구한다.	4점
답: $\dfrac{7\sqrt{3}}{4}$ 을 올바르게 구한다.	2점

주의 사항

▷ 사인법칙과 코사인법칙의 출제빈도가 낮지만 기본적인 공식은 꼭 기억하고 있어야 한다.

 ## 3 풀이

사인법칙에 의해 $\overline{BC} = 2\sqrt{3}\sin 120° = 3$

코사인법칙에 의해 $9 = \overline{BC}^2 = \overline{AB}^2 + \overline{AC}^2 + \overline{AB}\,\overline{AC} = \left(\overline{AB} + \overline{AC}\right)^2 - \overline{AB}\,\overline{AC}$

$\overline{AB} + \overline{AC} = 4$ 이므로 $\overline{AB}\,\overline{AC} = 7$ 이다.

따라서 삼각형 ABC 의 넓이는

$\dfrac{1}{2}\overline{AB}\,\overline{AC}\sin 120° = \dfrac{7\sqrt{3}}{4}$

4 문항정보

11회 모의고사	문제 4의 문항정보	
난이도	⭐⭐⭐⭐⭐	
핵심 개념 및 용어	함수의 극한, 미분계수	
채점 기준		**부분점수**
$f(x)=x^{2023}-x^{2022}+x^{2021}$ 라고 둔다.		3점
구하는 극한값이 $f'(1)$ 임을 밝힌다.		4점
답: 2022을 올바르게 구한다.		3점
주의 사항		

▷ 어렵지 않은 문제이다. 다만 식을 더 복잡하게 줄 가능성은 있다. 그렇더라도 함수 $f(x)$를 찾는다면 이후에는 미분계수로 나타낼 수 있으므로 계산실수만 유의하면 된다.

 4 풀이

$f(x)=x^{2023}-x^{2022}+x^{2021}$ 이라 두면 $f(1)=1$ 이고 $f(x)$는 미분가능하므로

$$\lim_{x\to 1}\frac{x^{2023}-x^{2022}+x^{2021}-1}{x-1}=\lim_{x\to 1}\frac{f(x)-f(1)}{x-1}=f'(1)=2023-2022+2021=2022$$

문항정보 및 해설 11회

 5 문항정보

11회 모의고사	문제 5의 문항정보	
난이도		
핵심 개념 및 용어	도함수, 정적분, 다항함수	

채점 기준	부분점수
$f(2) = 4$ 임을 구한다.	3점
$f(x) = 2x^2 - 4$ 임을 구한다.	4점
답: 3을 올바르게 구한다.	3점

주의 사항

▷ 적분 형태로 주어진 등식에서는 아래와 같이 두 가지를 꼭 시도하도록 하자.
  ① 정적분 값이 0이 되도록 하는 x 값 대입
  ② 양변을 미분

 5 풀이

등식에 $x = 2$ 대입하면 $f(2) = 4$. 등식의 양변을 미분하면

$2xf(x) + x^2 f'(x) - 2xf(x) = 4x^3 \Rightarrow f'(x) = 4x$ 이므로 $f(x) = 2x^2 - 4 \,(\because f(2) = 4)$

따라서 $\displaystyle\int_0^a f(x)dx = \left[\frac{2}{3}x^3 - 4x\right]_0^a = \frac{2}{3}a^3 - 4a = 6$

$\Rightarrow a^3 - 6a - 9 = (a-3)(a^2 + 3a + 3) = 0$

$\therefore a = 3 \,(\because a^2 + 3a + 3 > 0)$

6 문항정보

11회 모의고사	문제 6의 문항정보	
난이도	★★★☆☆	
핵심 개념 및 용어	수열, 수열의 합	
채점 기준		**부분점수**
$a_n = 2n+1 (n \geq 2)$ 임을 구한다.		4점
$a_1 = 4$ 임을 구한다		3점
답 : 1486을 올바르게 구한다.		3점
주의 사항		

▷ 수열의 합이 주어진 경우

$$S_n - S_{n-1} = a_n \ (n \geq 2), \ \ a_1 = S_1$$

임이 이용될 가능성이 높다. 꼭 유의하도록 하자.

6 풀이

$\displaystyle\sum_{k=1}^{n} a_k = n^2 + 2n + 1$ 에서 $a_n = (n+1)^2 - n^2 = 2n+1 \ (n \geq 2)$ 이고 $a_1 = 4$이다.

따라서

$$\sum_{k=1}^{10} ka_{2k-1} = a_1 + \sum_{k=2}^{10} ka_{2k-1} = 4 + \sum_{k=2}^{10} k(4k-1) = 4 + \sum_{k=2}^{10} (4k^2 - k) = 1486$$

문제 7 문항정보

11회 모의고사	문제 7의 문항정보	
난이도	⭐⭐⭐⭐⭐	
핵심 개념 및 용어	극값의 정의, 이차함수, 삼차함수, 함수추론	
채점 기준		부분점수
함수 $f(x)$는 $x=2$, $x=3a$ 에서 극대가 되어야 함을 안다.		3점
$a=\dfrac{8}{3}$ 임을 구한다.		3점
$g(x)$에 대한 식을 구한다.		2점
답: 21을 올바르게 구한다.		2점
주의 사항		

▷ 그래프의 추론은 출제가 된다면 난이도가 높은 유형이 될 가능성이 높다. 제한된 시간 내에 빠르게 풀어야 하기 때문에 문제의 조건을 만족할 수 있는 함수의 그래프를 그려보면서 찾아야 한다. 극값의 위치가 정해지면 그래프가 결정이 되므로 극값의 위치를 고려하자.

▷ 함수 $f(x)$가 미분가능하다라는 조건은 없으므로 미분이 될 것이라고 가정하면 안 된다.

문제 7 풀이

$x<2$ 에서 함수 $f(x)=-x^2+5x+b$ 이므로 $f(x)$는 증가한다. 극댓값이 2개 있으면서
두 극댓값이 갖기 위해서는 함수 $f(x)$의 그래프는 다음과 같아야 한다.

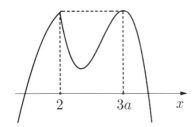

즉. 함수 $f(x)$는 $x=2$, $x=3a$ 에서 동일한 극댓값을 가져야 한다.

삼차함수의 비례관계에 의해 $g(x)$가 극소가 되는 x의 값은 $x=\dfrac{3a+4}{3}=4$ 에서

$a=\dfrac{8}{3}$ 임을 알 수 있다. 즉, $g(x)=-(x-2)(x-8)^2+g(2)$

그리고 함수 $f(x)$는 연속함수이므로
$-4+10+b=g(2)$ 에서 $b=g(2)-6$ 이다.
$\therefore b-g(5)=(g(2)-6)-(-27+g(2))=21$

문제 **8** 문항정보

11회 모의고사	문제 8의 문항정보
난이도	⭐⭐⭐⭐⭐
핵심 개념 및 용어	합성함수, 로그, 부등식

채점 기준	부분점수
$g(f(x)) < 0$ 의 해 $8 < x < 16$을 구한다.	2점
$g(x) < 128 - k$ 임을 구한다.	2점
정수해는 $x = 9$ 임을 구한다.	3점
답: 837을 올바르게 구한다.	3점

주의 사항

▷ 이 문제에서 어려운 부분은 $g(x) < 128 - k$ 과 $8 < x < 16$ 을 만족하는 정수 x가 1개임을 해석하는 것이다. 9보다 큰 정수 n이 해가 되면 $9, 10, \cdots, n$ 이 모두 해가 되므로 동시에 만족하는 정수 x는 $x = 9$ 이어야만 한다.

▷ 이차함수의 그래프는 간단한 형태이므로 그려보면서 부등식의 해를 생각하도록 하자.

문제 **8** 풀이

$g(f(x)) < 0 \Leftrightarrow 0 < f(x) < 1 \Leftrightarrow 1 < \dfrac{x}{8} < 2 \Rightarrow 8 < x < 16 \ \cdots \ ①$

그리고 $f(g(x) + k) < 4 \Leftrightarrow 0 < \dfrac{g(x) + k}{8} < 16$ 에서 $-k < g(x) < 128 - k$

그런데 $g(x) = x^2 - x$의 최솟값은 $-\dfrac{1}{4}$ 이므로 $g(x) < 128 - k \ \cdots \ ②$

이고 ①. ②를 만족하는 정수 x가 한 개 여야 한다. 따라서 정수해 x는 $x = 9$ 이어야
한다.

즉 $g(9) < 128 - k \leq g(10)$ 이어야 하므로 이를 풀면

$72 < 128 - k \leq 90 \Rightarrow 38 \leq k < 56$

따라서 양의 정수 k의 값의 합은

$\dfrac{18(38 + 55)}{2} = 837$

문제 9 문항정보

11회 모의고사	문제 9의 문항정보	
난이도	★★★★☆	
핵심 개념 및 용어	절댓값이 포함된 함수, 정적분, 이차함수	
채점 기준		부분점수
$0 \leq x \leq 2$ 에서 $f(x) \geq 0$ 임을 밝힌다.		3점
$-1 \leq x \leq 0$ 에서 $f(x) \leq 0$ 임을 밝힌다.		3점
$f(x) = ax(x-2)\,(a<0)$ 을 구한다.		2점
답: 6을 올바르게 구한다.		2점
주의 사항		

▷ 난이도가 높은 문제에서는(지수,로그,수열에서든 미분,적분에서든) 절댓값이 포함된 식이 출제될 가능성은 충분히 있다.

▷ 해당 문제에서는 다음과 같은 성질이 이용되었다.

$|f(x)| - f(x) \geq 0$

$|f(x)| + f(x) \geq 0$

문제 9 풀이

조건 (가)에서 $\displaystyle\int_0^2 (|f(x)| - f(x))dx = 0$ 이고 $|f(x)| - f(x) \geq 0$ 이므로 $0 \leq x \leq 2$ 에서

$|f(x)| = f(x)$ 이어야 한다. 즉 $f(x) \geq 0$ 이다.

조건 (나)에서 $\displaystyle\int_{-1}^0 (|f(x)| + f(x))dx = 0$ 이고 $|f(x)| + f(x) \geq 0$ 이므로 $-1 \leq x \leq 0$

에서 $|f(x)| + f(x) = 0$ 이어야 한다. 즉 $f(x) \leq 0$ 이다.

위 결과에 의해 $f(0) = 0$ 임을 알 수 있다.

따라서 $f(x) = ax(x-2)\,(a<0)$ 로 나타낼 수 있다.

그리고 $-8 = \displaystyle\int_{-1}^0 a(x^2 - 2x)dx = \left[a\left(\dfrac{1}{3}x^3 - x^2 \right) \right]_{-1}^0 = \dfrac{4}{3}a$

에서 $a = -6$ 이다.

$\therefore f(x) = -6x(x-2)$ 이므로 $f(1) = 6$

문제 1 문항정보

12회 모의고사	문제 1의 문항정보
난이도	★☆☆☆☆
핵심 개념 및 용어	로그, 인수분해, 로그의 성질

채점 기준	부분점수
$x = 5 + 2\log_2 5$ 임을 구한다.	2점
$y = 2 + \log_5 2$ 임을 구한다.	2점
$xy - 2x - 5 + 10 = (x-5)(y-2)$ 로 나타낸다.	3점
답: 10을 올바르게 구한다.	3점
주의 사항	

▷ 인수분해를 하지 않고도 대입하면 답을 구할 수 있지만 이와 같이 x, y에 대한 일차식으로 주어진 경우 대게 인수분해가 가능하도록 출제가 되는 편이다. 따라서 인수분해를 먼저 시도해보도록 하자.

문제 1 풀이

$2^x = 5^y = 800$ 에서

$x = \log_2(2^5 \cdot 5^2) = 5 + 2\log_2 5$

$y = \log_5(2^5 \cdot 5^2) = 2 + 5\log_5 2$

그리고 $xy - 2x - 5y + 10 = (x-5)(y-2) = (2\log_2 5)(5\log_5 2) = 10$

문제 2 문항정보

12회 모의고사	문제 2의 문항정보	
난이도	★★★☆☆☆☆	
핵심 개념 및 용어	삼차함수, 그래프, 실근	
채점 기준		부분점수
$f(x)=x^3-3x^2-9x+3$ 은 $x=-1, 3$에서 극값을 갖음을 밝힌다.		3점
$f(-1)$, $f(3)$, $f(0)$의 값을 구한다.		3점
답: $3<k<8$을 올바르게 구한다.		4점
주의 사항		

▷ $f(x)=k$ 꼴로 나타내는 것이 우선이다.
▷ 삼차함수의 실근의 종류에 대해 묻는 문제는 기본적인 난이도로 출제될 가능성이 높은 유형이다. 삼차함수의 도함수를 구하여 그래프의 개형을 나타낸 뒤, 직선 $y=k$를 움직여보면서 조건을 만족하기 위한 범위 또는 값을 찾자.

문제 2 풀이

식을 정리하여 $x^3-3x^2-9x+3=k$ 이고
$f(x)=x^3-3x^2-9x+3$ 이라 두자.
$f'(x)=3(x-3)(x+1)$ 이고
$f(-1)=8$, $f(3)=-24$, $f(0)=3$ 이다.

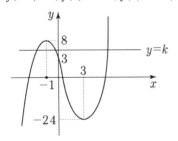

조건을 만족하기 위해서는
$3<k<8$

문제 3 문항정보

12회 모의고사	문제 3의 문항정보
난이도	⭐⭐⭐⭐⭐
핵심 개념 및 용어	상용로그, 정수부분

채점 기준	부분점수
$N\left(\dfrac{a}{2023}\right)=-1,\ -2$ 인 a의 범위를 각각 구한다.	3점
$N\left(\dfrac{a}{2023}\right)=-3$ 인 a의 범위를 구한다.	2점
$N\left(\dfrac{a}{2023}\right)=-4$ 인 a의 범위를 구한다.	3점
답: 2246을 올바르게 구한다.	2점

주의 사항
▷ $\log x$ 의 정수부분이 n이면 $n \le \log x < n+1$ 이므로 $10^n \le x < 10^{n+1}$ 이다.

문제 3 풀이

$\dfrac{1}{10} \le x < 1$ 이면 $-1 \le \log x < 0$ 이므로 $N(x)=-1$ 이다.

$\dfrac{1}{100} \le x < \dfrac{1}{10}$ 이면 $-2 \le \log x < -1$ 이므로 $N(x)=-2$ 이다.

$\vdots$

i) $\dfrac{1}{10} \le \dfrac{a}{2023} < 1 \Rightarrow 202.3 \le a < 2023$ 이므로 $N\left(\dfrac{a}{2023}\right)=-1$ 인 a는 $203 \le a \le 2022$

이고 모두 1820개

ii) $\dfrac{1}{100} \le \dfrac{a}{2023} < \dfrac{1}{10} \Rightarrow 20.23 \le a < 202.3$ 이므로 $N\left(\dfrac{a}{2023}\right)=-2$ 인 a는 $21 \le a \le 202$

이고 모두 182개

iii) $\dfrac{1}{1000} \le \dfrac{a}{2023} < \dfrac{1}{100} \Rightarrow 2.023 \le a < 20.23$ 이므로 $N\left(\dfrac{a}{2023}\right)=-3$ 인 a는 $3 \le a \le 20$

이고 모두 18개

iv) $\dfrac{1}{10000} < \dfrac{1}{2023},\ \dfrac{2}{2023} < \dfrac{1}{1000}$ 이므로 $N\left(\dfrac{1}{2023}\right) = N\left(\dfrac{2}{2023}\right)=-4$ 이다.

i)~iv)에 의해

$$N\left(\dfrac{1}{2023}\right) + N\left(\dfrac{2}{2023}\right) + \cdots + N\left(\dfrac{2022}{2023}\right) = -1820 - 364 - 54 - 8 = -2246$$

이므로

$|k| = 2246$

4 문항정보

12회 모의고사	문제 4의 문항정보
난이도	⭐⭐⭐⭐⭐
핵심 개념 및 용어	정적분, 대칭, 삼차함수

채점 기준	부분점수
조건 (가)에서 $\int_{-a}^{a} f(x)dx = 0$ 을 얻는다.	3점
$f(x) = x^3 + kx$ 로 둔다.	2점
$k = -6$ 임을 구한다.	3점
답: 95을 올바르게 구한다.	2점

주의 사항
▷ 특정한 구간에서의 정적분 조건은 대게 함수 $f(x)$의 대칭성에 대한 정보를 포함하고 있다.
▷ 임의의 실수 a에 대하여 $\int_{-a}^{a} f(x)dx = 0$ 이면 $f(x)$는 원점 대칭
▷ 임의의 실수 a에 대하여 $\int_{-a}^{a} f(x)dx = 2\int_{0}^{a} f(x)dx$ 이면 $f(x)$는 y축 대칭

4 풀이

조건 (가)에서 $\displaystyle\int_{-a}^{b} f(x)dx = \int_{-a}^{a} f(x)dx + \int_{a}^{b} f(x)dx = \int_{a}^{b} f(x)dx$ 이므로 $\displaystyle\int_{-a}^{a} f(x)dx = 0$

이다.

따라서 함수 $f(x)$는 원점대칭이어야 하므로 $f(x) = x^3 + kx$ 로 둘 수 있다.

조건 (나)에서

$$\frac{5}{4} = \int_{-2}^{3} f(x)dx = \int_{-2}^{2} f(x)dx + \int_{2}^{3} f(x)dx = \int_{2}^{3} (x^3 + kx)dx = \left[\frac{1}{4}x^4 + \frac{k}{2}x^2\right]_{2}^{3} = \frac{65}{4} + \frac{5k}{2}$$

$$\Rightarrow k = -6$$

$$\therefore f(x) = x^3 - 6x$$

$$f(5) = 125 - 30 = 95$$

문제 5 문항정보

12회 모의고사	문제 5의 문항정보
난이도	★★☆☆☆☆☆
핵심 개념 및 용어	직선의 기울기, 삼각형의 넓이, 최소와최대

채점 기준	부분점수
직선 AB의 기울기가 1임을 밝힌다.	2점
점 P에서의 접선의 기울기가 1임을 밝힌다.	2점
점 P의 좌표를 구한다.	3점
답: $\dfrac{125}{8}$ 을 올바르게 구한다.	3점

주의 사항

▷ 특정 삼각형(주로 이차함수 또는 삼차함수 위의 있는 점)의 넓이의 최소 또는 최대를 구하는 문제는 출제확률이 높은 유형 중 하나이다. 물론 사각형의 넓이도 물어볼 수 있다. 1학년때의 기본적인 공식은 꼭 기억해두도록 하자.

문제 5 풀이

$A(6, 0)$, $B(1, -5)$ 이므로 직선 AB의 기울기는 1이다. 선분 $AB = 5\sqrt{2}$ 이므로 삼각형 ABP의 넓이가 최대가 되기 위해서는 점 P에서의 접선의 기울기가 1이어야 한다.

$y' = 2x - 6 = 1$ 에서 $x = \dfrac{7}{2}$ 이므로 점 P는 $P\left(\dfrac{7}{2}, -\dfrac{35}{4}\right)$ 이고 직선 AB의 방정식은

$y = x - 6$

이므로 $x - y - 6 = 0$ 과 P 사이의 거리는 $\dfrac{\dfrac{7}{2} + \dfrac{35}{4} - 6}{\sqrt{2}} = \dfrac{25\sqrt{2}}{8}$

따라서 삼각형 ABP의 넓이의 최댓값은 $\dfrac{1}{2} \times \dfrac{25\sqrt{2}}{8} \times 5\sqrt{2} = \dfrac{125}{8}$

6 문항정보

12회 모의고사	문제 6의 문항정보	
난이도	⭐⭐⭐⭐⭐	
핵심 개념 및 용어	등차수열, 등비수열, 수열의 합, 시그마	
채점 기준		부분점수
(가)$=10^k-k$ 을 구한다.		4점
(나)$=10$ 을 구한다.		3점
(다)$=10^{k+1}$ 을 구한다.		3점
주의 사항		

▷ 빈칸을 채우는 문제는 수학1, 수학2 상관없이 나올 가능성이 충분하다. 빈칸의 앞,뒤 맥락을 파악하도록 하자.

 ## 6 풀이

$$98+997+9996+99995+\cdots+\underbrace{99999999989}_{11자리}$$

$$=(10^2-2)+(10^3-3)+(10^4-4)+\cdots+(10^{11}-11)$$

$$=\sum_{k=2}^{11}(10^k-k)=\sum_{k=1}^{10}10^{k+1}-\sum_{k=1}^{10}(k+1)=111111111035$$

따라서

(가)$=10^k-k$

(나)$=10$

(다)$=10^{k+1}$

7 문항정보

12회 모의고사	문제 7의 문항정보	
난이도	★★★★★	
핵심 개념 및 용어	등차수열, 수열의 합, 이차함수	
채점 기준		**부분점수**
S_n이 $n = k$에 대칭인 n에 대한 이차식임을 파악한다.		3점
(나) 조건에서 k가 3의 배수임을 파악한다.		3점
(다) 조건에서 k가 2의 배수임을 파악한다.		2점
답: 337을 올바르게 구한다.		2점
주의 사항		

▷ 수열 $\{a_n\}$이 등차수열이면 수열의 합 S_n은

$$S_n = an^2 + bn$$

과 같은 이차식 형태로 주어진다.

7 풀이

S_n은 상수항이 0인 이차식이고 $S_{2k} = 0$ 이므로 S_n은 $n = k$에 대칭인 n에 대한 이차식이다. 따라서

(나) 조건에서 $S_m = S_{2m}$ 이므로 $3m = 2k$ 이고 $m = \dfrac{2k}{3}$ 인데 m은 자연수이므로 k는 3의 배수여야 한다.

(다) 조건에서 $S_p = S_{3p}$ 이므로 $4p = 2k$ 이고 $p = \dfrac{k}{2}$ 인데 p는 자연수이므로 k는 2의 배수여야 한다.

즉 k는 6의 배수여야 하고 2023이하의 6의 배수의 개수는 337개다.

8 문항정보

12회 모의고사	문제 8의 문항정보	
난이도	★★★★☆	
핵심 개념 및 용어	삼각함수의 성질	
채점 기준		**부분점수**
x 대신 $\frac{\pi}{2}-x$를 대입한다.		3점
$\{f(\cos x)\}^2 + \{f(\sin x)\}^2 = 2\cos^2 2x$ 임을 얻는다.		3점
$\cos 2x = \pm\dfrac{1}{\sqrt{2}}$ 임을 구한다.		2점
답: $x = \dfrac{\pi}{8}$ 을 올바르게 구한다.		2점
주의 사항		

▷ 이런 유형의 문제를 풀어본 학생이라면 어렵지 않게 접근이 가능하겠지만 처음 풀어본다면 갈피를 잡기 어려울 수 있다. 삼각함수에 대한 등식이 있을 때는 x 대신 무엇을 대입하여 새로운 등식을 구할 수 있을지 고민해보아야 한다.

▷ 물론 덧셈정리를 쓰면 $f(\sin x) = \cos 2x = 1 - 2\sin^2 x$ 이므로 $f(x) = 1 - 2x^2$ 으로 두고 풀면 답은 나오지만 수학1, 수학2의 범위가 아니기 때문에 감점요소가 될 수 있다.

 8 풀이

$f(\sin x) = \cos 2x$ 에서 x 대신 $\frac{\pi}{2}-x$ 를 대입하면

$f(\cos x) = \cos(\pi - 2x) = -\cos 2x$

따라서

$\{f(\cos x)\}^2 + \{f(\sin x)\}^2 = 2\cos^2 2x = 1$ 에서

$\cos^2 2x = \dfrac{1}{2} \Rightarrow \cos 2x = \pm\dfrac{1}{\sqrt{2}}$ 이므로 이를 만족하는 최소의 양수 x는

$\cos 2x = \dfrac{1}{\sqrt{2}}$ 일 때, $2x = \dfrac{\pi}{4} \Rightarrow x = \dfrac{\pi}{8}$ 이다.

문제 9 문항정보

12회 모의고사	문제 9의 문항정보
난이도	★★★★★
핵심 개념 및 용어	삼차함수, 반열린구간, 최댓값

채점 기준	부분점수
함수 $f(x)$는 $x=1$에서 극소, $x=-3$에서 극대임을 밝힌다.	2점
$0 < a \leq 1$ 에서 $f(x)$는 $x=-a$에서 최대임을 밝힌다.	3점
$1 < a \leq 3$ 에서 $f(-a) \geq f(a)$ 이어야 함을 밝힌다.	3점
답: 3을 올바르게 구한다.	2점

주의 사항

▷ 특정 구간에서의 함수의 최댓값이 있는지를 묻는 문제이다. 그래프가 핵심이므로 미분을 통하여 그래프의 개형을 그려보는
것이 좋다.

▷ a를 어떤 값으로 나눠야 할지가 핵심인데, 이는 주로 해당 함수의 특이점들(극대 또는 극소)에서 나눠지게 된다. 따라서 극소
가 되는 $x=1$과 극댓값을 가지게 되는 $x=3$을 기준으로 a의 범위를 나누게 된다.

문제 9 풀이

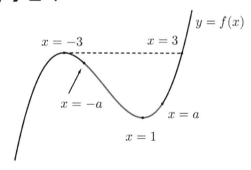

$f'(x) = 3(x+3)(x-1)$ 이므로 $x=-3$ 에서 극댓값을, $x=1$에서 극솟값을 갖는다

i) $0 < a \leq 1$ 일 때, 구간 $[-a, a)$에서 함수 $f(x)$는 감소하므로 $x=-a$에서 최대가 된다.

ii) $1 < a \leq 3$ 일 때, 구간 $[-a, a)$에서 함수 $f(x)$는 감소하다가 증가한다.

최댓값이 존재하기 위해서는 $f(-a) \geq f(a)$ 이어야 한다.

즉,

$-a^3 + 3a^2 + 9a + 2 \geq a^3 + 3a^2 - 9a + 2 \Rightarrow 2a(a^2 - 9) \leq 0$ 에서 $a \leq 3$ 이다.

iii) $a > 3$ 이면 구간 $[-a, a)$에서 함수 $f(x)$는 최댓값을 갖지 않는다.

i)~iii)에 의하여 a의 최댓값은 3이다.